帝国之殇
秦朝兴亡纵横谈

李峰 著

河南大学出版社
HENAN UNIVERSITY PRESS

图书在版编目(CIP)数据

《帝国之殇　秦朝兴亡纵横谈》/李峰著. —郑州:河南大学出版社,2014.9
ISBN 978-7-5649-1691-6

Ⅰ.①帝… Ⅱ.①李… Ⅲ.①中国历史-研究-秦代 Ⅳ.①K233.07

中国版本图书馆 CIP 数据核字(2014)第 210113 号

《帝国之殇　秦朝兴亡纵横谈》
出版统筹　侯若愚
责任编辑　朱　琳
封面设计　侯一言

出　版	河南大学出版社
	地址:郑州市郑东新区商务外环中华大厦 2409 室
	电话:0371-86059753(人文社科出版分社)　网址:www.hupress.com
排　版	河南金河印务有限公司
印　刷	河南省瑞光印务股份有限公司
版　次	2014 年 12 月第 1 版　　印　次　2014 年 12 月第 1 次印刷
开　本	710mm×1000mm　1/16　　印　张　19
字　数	273 千字　　　　　　　　　定　价　39.00 元

本书如有印装质量问题,请与河南大学出版社营销部联系调换。

目 录

序 一	…………………………………………	01
序 二	…………………………………………	05
第 一 章	被恶搞的秦始皇：私生子、暴君及其他………	03
第 二 章	断桩秦汉两朝的口水官司："暴政"辨………	19
第 三 章	其实始皇这人还不错……………………	37
第 四 章	您若是始皇，怕也要拓疆………………	49
第 五 章	重刑治国的秦朝…………………………	71
第 六 章	始皇为什么变得刚愎自用了……………	81
第 七 章	求仙：今日为闹剧，当时乃科研………	95
第 八 章	荆轲刺秦：不是一个人在战斗…………	119

目 錄

序一 .... 頁一

序二 .... 頁二

第一章 殷商帝國的繁盛：術生乎，暴虐有莫邦 .... 頁三

第二章 殷商繁榮而護及曰余宣后："暴虐"辭 .... 頁一八

第三章 莫商帝國之盛衰不證 .... 頁三十

第四章 夢習君帝皇，妙的步與明藏 .... 頁四六

第五章 舊研詩國的家護 .... 頁六一

第六章 帝皇為祈家寶豐豫勢御人用自 .... 頁八一

第七章 余鄉：今日寶家穡，寶當之術祠 .... 頁九五

第八章 雜陳家窯：不昌一箇八生在澤昆 .... 頁一一六

目录

第九章　是文化毁掉了秦朝……………………………135

第十章　咸阳宫之争…………………………………147

第十一章　一个关系秦朝国运的神秘预言：今年祖龙死……161

第十二章　反秦力量在楚地的集结……………………175

第十三章　六国亡秦：山东终于也爽了一把……………185

第十四章　亡国三巨头：胡亥、赵高和李斯……………199

第十五章　英雄的盛宴：楚汉战争……………………221

第十六章　盛世曙光…………………………………243

附录：　秦朝建立前后百姓生活状况探析……………253

参考文献……………………………………………281

后记…………………………………………………283

目 録

第九章　最古文化沈積遺之發現 .... 一三五

第十章　殷虛發掘 .... 一四七

第十一章　一個關係家族遺傳圖譜的印證；古今族譜 .... 一六一

第十二章　民族不是生物學的東西 .... 一七五

第十三章　中國之家：山東族乎不是一人 .... 一八五

第十四章　中國三王瑞；祥瑞，帝命和華夏 .... 一九六

第十五章　炎帝的都塵；神農氏 .... 二一一

第十六章　塵史略考 .... 二四三

開錄：家族是企業活動奠基石生殖祭祀家族 .... 二五三

參考文獻 .... 二八一

後記 .... 二八三

目錄

序一

序一

中国史学向有"谨始"的"春秋大义"。公羊、谷梁二氏在释《春秋》始于鲁隐公元年时都说:"元年者何?君之始年也。春者何?岁之始也。"(《春秋公羊传》)"虽无事,必举正月,谨始也。"(《春秋谷梁传》)无事尚书"始",更何况在中国历史上上绝夏商周封建之制,下开大一统中央集权之体的秦皇朝,又焉有不大书特书之理?

秦庙也确实短祚,短到仅仅存世15年、历二世。然而短祚并不能丝毫减少秦的意义,这意义就是它的"始"。即秦乃专制皇朝政体的源头所在,很多事情,诸如皇帝的专制,相权的衍变,郡县制的发展等,若不从秦朝说起就说不清楚;并且这个皇朝尽管二世而亡,却是一个集各种问题之大成的皇朝,它的许多看似偶然的现象,诸如皇权之膨胀、宦官之专权、二世之夺嫡、民众之造反等专制政权的赘疣,由于后世屡屡发生,因而也就具有了很强的经典意义。明代的丘濬在其《世史正纲》的开篇中曾解释道:"《史纲》而始于秦者何?志世变也。何则?前三代夏、商、周也,后三代汉、唐、宋也。前三代之制,讫于秦而尽;后三代之制,至于秦而起,是盖天地间世变之大机会、大界限也,《史纲》于是乎托始。"显然,这样的皇朝,会不断引发学者们探讨的冲动。

大概也是心中存有这方面的学术认识,故而当初得知李峰博士在撰述关于秦朝的书稿时,我并不觉得奇怪,只是感到难度相当大,对秦史稍有了解的人都知道,由于可资利用的史料仅《战国策》、《史记》、《汉书》等几部史书而已,因此此段历史曾长期被治史者视为畏途,甚至很早就有学者戏言治此段历史为"翻烧饼",意即由于史料有限,论辩双方都难以拿出充分的证据以支持己方的论点,结果一个问题往往在学界反复地辩难而难以形成定论,有如翻烧饼一般,早已剩义无多了。在这种情况下,置身其中,能取得怎样的创获,自然也就成了不能不考虑的前提了。当然,上世纪以来,随着考古事业的发展,不断有秦代文物如云梦秦简和放马滩秦简等从地下出土,从而在一定程度上弥补了对秦史研究的不足,但这对于研究一个庞大的皇朝而言,又何啻于杯水车薪!而作者偏偏是要对一个庞大皇朝的兴衰历史进行全面探讨,其胜率又有几何?

正是由于深知这是一项极富挑战性的研究,因此当李峰博士把书稿交给我后,我很快就对书稿进行了认真的通读,而读至中途,我已感到这是一部堪称上乘的秦史著作。读完之后,掩卷细思,觉得此书之所以能够胜义迭出、真实可信而又生动活泼,乃在于作者在五个方面下足了功夫。具体而论:

首先通过利用其他时代的史料来推绎秦朝历史,从而扩大了史料的范围。

按照法国年鉴学派的理论,历史的变动节律有短、中、长三种时段,依次表现为政治、社会和自然三种变动。其中社会变动的节律虽然较之自然的变动为促,但较之政治变动的节律要相对稳定和缓慢得多。也正是在年鉴学派长时段理论的启发下获得的灵感,作者发现秦代的许多问题诸如生活状况、风俗习惯等尽管在秦史中鲜有论及,但在秦以前的战国以及以后的两汉的典籍中却屡有这方面的言论,由于古代社会发展相对迟滞,因此作者认为就秦人的生活状况而言,不妨以这两个时期世人的生活状况来作为秦朝的参照,从而获得一个大致不错的感觉。至于风俗习惯问题也完全可以以其前后的时代为参照。却是由于历史的发展具有连续性,因而秦朝与战国、两汉之间就是上承与下启的关系,故史虽无明言,然只要是战国的传统就有可能被秦朝所继承,见于两汉的风俗民惯就有可能来自秦朝,而若战国的史料与两汉的史料皆称有某种风俗,则几可笃定这种风俗也存在于秦朝。这种通过其他时代的史料来推绎秦朝历史的方法,在理论上显然有其符合逻辑之处,加之运用在实际中的慎重妥贴,所以一路写将下来,居然也条分缕析、头头是道。而如此一来,可利用的史料无形中便增加了何止数倍。

其次,以问题为中心而不是以人物或事件为中心讲述秦史。

以问题为中心讲述秦史不仅可避免重复叙述许多众所周知的历史事实,更为重要的是利用这种方法可以使作者将论述的重心置于"所以然"之上,通过对产生某一问题的原因进行深入的剖析,从而往往于平常之中得出一系列真知灼见,一路读下来,就如同置身于山阴道上,颇有目不暇接之感。

再次,采用随笔的形式来撰写历史。

尽管作者基本上是由学院式的高头讲章培养出来的,但在写这段历史时,作者却不采用这种方式来叙述秦史,因为在作者看来动辄即郑重其事地将历史切割为政治、经济、文化等板块,然后分章分节进行所谓深刻而又全面的论述,甚者每节下又立有若干个小标题,且每个小标题中又包含了数个方面,似乎不如此就不是历史,这样讲史虽然未尝不可,但如此呆板、严谨,学究味未免太浓。不过作者也不采用坊间的那种以讲故事的方式来描述历史的写法,因为那有点野狐禅的味道。将历史剪辑成一个个故事,然后串连成篇,生动是生动了,但却只能始终浮在历史的表面而无法深刻起来,结果使读了这种书的人不免就都成了故事大王,这与其说是在讲史,倒不如说是在糟蹋历史。相比而言,作者觉得利用随笔的形式来叙述历史比较合适,因为利用随笔的方式可以因事命篇,深入细致且又不失生动活泼地探讨历史,这样既避免了学院式讲史的呆板,又避免了坊间故事式说史的浮浅。又由于是以随笔的方式说史,因此每篇都独立成篇,故读一篇即收一篇之益,同时各篇虽相对独立,但却都是围绕着一个主题展开,因此各篇之间又存在着密切的联系,故而将全书读完之后又能对秦史获得一个全面的认识。而事实也正是如此。

复次,以实证的笔法展现历史的魅力。在撰写本书的过程中,作者曾有朋友建议他为了使内容生动活泼,可读性强,不妨在写作过程中加入适当的虚构成分。但作者认为这样一来,与小说何异?同时作者还认为这种担心是多余的,因为历史本身就是生动的,原本就不需要虚构,并且较起真来,它的许多跌宕起伏的故事情节是天才的小说家也虚构不来的。因此作者在撰写本书的过程中有意识地通过史学的实证手法来展示历史的生动:一、通过实证的手法将历史上那些荒诞不经的奇谈怪论以及别有用心的谎言,着力戳穿,从而还历史以本来的面目。二、通过对典籍中所留下的只言片语细加抽绎,然后加以细心体悟、拼接、揣摩,从而将对秦史产生过重大影响但却尘封已久的惊心动魄的史事勾勒出来。这种庖丁解牛式的经典历史导读,常常给读者以强烈的震撼。

最后,由于作者认为历史就是过去的现在,现在就是将来的历史,故而古今其实是相通的,因此作者在讲述历史的过程中,常有意识地将之与现实相联系。所以本书既是讲史,又是说今;既希望读者对真实的历史多一点了解,又渴盼能使读者在读过本书后对现实的人生多一分感悟。这自然又增加了本书的可读性。

总之,由于作者既熟读史书且颇善辞章、治学严谨又深谙世事,因此本书虽是一本学术味相当浓厚的书,但读者所读到的只有经典意味而绝无半点学究气。长期以来,受西方科学实证主义影响,历史的叙事性和审美性被人们极大地忽略,而后现代理论反其道而行之,亟言历史与文学的同一性而否认其真实的客观性,本书的特点恰是能很好地把握住二者的张力,使人读之常有"思接千载",神游于历史时空之感,真可谓"吟咏之间,吐纳珠玉之声,眉睫之前,卷舒风云之色"。(《文心雕龙·神思》)

我与李峰博士,应该说是师友之间,相互之间学术问题的探讨、争论是我们在一起最愉快的时光。李峰博士平常不大善言,但言及学术必滔滔,神思飞扬,其对学术的执著、专注常常令我感动。如今李峰博士小试牛刀,则将来必成大器。作为他的导师,我感到由衷的高兴。希望他在以后的岁月里,继续努力,在治学的道路上不断取得新的突破与成绩。是为序!

向燕南
2008年2月26日于北京师范大学无味斋
(本文作者为北京师范大学历史学院教授、博士生导师)

序一

序二

序二

作为对中国历史发展最有影响的朝代之一，秦朝结束了春秋战国长期纷争割据的混战局面，统一了中国。为了使新的统一皇朝长期统治下去，秦始皇创制了一套旨在维护自身利益的专制政治体制，这套政治体制为历代统治者所继承和完善，对中国几千年的社会发展产生了极其深远的影响。揆诸后世崛起的一个又一个专制皇朝，其在历史上的影响力少有能与秦朝相比者。可是，大概雄心勃勃的秦始皇也没有想到，他依靠自己"千古一帝"的超凡能力所创制的这套制度，不但没能使秦朝长治久安，恰恰相反，却加速了它的灭亡，使之成为中国历史上最为短命的统一皇朝。秦朝由统一到迅速灭亡，像彗星般在天空划过，发出耀眼的光芒却转瞬即逝，让人猝不及防，给后世之人留下了无尽的思考。也可能正因为此，千百年来，研究秦朝政治及秦始皇功过得失的论著多如牛毛，不可胜数。秦朝成了史学家最喜欢谈论的话题之一，其中的很多问题，饶有兴味，历久弥新。摆在读者面前的这本书，是李峰博士经过多年对秦朝政治认真研究、深入思考后奉献出来的让人耳目一新的著作。我有幸成为这本书的第一批读者，想把自己读后的一些体会写出来，聊作弁言。

当今的历史研究，特别强调"问题意识"，"问题"在历史研究中占据了核心地位。学术创新的关键在于提出新的问题，英国著名历史学家科林武德在其名著《历史的观念》一书中说，一个好的历史学家"会提出他们懂得他们做出回答的方式的那些问题"。该书就是一部善于提出问题并作了精彩回答的著作。秦始皇是私生子吗？秦朝到底是否"残暴"？缘何在秦国"乡邑大治"而秦朝则"囹圄成市"？秦始皇为什么变得刚愎自用？到东海求仙药到底是怎么回事？荆轲刺秦王的背后到底有什么鲜为人知的原因？"祖龙死"的预言背后究竟蕴含着什么？大泽乡起义又是如何？毁掉秦朝的到底是什么？如此等等，都是由问题出发进行深入探讨的。这些问题，有不少都是人们似乎耳熟能详，并且认为是不成问题的问题，但是，事实真的像人们平时所掌握的历史知识那样不可改变吗？显然不是。作者循着问题的足迹，经过研究，都一一作了全新的回答，这些回答有理有据，发人深省，启人智慧。读者诸君读罢本书，自会有不一样的体会。

解读历史资料极其细腻，是该书的第二个特点。研究历史，不能不分析解读史料。秦史的资料有限，除了传世文献外，还有出土的秦简，这两类资料，作者都竭泽而渔，进行了认真的解读。这些资料，研究秦史的人都看到过，但作者却以极其细腻的眼光进行了分析，挖掘出了隐藏在历史表象背后的深刻文化内涵，得出了不同的结论。著名历史学家严耕望在他的《治史三书》中曾强调要善于运用人人都能见得到的材料做研究，"看人人所能看得到的书，说人人所未说过的话"。我们不敢说这部著作全部说了其他人所没有说过的话，可是，难得的就是作者从人人都能看到的普通材料中看出了一些新问题，提出了一些新见解，眼光独到，钩沉发覆，据以支持结论的材料都是经过严密考证之后才写到书中，可谓于细微处见功力，用旧材料写出了新文章。

著名历史学家白寿彝先生曾对历史著作的叙事提出要求，指出一部优秀的历史著作必须做到"准确、凝练、生动"。对于李峰这样的青年学者来讲，撰写史书要做到白寿彝先生所要求的三点，恐怕还要在今后的研究中加倍努力。但是，翻开本书，我们就会发现，这部著作在"生动"上迈出了一大步，可喜可贺。长期以来，历史著作被历史学家们写得艰深晦涩、枯燥乏味，只能在同行中流传，无法面向大众。这本书却以轻松愉快的笔触把自己的观点表达出来，文笔生动、叙事流畅、明白易懂，同时又保持了历史知识的坚实、学术研究的严谨和思想见解的独到。作者所极力要做的，就是让普通民众看懂这本书，这样的努力是应该受到表扬的。

秦史研究，涉及的方面很多，作者也只是提出了他懂得如何做出回答方式的一些问题,尚有不少问题还有待人们继续研究,继续做出自己的解释。就是作者所进行的这些研究,人们也尽可提出不同的看法,因为发生在秦朝的很多问题,永远都是极富趣味、极有意义的,类似这样的论著,永远不嫌其多,永远都不会过时。

王记录

2008 年 3 月 4 日写于河南师大弄斧书屋

（本文作者为河南师范大学社会发展学院院长、教授、河南省历史学会副会长、中国《史记》研究会理事）

辑二

被恶搞的秦始皇：私生子、暴君及其他

第一章

从秦始皇二十六年（前221年）秦并吞六国，混一天下，到汉元年（前206年）十月，秦王子婴在自己的颈上系上绳子，乘坐着白马素车，捧着皇帝的玺符，来到轵道旁，恭候刘邦的到来，前后不过十五年时间，一个强大的皇朝就解体了。明人杨慎将其形象地比喻为如电光石火般短暂："不啻石火之一敲，电光之一瞥，吹剑之一呋，左蜗之一战，南槐之一梦也。"①这真是一个短命的皇朝。

而论及原因，汉人普遍认为是由于暴政。如陆贾称秦朝任用刑法，不作变革，最终招致灭亡："秦任刑法不变，卒灭赵氏。"②贾谊在其名文《过秦论》中认为始皇是禁止文书的传播，推行酷烈的刑法，崇尚欺诈与暴力，轻视仁德与正义，以凶狠残酷的方式来治理天下："秦王怀贪鄙之心，行自奋之智，不信功臣，不亲士民，废王道而立私爱，禁文书而酷刑法，先诈力而后仁义，以暴虐为天下始。"二世胡亥是刑法繁复严酷，吏治严峻苛刻，赏罚与功过不相当，赋税征收不加节制："繁刑严诛，吏治刻深；赏罚不当，赋敛无度。"贾谊的观点也得到了司马迁的认同，因此在《秦始皇本纪》篇末引其《过秦论》以为总评。晁错谴责始皇父子宫室的规模超过限度，贪婪的欲望没有极限，民力疲弊之极，赋敛却仍不加节制："宫室过度，耆欲亡极，民力罢尽，赋敛不节"。他们还妄加赏赐以随顺其喜悦之意，妄加诛戮以快慰其愤怒之心。法令纷繁芜杂，刑罚残暴酷烈，二世皇帝更是亲自射杀行人，使天下寒心，不能安于其处："妄赏以随喜意，妄诛以快怒心，法令烦憯，刑罚暴酷，轻绝人命，身自射杀；天下寒心，莫安其处。"董仲舒批评始皇好用残暴冷酷的官吏，赋敛无度，竭尽百姓的财力，百姓四散逃亡，不得从事耕作纺织之业，结果群盗四起："好用憯酷之吏，赋敛亡度，竭民财力，百姓散亡，不得从耕织之业，群盗并起。"③班固也指出，世俗传言说秦始皇开始推行暴政，到胡亥时发展到极致，说得很有道理："俗传秦始皇

---

①杨慎：《升庵集》卷七十《拟过秦》，文渊阁四库全书本第1270册，第691页。
②司马迁：《史记》卷九十七《陆贾列传》，中华书局1959年版，第2699页。秦国与赵国的君主同为商朝末年人飞廉的后裔，至造父时，因有功于周穆王，被封于赵城，故秦又姓赵氏。
③班固：《汉书》卷五十六《董仲舒传》，中华书局1962年版，第2510~2511页。

起罪恶,胡亥极,得其理矣。"①

总之,在两汉,出于不同目的,时人几乎异口同声地指斥秦之残暴,痛恨之下,甚至不肯承认它作为一个皇朝而存在的事实。如扬雄在其《剧秦美新》一文中称之为"秦余",也就是历史上多余的一个皇朝的意思。班固在《汉书·王莽传》中把秦与新莽并举,称以前秦朝烧毁《诗》、《书》以确立其私议,现在王莽又借六经之事文饰其奸邪之言,正所谓殊途同归,就如同《易经》中所讲的无德而居于高位的亢龙一样断绝了气息。秦朝和新莽所得到的天命因为不是正统的帝王之命,因此也就如同非正色的紫色、非正声的蛙声一样,又如同岁月中由多余的日构成的闰年、闰月,不过是作为神圣的帝王驱除的对象而存在罢了:"昔秦燔《诗》《书》以立私议,莽诵《六艺》以文奸言,同归殊途,俱用灭亡,皆炕龙绝气,非命之运,紫色蛙声,余分闰位,圣王之驱除云尔!"并且人们对秦朝也极尽嘲笑之能事。如司马迁指出学者们为所听到的事情所影响,见秦朝存在的历史短暂,便不肯认真考察探究其兴亡的原因,而都嘲笑它:"学者牵于所闻,见秦在帝位日浅,不察其终始,因举而笑之。"②

更有甚者为了贬低始皇,人们又杜撰了一个始皇是吕不韦私生子的典故。据《史记·吕不韦列传》称,秦庄襄王子楚早年在赵国为质子时,一方面由于秦国当时频繁地攻打赵国,赵国对子楚相当冷淡;另一方面由于子楚是秦昭王次子安国君的庶子,地位低贱,故而秦国也不甚关心子楚,结果日子过得紧巴巴的,很不得意。在这期间秦国王室内部发生了一件重大变故:秦昭王的太子在秦昭王四十年(前267年)时死了。要说这与子楚也没什么关系,然而想不到的是秦昭王没立其太子的儿子也就是其嫡孙为继承人,而是立了次子安国君嬴柱为太子。父亲为太子,这本应是一件高兴的事,但在子楚看来与自己关系也不大。因为尽管被安国君立为正夫人的爱姬华阳夫人无子,但子楚被立为安国君嫡嗣的希望也很渺茫,因为在安国君的二十余个儿子中子楚排行居中,也就是说没有年龄优势;子楚的生母夏姬也不受安国

---

① 司马迁:《史记》卷六《秦始皇本纪》,第293页。
② 司马迁:《史记》卷十五《六国年表》,第686页。

君宠爱,并且子楚远在国外,穷困不堪,纵是有心争位,也是心有余而力不足。

然而阳翟大商人吕不韦却从子楚这萧瑟的处境中看到了巨大的利益,为谋取暴利,遂携重金投奔子楚,意欲通过光大子楚的门庭最终使自己飞黄腾达。由于吕不韦运筹得当,笼络住了华阳夫人的姐姐及华阳夫人,最终居然真的将子楚这个落魄王孙推上了安国君嫡嗣的位置。他为长保富贵,又设计把自己身边一个已经怀有身孕的绝色女子赵姬献给了子楚,以期通过偷梁换柱的手段达到长期掌控秦国的目的。这种手段被司马迁称为"钓奇",也就是钓取奇货的意思。该女子到了子楚那里后,史书称"姬自匿有身,至大期时,生子政。"①这就是秦始皇。人们据此认为始皇是私生子。

此论一出,再提起始皇,人们往往径以"吕政"名之。南宋人胡宏在其《皇王大纪》一书中称"吕政穷欲极凶";朱熹在其《四书或问》一书中称"史谓元帝牛姓,犹吕政之绍嬴统也";王应麟在其《通鉴答问》一书中称"至吕政而法令益苛,《诗》、《书》尽废";元人陈栎在其《历代通略》一书中称"人见秦灭于二世子婴耳,岂知嬴氏之秦已灭于吕政之继也哉";明人凌迪知在其《氏族博考》一书中称"况吕政受命,寄身不韦";王立道在其《具茨集》一书中称"吕政纵并吞之谋";清人秦蕙田在其《五礼通考》一书中认为,司马迁撰《封禅书》,"意在广陈淫祀以彰武帝之失,而于三代常礼幸存一线于吕政者,反从其略"。

然而揆诸史实及常理,《史记》的嬴政是吕不韦私生子之说并不成立。关于"姬自匿有身,至大期时,生子政"这几个字,学者们认为有两种解读。

第一种解读:邯郸姬隐瞒了她有身孕的事实,从到子楚府中那天算起,到了大期的时候,生下了嬴政。第二种解读:邯郸姬进子楚府中后,隐瞒了她有身孕的事实,到了大期的时候,生下了嬴政。

接下来"大期"的含义就成了关键。关于大期,也有两种观点。第一种观点:魏晋人谯周和东晋人徐广都认为是指十二个月,如裴骃《史

---

① 司马迁:《史记》卷八十五《吕不韦列传》,中华书局1959年版,第2509页。

记集解》引徐广语称:"期,十二月也。"司马贞《史记索隐》引谯周语称:"人十月生,此过二月,故云'大期'。"第二种观点:唐初人孔颖达《春秋左传注疏》称:"十月而产,妇人大期。"用这两种观点看第一种解读,本人觉得秦始皇是子楚的儿子的可能性更大。因为十月怀胎,一朝分娩,秦始皇生在正常时段内有什么值得怀疑的!

而用这两种观点看第二种解读,就有点麻烦。若说邯郸姬怀孕十二月才生下嬴政,但是正如谯周所言,人是十月怀胎而生,因此嬴政十二个月才出生,未免与常理过于不符。对此谯周认为是邯郸姬为了消除子楚的怀疑方才这样做的。他认为人从怀胎到分娩需要十个月,嬴政的出生却推迟了两个月,因此称"大期",这也是理所当然的。因为既然邯郸姬隐匿了自己有身孕的事实,那么生嬴政自然应当过了正常的时期。此意为不如此就要露馅,因为赵姬被送给子楚时怀孕当已两个月,若到子楚那里后的第八个月也就是如期十月而生,在子楚看来当属不正常生产,就不能不引起子楚的怀疑。但向后推迟两个月,也就是赵姬到子楚那里的第十个月而生,嬴政就属正常生产,子楚就没有怀疑的理由了:"人十月生,此过二月,故云'大期',盖当然也。既云自匿有娠,则生政固当口常期也。"①不过此说虽有道理却不高明,因为其他事情尚可商量,生孩子这事却由不得人说三道四,到了该出生时,莫说是两个月,就是一刻也推迟不了。显然,谯周的解释是说不通的。合理的解释是吕不韦对邯郸姬的孕期推算有误,他以为她怀孕了,其实并没有。这种现象在医学上并不鲜见。如果是这样的话,嬴政应该是子楚的孩子。

如果按照孔颖达的说法,"大期"是十个月。那么邯郸姬在子楚府中生下嬴政时肯定少于十个月,这就不能不引起子楚的怀疑。

为了把这个问题说清楚,我们有必要先探讨一下赵姬入子楚府中时的情况。本人认为假定赵姬真怀有身孕,则她入子楚府时当在怀孕两个月的时候。古人推算妇女的孕期,主要有两种手段,一是看月经情况。如果有已婚女子上次月经正常,但到下次月经该来的时候却没

---

① 司马迁:《史记》卷八十五《吕不韦列传》,第2509页。

来,人们一般就认为该女子怀孕了。而此时已经过去一个月了。就赵姬而言,吕不韦知道她怀孕后,想把她送给子楚,为了避免被子楚发觉,他必须尽快把赵姬送入子楚府中,所以时间当在赵姬怀孕的次月,而赵姬为了欺骗子楚,肯定会制造没有怀孕的假象,也就是她要向子楚显示她月经正常,然后再表示自己怀孕。故他告诉子楚她怀孕时,应该已经是怀孕的第三个月了。

  古人还可以通过切脉来推算孕期。若已婚妇女没有病但是切脉却切出往来流利,如珠走盘一般的滑脉,就可考虑是怀孕了。但滑脉脉象的出现一般要在怀孕一个半月后,所以通过切脉也要在怀孕一个多月后才能知道。

  总此两点,我们基本可以肯定,若赵姬真是怀孕之后进的子楚府中,则子楚知道她怀孕的时候,赵姬事实上已经怀孕二个月了。于是按照实际情况,嬴政是大期而生,也就是他母亲怀他十个月而生,那么这就是一个足月的婴儿。而子楚根据自己掌握的情况推算,秦始皇出生时才八个月,因为三十七足周以前出生的活产婴儿都属早产儿,八个月不过是三十四周左右而已,所以秦始皇应该是个早产儿,若真如此,这就不能不引起子楚的怀疑。因为早产儿与足月婴儿相比,特征非常明显。一眼就能看出来,比如早产儿体重普遍比足月婴儿轻,且带有皮肤发红,躯干部胎毛长,头发短少等显著特征。

  但嬴政一出生,子楚即以赵姬为夫人,应该认为这是由于子楚认为嬴政是足月也就是十月而生,当然相信这是自己的儿子。所以孔颖达的十月大期说是不成立的。而比较"大期"的十二月说和十月说,十二月说应更符合《史记》的原意。因为持此说的谯周与徐广,尤其是谯周所生活的年代与《史记》成书年代相去不远,并且谯周还是一个研究《史记》的专家,故而他对一些基本常识的看法应与汉代比较接近。而孔颖达为唐初人,与汉人已相去甚远,看法的可信度上是不能与前两人相提并论的。如果这样的话,嬴政只能是子楚的儿子。

  当然或许会有人认为这是子楚当时有求于吕不韦,只好隐忍不发,但后来他做了国君,已经大权在握,并且做了三年国君,却始终未动嬴政的储君之位,由此可知子楚始终认为嬴政是自己的儿子。但有学者认为秦始皇是个无兄弟姊妹的独子,因而怀疑子楚生理上可能有缺陷。但事实上秦始皇是有兄弟的。在他亲政的前一年,他的弟弟长安君成**蟜**在赵国造反被杀。

考嬴政大期说应该出自《秦记》,即秦的官方史料,因为像这种琐碎的事情,一般人是不会知道的。而秦代的史官之所以将此事郑重其事地载入秦的史册,乃是因为他们认为这件事可以反映出嬴政与众不同的卓异秉性。

嬴政并非吕不韦之子还可从吕不韦、赵姬也就是史书所称的"帝太后"、嬴政三人之间的关系可以看出。就吕不韦而言,若其果真欲以赵姬来"钓奇",则他在以后的政治生涯中必然会持续加强与赵姬的联系,竭力增进与嬴政的感情,并伺机将自己与嬴政的关系用比较恰当的方式告知嬴政。因为只有这样才能使他长保荣华富贵,也才符合"钓奇"之意。从当时的情况看,吕不韦也完全具备这样做的条件,因为庄襄王死时,嬴政还是个十三岁的孩子,国家大事尽在他和赵姬手中,照说他们是既有时间又有机会把事情的真相告诉嬴政的,并且以其行事之老辣,使一小儿乖乖就范应该不成问题。然而从后来吕不韦的言行看,他和赵姬并没有这样做,当时随着嬴政年龄渐长,因担心自己与赵姬私通的事情败露,招致嬴政的报复,吕不韦竟主动疏远了赵姬,不肯再与其私通,此举显然也与"钓奇"之旨相违。对此的解释只能是吕不韦并无"钓奇"之举,嬴政也不是他的儿子。不然后来嬴政也不会质问吕不韦说:"你对秦有什么功劳?秦封你于河南,食邑十万户。你与秦有什么亲情?号称仲父。"把他朝绝路上逼,而吕不韦竟拿嬴政没一点办法,犹豫良久,只得饮鸩而死。

由于吕不韦可称得上是战国晚期的一个能力超群的政治家,因此关于他被逼而死这事,着实令后人不解:他怎么会在掌握国家大权的情况下,眼睁睁地看着嬴政将自己的权力慢慢侵蚀,然后再将自己置于死地,竟无还手之力呢?对于这个问题,本人觉得应该从制度上理解。说来说去,吕不韦不过是一个来自东方诸侯的客卿而已,吕不韦再强悍,也是客人,嬴政再小,也是主人,这是大家都知道的事。或者也可以说,嬴政是董事长,吕不韦是总经理,两者在地位上是有着质的区别的,这是其一;其二,自战国以来,权力愈来愈集中,到战国晚期,秦其实已形成相当完善的官僚制度,而君主即居于权力的中心,任何敏感事务都需君主认可,或者说有君主的印信才能实行,故而再强的大臣也很难斗过君主。始皇的假父大阴人嫪毐后来要比吕不韦更接近权力,不也没弄成事!其三,此时的重臣虽有封邑,但只有经济方面的权力,而无如西周春秋时期那样在封邑上组织私人武装的权力,并且封邑随时都可能被君主剥夺,与春秋时期卿大夫相比,可说是已被摘除了神力;最后,当时辅佐嬴政的并非吕不韦一人,还有其他很多实力派人物,尤其是手中握有重兵的蒙氏家族与王氏家族,他们实际上一直都是王权的有力捍卫者,也可以说谁做国君他们就忠于谁。也正因如此,这两个家族自秦昭王时起,一直被君主视为左膀右臂,吕不韦若想动嬴政,那是非常难的。总此诸点,吕不韦只能眼睁睁看着权力一点点地丧失而没有一点办法。最后只得饮鸩而死。

此外记载战国至楚汉之间史事的《战国策》一书也不支持嬴政为吕不韦之子一说,因为该书有偷窥癖,极爱采撷他人隐私,逞为快论,然在叙述吕不韦崛起这一段史事时,却绝口不提有献姬之事,并且认为吕不韦游秦不是如《史记》所说在秦昭王时,而应在孝文王时,而此时嬴政已经数岁,故吕政之说当不攻自破。学者已经指出,《史记》所记战国时事,多本之于《战国策》,唯有此处,别据他说,然也最不可信。

支持嬴政是子楚的儿子的证据还可以举出数条。不过由于我们所关注的重点并不在此,所以就不再多说,让我们感兴趣的是,历史上如秦始皇这样出身有疑问的帝王并不少,有的在历史上知名程度并不亚于他,但是都没有像秦始皇这样被广为传扬。如刘邦的身世就很成问题。其一、史书讲他母亲刘媪曾在大泽之陂休息时,梦与神相遇,当时雷电交加,天昏地暗,他父亲太公去找他母亲,发现有蛟龙附在他母亲身上,过后就有了身孕,然后生下了高祖。但此事从今天看,绝对是不可能的。其二、刘邦长得"隆准而龙颜"①,隆准就是高鼻梁,龙颜是指额头突起,有人还认为他的脖子很长,总之,长得很怪异,与其父兄

---

① 司马迁:《史记》卷八《高祖本纪》,第342页。

皆不类；其三、刘邦性格也与他的兄弟们不同。如他二哥是个老实本分的庄稼汉，而他却是行事大方，不喜平民百姓的生产劳动；其四、他父亲太公经常骂他，这让他耿耿于怀，做了皇帝之后还拿这事说他父亲；其五、他母亲后与他父亲离婚，刘邦其实是兄弟四个，他的小兄弟刘交是他的异父同母兄弟。总之，与刘邦身世相关的问题很多，但自古及今，很少有人怀疑刘邦的身世。而秦始皇的私生子之说却是传扬千古。自汉以后，许多人提起秦始皇直接就称呼他"吕政"，发展到现代，经过一些电视剧的演绎，秦始皇的私生子一说更是尽人皆知了。而要细究秦始皇的私生子之说被后人津津乐道的原因，应该与他推行暴政，得罪人太多有关。

考"吕政"之说大概产生于与吕不韦有一定关系的人，如他的才华出众的食客们，这些人或因吕不韦而受到牵连，或为吕不韦的不幸遭遇而抱不平，因以此来骂始皇。而之所以这么骂始皇，很有可能受了战国晚期赵人李园兄妹的启发。因为这对兄妹就曾和楚国的重臣春申君黄歇一道在楚国上演了一出偷梁换柱的活剧。

却说当年李园带着他的妹妹来到楚国，想把妹妹献给楚考烈王，后来听说考烈王没有生育能力，担心跟了考烈王后，会由于不能生孩子而失宠，于是设计先将妹妹送给了主持国政的黄歇，待到怀孕后，李园又让他妹妹劝黄歇把自己送给楚王。

李园的妹妹于是对黄歇说："楚王对于您的宠幸，就是楚王的兄弟也比不上，现在您为楚相国已二十多年，楚王也已经老了，可是楚王至今也没有儿子，那么楚王死后肯定由其兄弟继位，而楚国立新君后，新君也肯定会像楚王宠幸您那样宠幸他们所喜爱的人，这样您就很难继续得到国君的宠幸了。不仅如此，您在长期主持国政期间，对楚王的兄弟们多有无礼之举，因此如果楚王的兄弟做了国君，恐怕您就会大祸临头了。而解决这个问题的最好办法就是把我这个已有身孕的女子送给楚王，如果我侥幸生了个儿子，那就是您的儿子做了楚王，楚国就都是您的了。您想想这种结果与您身临不测之罪相比哪一个好呢？"

黄歇听了觉得很划算，就把这女子献给了考烈王，这女子进宫后便得到了考烈王的宠幸,过了一阵儿就给考烈王生了一个男孩,于是那男孩便理所当然地被立为太子,而该女子也顺理成章地成了楚国的王后。

后李园兄妹又设计于考烈王二十五年亦即始皇九年(前238年)趁考烈王去世之日,刺杀了黄歇,立太子为王,这就是楚幽王。李园兄妹遂霸有楚国。只是生当末世,不免好景不长,此后过了十多年楚国就灭亡了。想来这兄妹俩真有点火山口上搞杂耍的味道。

"吕政"之说很可能就导源于此。而此说之所以能够广泛流布,是因为此说内涵丰富,能够满足不同阶层痛恨秦朝的人的心理需求。如痛恨秦朝、思念故国的六国遗民,通过此说发现秦的统治者嬴氏灭掉六国之前,已被吕氏所取代,从而得出嬴氏多行不义必自毙的结论;饱受始皇暴政摧残的百姓,通过此说发现嬴政是吕不韦的儿子,从而找到其行事暴酷的原因:因为其出身不正,本身就不是正人,所以行事自然不同于常人。并且无论是哪个阶层的人,都可以通过嘲笑他一家三口的丑事,如嘲笑他母亲与人私通,嘲笑他自己是私生子,嘲笑他父亲的愚蠢,从而获得一种阿Q式的快感。于是流言不免流传开来。由秦入汉后,由于汉人论秦,唯恐其恶事不彰,不免肆意传布,遂成舆论,司马迁受此影响,因取之以入于《史记》,遂使"吕政"之说千载流传。

不过细看《史记》关于此段史事的记载,可发现司马迁本人对此事也是疑信参半。虽然众口一词称嬴政为吕不韦之子,但他所见到的秦代的史册却明确记载了始皇是"大期"而生,也就是十二个月而生,于是本着"疑以传疑,信以传信"的严谨治学态度,而两言之。然而后人因对始皇有成见,务必要把他是私生子这事坐实了,于是不勉强作解人,不断地演绎此事,遂使此说的内容愈来愈丰富。

总之由于两汉对秦已下恶评,随着时代的发展,秦的骂名便滚滚而来。发展至唐宋,就有了孟姜女对始皇暴政的血泪控诉。这个故事说始皇时,有一个叫范杞梁(或写作范喜良)的人,结婚刚三天就被征发到北方去修长城。他的妻子孟姜女因对他思念不已,遂跋山涉水,前往修长城的地方寻找他。然而当她历尽艰辛终于来到长城时,却得知范杞梁早已去世。悲痛之下,一连哭了三天三夜,直哭得感天动地,以至于长城为之崩塌。这就是著名的孟姜女哭长城的故事。然而尽管故事讲得有鼻子有眼，但却更经不起推敲。学者检讨史籍，发现这个故事的人物原型实际上是春秋时期齐国的杞梁和他的妻子。据称齐人杞梁在一次战役中阵亡，战后齐庄公在郊外吊唁杞梁，杞梁的妻子认为这样做不合适，在她看来，杞梁要是有罪，就不应该劳烦国君吊问。如果无罪，她们还有先人留下的破敝的房子，因此她认为自己不应该违背妇人无外事的礼制，在郊外接受齐庄公的吊唁。齐庄公认为她说得有道理，就亲赴杞梁家中吊唁杞梁。

历史发展到汉代，在汉人刘向的《列女传》与《说苑》这两部著作中，关于这件事又有了崩城之说。据《列女传》称杞梁的妻子由于没有孩子，无所归依，接受齐庄公吊唁后，在城下枕着她丈夫的尸体痛哭，感动得路过的人都为之流泪，这样哭了十天，结果城墙为崩塌。《说苑》内容与此大同小异。

到了唐代，民间盛传杞梁妻事，久之遂与秦朝修长城事产生了联系。如晚唐五代的贯休和尚有《杞梁妻》诗云："秦之无道兮四海枯，筑长城兮遮北胡。筑人筑土一万里，杞梁贞妇啼呜呜。上无父兮中无夫，下无子兮孤复孤。一号城崩塞色苦，再号杞梁骨出土。疲魂饥魄相逐归，陌上少年莫相非。"

此后孟姜女哭长城之说遂广为流布，而几成定论。有的虽明知其假，但禁不住其中所蕴含的道德教化思想的诱惑，而甘愿上当受骗，并自愿以讹传讹。

因此自宋以后，学者以之考史，如宋乐史的《太平寰宇记》在提到秦长城时说："秦长城是秦始皇让蒙恬辅佐他的儿子扶苏所筑，东西长万里，杞梁妻哭城崩得夫骨，指的就是这个长城。"

诗人以之命篇，如元杨维祯的《杞梁妻》云："极苦复极苦，放声一长哀。青天为之雨，长城为之摧。为招淄水魂，共上青陵台。"

伶人以之入戏，如宋元时有《范杞良一命亡沙塞，孟姜女千里送寒衣》之戏文，而元明杂剧亦有《孟姜女死哭长城》之剧目。

民间为之建祠，如据清人称在山海关、山西潞空、直隶古北口都立有姜女祠。显然关于孟姜女哭长城一事，自宋代以来近乎众口一词，于是始皇便更加臭名昭著了。

待到历史进入二十世纪四十年代,始皇又从史学家郭沫若先生那里得到了一个强奸妇女的名声。在郭沫若先生创作于1942年的历史剧《高渐离》中,始皇二十八年(前219年),那个靠开发蜀地的丹穴而致富的寡妇清去琅邪行宫朝拜始皇,结果被赵高设计让觊觎她美色的始皇给奸污了。我们不妨通过《高渐离》中的台词看一看在郭沫若先生的笔下始皇的阴谋是怎样得逞的:

第二幕

……

秦始皇　(沉默有间之后)赵高,我有一件事情要同你商量一下。

赵　高　陛下有什么驱使?

秦始皇　(又踌躇了一下)今天来的,那位巴蜀的寡妇怀清夫人,我没有想出,她不仅有钱,而且还那样的美貌。……不过这位怀清夫人,我今天见了她一面之后,我觉得……(停顿,不肯立即说出。)

赵　高　陛下觉得她怎样?

秦始皇　唉,我没有想出巴蜀竟有那样的美人啊!

赵　高　(会意)陛下的意思是要她的那个——"丹穴"吗?

秦始皇　(呈出带矜持的傻笑)赵高,你真是聪明人!可你要知道,我是要得很快!

赵　高　(有点疑难)太快了,恐怕……

秦始皇　不!你不能拖延!我今晚就要。假使今晚不到手,明朝就要你的头!

赵　高　那么,小臣的头就抵上怀清夫人的"丹穴"了。

秦始皇　(严肃)不同你胡扯!你今晚上非想出办法不可!

赵　高　(略作筹思)办法是有了!

秦始皇　怎么办?你赶快告诉我!

赵　高　我打算去请她到我这儿来,就说明天皇上请她一同登琅邪山看东海日出。请她到我这儿过夜,明天好作准备。到时候,由陛下亲自向她请求,我看是万无一失的。

　　秦始皇　她肯来吗?

　　赵　　高　她一定会来。她晓得小臣是一位宦官啦!

　　秦始皇　好,你就赶快照办。(起立)我回头再来。

　　(本人按:接下来在赵高的布置下,当晚怀清夫人住进了赵高的书斋)

　　……

　　赵　　高　是,明天清早天不见亮就要动身,夫人,我看你也请早点休息的好。(告退)我们明天见吧。

　　怀清夫人　好,我们明天见。

　　赵高由左侧门下,顺手将门由外部掩上,并已键好,未为怀清夫人所觉察。怀清夫人送赵高至门次,复转身立室中四望,颇表示满意。

　　秦始皇突由窗口出现。

　　怀清夫人　(大惊)呵,你是谁?

　　秦始皇　我,我,我是皇帝。(越窗而入。)

　　怀清夫人　(诧异)你这样进来,你要做什么?

　　秦始皇　我吗?我要替你熄灯。(将室内灯亮逐渐熄灭,室中仅余月光,向怀清夫人走去。)

　　怀清夫人　(乘机退至左侧门,拟逃出,但门已外键,捶门,发出哀怨的声音,倒于门次)啊,我中了你们的圈套!

　　随着时代的发展,始皇真是愈来愈不是东西了。

　　郭沫若先生之所以恶搞始皇,据他自己说有影射当时的独裁者蒋介石的意思。大概就是这个原因,在民国时期写下了诸如《吕不韦与秦王政的批判》、《读"随园诗话"札记——论秦始皇》等一系列文章,对始皇进行系统地批判,就这还嫌不够,又兴致勃勃地写了小说《秦始皇将死》和历史剧《高渐离》等,以更加生动形象的形式来演绎始皇的丑恶,其中《高渐离》就是他恶搞始皇系列中的巅峰之作。不过从当时的情况看,如果由着他的思路发展,新中国成立后他很可能还会写出超越《高渐离》的更为不朽的贬损始皇的篇章。然而有意思的是,毛泽东主席对始皇却甚有好感,1958年5月在中国共产党八大二次会议上，毛泽东主席在谈到始皇备受后世诟詈的"焚书坑儒"时说："秦始皇算什么，他只坑了四百六十个儒，我们坑了四万六千个儒！"1968年10月，在中国共产党八届十二中全会闭幕会上，毛泽东主席还点名批评郭沫若先生说："你那个《十批判书》崇儒反法，在这一点上我也不那么赞成。"郭沫若先生为此不得不收回以前说过的话，1972年发表的《古代文字之辩证的发展》一文中明确称颂始皇说："秦始皇的杰出处就是在顺应了历史的潮流，他跟着时代的进步而一同进步了。"饶是如此，毛泽东主席仍在1973年所做的一首名为《读＜封建论＞，呈郭老》的诗中旧事重提，此诗流传甚广，版本颇多，据说原件是这样写的："劝君少骂秦始皇，焚坑事业要商量。祖龙魂死秦犹在，孔学名高实秕糠。百代都行秦政法，《十批》不是好文章。熟读唐人《封建论》，莫从子厚返文王。"

第一章
断桩秦汉两朝的口水官司："暴政"辨

第二章 断桩秦汉两朝的口水官司:"暴政"辨

从上一章可以看出,汉人普遍认为秦所推行的是暴政。不过假若始皇和他的臣下们地下有知,无论如何是不会认同汉人的看法的,而且还会骂他们是血口喷人,因为他们认为自己做得还是不错的。如始皇自称:"寡人以渺小之身,兴兵诛除暴乱,依靠祖宗的保佑,使六国君主都受到了应有的惩罚,天下获得了安定。"丞相王绾、御史大夫冯劫、廷尉李斯等说:"五帝可谓是历史上著名的古圣先王,然而他们真正能够控制的土地其实纵横不过千余里,对于千里之外的诸侯方国,他们并不能行使有效的统治。现在陛下兴正义之师,诛讨残贼,平定天下,并在全国范围内设置郡县,使法令归于一统,这是自上古以来不曾有的盛举,五帝也比不上。"仆射周青臣也盛赞始皇说:"以前秦的土地不过才方圆千里,靠着陛下的神灵圣明,平定海内,放逐蛮夷,从而使得日月所照的地方,无不臣服于大秦帝国。在诸侯国的旧地上设置郡县,使每一个人都感到安定快乐,没有战争的祸患,这样一种局面将会传承到万世而不变,所以自上古以来所有贤明的帝王赶不上陛下的威望与仁德。"

而始皇二十八年(前219年)的《邹峄山刻石》、《琅邪刻石》;二十九年(前218年)的《之罘刻石》、《东观刻石》;三十二年(前215年)《碣石刻石》;三十七年(前210年)的《会稽刻石》等刻石又集中从始皇统一天下、勤于政事、创制立法等方面对其进行了反复的歌颂。

在勤政方面:《邹峄山刻石》称始皇神圣贤明,尽管已经平定天下,仍毫不懈怠政事,每日早起晚睡,建设长远利益,特别崇尚教化:"皇帝躬圣,既平天下,不懈于治。夙兴夜寐,建设长利,专隆教诲。"

《琅邪刻石》称始皇亲临东方巡抚东土,慰劳视察驻扎在那里的兵士:"东抚东土,以省卒士。"并且怜惜百姓,日夜不肯歇息:"忧恤黔首,朝夕不懈。"

《之罘刻石》称始皇来到东方游览,登上之罘巡视,观赏大海壮观的美景:"皇帝东游,巡登之罘,临照于海。"

《东观刻石》称始皇春日出游,巡行视察远方:"皇帝春游,览省远方。"

《会稽刻石》称始皇三十七年(前210年),始皇亲自巡视天下,走遍了国家的边远地区:"亲巡天下,周览远方。"并且日理万机,无论远近的事情都处理得非常妥当:"皇帝并宇,兼听万事,远近毕清。"

在统一天下方面:《邹峄山刻石》称始皇二十六年(前221年)的时候,平定了天下,四方无不归顺:"二十有六年,初并天下,罔不宾服。"

《琅邪刻石》称现在始皇统一海内,以为郡县,天下因而安定太平:"今皇帝并一海内,以为郡县,天下和平。"

《之罘刻石》称始皇由于哀怜民众,因而发兵前去征讨六国,奋扬武德。仗义诛伐,推行诚信,声威光烈传布四方,天下因而无不宾服。从而彻底消除强暴,拯救黎民于水火之中,使天下得到安定:"皇帝哀众,遂发讨师,奋扬武德。义诛信行,威燀旁达,莫不宾服。烹灭强暴,振救黔首,周定四极。"

《东观刻石》称始皇圣法刚开始推行,对内清理整顿,对外诛伐暴强。武威远扬,振动四方,终于擒灭了六国的君主。通过一统天下,使战乱终被灭绝,兵器得以永远收藏:"圣法初兴,清理疆内,外诛暴强。武威旁畅,振动四极,禽灭六王。阐并天下,甾害绝息,永偃戎兵。"

《碣石刻石》称始皇武力消灭暴逆,文法平反无罪的百姓,民心因而全都归服。论功行赏,惠泽施及牛马,恩德遍布天下。皇帝振奋武威,以德兼并诸侯,天下刚刚统一太平:"武殄暴逆,文复无罪,庶心咸服。惠论功劳,赏及牛马,恩肥土域。皇帝奋威,德并诸侯,初一泰平。"

《会稽刻石》称在始皇的领导下,秦兵仗义扬威发兵诛伐,消灭凶暴悖乱,从而最终把六国的乱贼消灭。始皇的圣德广博细密,天地之内,德泽覆盖无疆:"义威诛之,殄熄暴悖,乱贼灭亡。圣德广密,六合之中,被泽无疆。"

在创制立法方面:《邹峄山刻石》称始皇创设制度,昭明法令,臣下行事都端正谨慎:"皇帝临位,作制明法,臣下修饬。"就各种产业的发展情况而论,由于治国之道得到运行,因此诸种产业皆得其宜,皆有法式可以遵循。由于大义美好昭明,因此要传于后世,一直继承不变:"治道运行,诸产得宜,皆有法式。大义休明,垂于后世,顺承勿革。"就社会秩序而言,由于以常道训导百姓,远近都得到治理,人们都遵奉始皇这个伟大的圣人的旨意。在始皇的领导下,人与人之间贵贱分明,百姓都根据礼法的规定来行事,谨慎地遵奉本职的事务:"训经宣达,远近毕理,咸承圣志。贵贱分明,男女礼顺,慎遵职事。"

《琅邪刻石》称始皇端正法度,整治万物的纲纪。彰明人与人之间的伦理关系,提倡父慈子孝。皇帝圣智仁义,显明各种道理:"维二十八年,皇帝作始。端平法度,万物之纪。以明人事,合同父子。圣智仁义,显白道理。"始皇的伟大功绩,体现在操劳根本大事方面。推行重农抑商政策,是为了使百姓富裕。普天之下,同心同德。统一度量衡,统一文字。日月所照之地,车船所到之处,都遵奉始皇的命令,无不志得意满。顺应四时行事的,是伟大的始皇:"皇帝之功,勤劳本事。上农除末,黔首是富。普天之下,专心揖志。器械一量,同书文字。日月所照,舟舆所载。皆终其命,莫不得意。应时动事,是维皇帝。"始皇神圣贤明,亲自巡视四方。在始皇的统治下,尊卑贵贱不越等级行事。奸邪难以存身,因此都务求行事忠贞贤良。事情不分大小都竭尽全力地从事,没有人敢懈怠。无论远处近处,都只求严肃端庄。只有正直敦厚忠诚,事业才能久长。始皇贤德,四方都得安抚。诛除祸害,谋利造福。劳役有节制,使诸种产业繁荣富足。百姓安居乐业,不再兴师动众。亲人们终得相互保全,盗寇从此尽被除去。百姓们欢欣接受教化,法规都能牢牢记住:"皇帝之明,临察四方。尊卑贵贱,不逾次行。奸邪不容,皆务贞良。细大尽力,莫敢怠荒。远迩辟隐,专务肃庄。端直敦忠,事业有常。皇帝之德,存定四极。诛乱除害,兴利致福。节事以时,诸产繁殖。黔首安宁,不用兵革。六亲相保,终无寇贼。欢欣奉教,尽知法式。"

《之罘刻石》称始皇普遍施行圣明的法令,用以治理天下,永远作为国家的法则。多么伟大啊!四海之内,皆遵循始皇的圣意:"普施明法,经纬天下,永为仪则。大矣哉!宇县之中,承顺圣意。"

《东观刻石》称始皇创制树立大义,设置各种器物,都有等级标志。大臣安分守职,都知道该怎样行使自己的职责,事无嫌疑。百姓移风易俗改从了皇帝的教化,远近同一法度,终身守法不变:"作立大义,昭设备器,咸有章旗。职臣遵分,各知所行,事无嫌疑。黔首改化,远迩同度,临古绝尤。"

《碣石刻石》称始皇下令拆除关东地区的城郭,挖通河流的堤防,夷平险阻的工事。地势既已平整,百姓便不用再服徭役,天下因而都得到安抚。男子乐于耕作,女子从事女红,诸事井然有序。皇恩覆盖诸种产业,人们合力勤勉地耕种田地,无不安居乐业:"堕坏城郭,决通川防,夷去险阻。地势既定,黎庶无繇,天下咸抚。男乐其畴,女修其业,事各有序。惠被诸产,久并来田,莫不安所。"

《会稽刻石》称始皇执掌管理万物,考察验证事实,分别记录其名。使贵贱都能相通,好坏都当面陈述,因而无人隐瞒实情:"运理群物,考验事实,各载其名。贵贱并通,善否陈前,靡有隐情。"大力治理荡涤恶俗,天下承受教化,百姓沐浴新风。人人都遵守法度规矩,和好安定互相勉励,无不顺从命令。百姓善良整洁,都乐于遵守法令,保持天下太平:"大治濯俗,天下承风,蒙被休经。皆遵度轨,和安敦勉,莫不顺令。黔首修洁,人乐同则,嘉保太平。"①

很显然,单从汉人对秦始皇的恶评以及前人对其的吹捧看,是难以得出暴政或是德政的确切判断的。因此最好的办法就是看看时人对此是怎样看的,正所谓凡事不唯要听其言还要观其行,也就是让事实出来说话。而一揆诸事实,始皇君臣的谎言马上便露了馅,他们实行的确实是暴政。

如陈胜在筹划起义时认为:"天下苦于秦的统治已经很久了。"起事之后,陈地的豪杰都说陈胜此举是"讨伐无道的统治,诛灭残暴的秦朝。"武臣、张耳、陈余等受陈胜的派遣到赵国故地游说当地豪杰反秦时说:"秦朝以乱政酷刑残害天下,已经有数十年了。北边有修筑长城之役,南边有戍守五岭之苦,以至于内外骚动不安,百姓为此疲惫不堪,国家按人头用簸箕收敛百姓的谷物,用来供给军费开支。以至于财匮力竭,民不聊生,再加上严酷的苛法峻刑,致使天下的父子百姓不得安宁。"赵国故地的豪杰们都认为这话说得很对。刘邦在沛地起事

---

① 司马迁:《史记》卷六《秦始皇本纪》,第 243~262 页。

时也说过类似陈胜的话。

当时不独百姓认为秦的统治是暴政,就是统治者其实也并不否认。如范阳人蒯通在策反秦朝的范阳令时说:"秦朝的法律非常严酷,而您做范阳县令已有十年了,在这期间您所做的杀死已为人父的人使其孩子成为孤儿、把人的脚截断、对人的脸施以黥刑等等诸如此类的暴行,可谓不可胜数。"范阳令对此指责予以默认。在探讨农民起义的原因时,朝廷重臣右丞相冯去疾、左丞相李斯、将军冯劫等都认为是由于"戍边、水陆运输、劳作等力役过于辛苦,赋税过于沉重。"

显然秦所谓的德政是假的,暴政才是真的! 不过本人同时也认为,纵使暴政,恐怕也不如汉人说得那么严重吧。如汉武帝时人主父偃所谓的"三十钟而致一石"之说,显然就经不起推敲。主父偃在他的奏疏中说秦朝"又使天下飞刍挽粟,起于黄、腄、琅邪负海之郡,转输北河,率三十钟而致一石。"①所谓的刍是指禾秆,粟指粮食;黄、腄、琅邪都是山东半岛上临着大海的地名,黄为今山东烟台龙口市,腄在今山东烟台福山区,琅邪在今山东青岛胶南市。北河即今内蒙古地区的黄河大拐弯处,当时属秦的朔方郡。1钟等于6.4石,则30钟为192石。因此这句话的意思是说秦统治者令百姓从东海之滨的黄、腄、琅邪等地朝遥远的北河运送粮草,以供军用,大致上要耗费掉192石粮食才能运到1石。这成本未免也太高了。一般来说,一个人每天1千克每月30千克也就是大约2石的粮食基本上就可以维持生命了,因此我们不妨保守地假设秦卒每月食用2石粮食,这个数字的确是保守的,因为据睡虎地秦简《仓律》显示,秦国成年男性奴隶的生活标准就是农闲时每月2石,农忙时则每月2.5石,士兵的地位至少应不差于国家奴隶。以此标准推算,则一年每卒至少需24石粮食。由于当时能养活6口之家的中等田地,每顷年产198~226石粟,按30钟致1石即为192石致1石算,此即意味着需要秦人24户144口人将自己土地上产的粮食几乎全部上缴给国家,才能让一个士兵马马虎虎地过上一年。三十二年(前215年)始皇让蒙恬发兵30万人北击匈奴,到了三

---

① 司马迁:《史记》卷一百一十二《主父偃列传》,第2954页。

十七年（前210年）的时候，蒙恬又曾说自己当时所统之兵有30余万，则此数年间北河戍卒应该一直维持在30万左右。如此则维持这30万大军一年的消费，需要720万户4 320万人将自己所产的粮食几乎全部上缴才行。或者以税收来推演，以什一之税算，当时中等之家应缴税额在20石左右，则要养活一个士兵需将230户中等之家1 380余人的税收全部运往北方才行，如此维持30万大军一年的消费，就需要近7 000万户中等之家的近4亿人口的税收，而这显然是不现实的。因为一个最基本的事实是秦朝的人口总数既没有4 000万更没有近4亿。

要把秦朝人口数这个问题说清楚，却需费一番工夫。因为传世的典籍中并没有给我们留下秦代人口总数的记载，现有的只是一些零碎的人口资料，诸如在哪里一次迁了多少户百姓，往哪里一次派了多少兵，有多少人在某处搞土木工程等。不过即使秦代没有这方面的史料，只要在此前的战国时期有这么一个关于人口总数的数字，以该数字为基点，遵循历史的连续性进行推演，利用一些合理的方法推算，便可以获得秦代人口总数的一个大致可信的数字。可惜的是战国的人口资料也一样零碎。倒是在西汉元始二年（2年），有一个人口总数的记载，但是一者时间间隔太久，二者汉代的这个人口总数是在汉初人口总数的基础上发展而来的，且不说汉初的人口总数是否能够推算出来，纵使是能推算出来，由于它是在历史发展的连续性中断之后出现的一个数字，因此对计算秦代的人口总数而言，它能说明什么问题呢？所以开始的时候本人虽然知道，由于在古代社会人口的多寡往往体现着一个政权的发展规模，因此在谈论皇朝盛衰之时，如果不先弄清它的人口数量，那将是个很大的缺憾。但思来想去，觉得无从下手，就想走个捷径，看看别人对这个问题是怎么说的，想着只要大家说法大致相同，并且又言之成理，那就不妨从众，凑合着用用得了。

结果一看就傻了眼，却是关于这一数字，不仅观点众多，而且彼此间差距之大竟有数千万人之巨。如最先对这一问题进行探讨的晋人皇甫谧在他的《帝王世纪》中称："然考苏、张之说，计秦及山东六国，戎卒尚存五百余万，推民口数尚当千余万。及秦兼诸侯，置三十六郡，所杀三分居二。"① 显然在他看来,秦并吞六国之前人数总数当在千余万,及到并吞之后,人口总数在千万以下。而现代史家范文澜在《中国通史简编》中则称"秦时全中国人口约二千万左右"②;两者相比已差了上千万人。可是当代史家葛剑雄在《中国人口史》中更是认为秦始皇灭六国之初,"秦朝的人口有4000万左右"③。三者相比,秦代的人口数字真有点继长以高、扶摇直上的味道。

这三种观点究竟谁的正确抑或是都属信口开河呢?显然不进行一番细致的剖判是无法得到合理的答案的。

就第一种观点而言,该观点在古代学人那里很有市场。如两位著名的史家唐代的杜佑和元代的马端临都持此说。但现今学人一般不再相信这个数字,因为两个人中就有一个人去当兵,这显然是不现实的。当然这并不是说古人就比今人笨,却是皇甫谧在《帝王世纪》曾纵论古今人口,先后给出了三个三代时期确切的人口总数,即夏禹时人口总数为13 553 923人,周成王时人口总数为13 714 923人,周庄王时人口总数为11 847 000人。秦初不足千万之说就紧随诸说之后。而古人见其言之凿凿,不免就一信到底。然今人已考辨出此说颇为荒诞,由于本书不涉及三代问题,因此不做深谈。

现今学人一般认可第二种观点,即范文澜的约2千万人说。如林剑鸣的《秦汉史》、白寿彝总主编的多卷本《中国通史》等都持此说。考此说的依据,当时通过推演战国的人口总数,然后得出的。如在《中国通史简编》中,范文澜对战国的人口数量进行了考察,进而得出了七国人口总数约计2 000万左右的结论:人口楚魏最多。楚兵一百万,如果五人出一兵约计,当有人口五百万。魏兵七十万,当有人口三四百万。秦兵六十万,赵兵四五十万,秦赵两国当共有人口五六百万。齐全国七十余城,前二七九年,田单守即墨城,得壮士五千人,即墨全境合老弱妇女当有四五万人。如每城连乡村平均有一万户,每户平均五

---

① 司马彪撰,刘昭注补:《后汉书志》卷十九《郡国一》,中华书局1965年版,第3387~3388页。
② 范文澜:《中国通史简编(修订本第二编)》,人民出版社1964年版,第18页。
③ 葛剑雄:《中国人口史(第一卷)》,复旦大学出版社2002年版,第312页。

人,全国当有人口三四百万。韩兵三十万,燕与韩相似,两国当共有人口三百万。七国人口总数当在二千万左右。① 据此在接下来叙述秦朝人口时径称秦时全中国人口约二千万。

考诸史实,范文澜的观点是值得商榷的。

首先,范文澜用战国不同时代的史料来推考战国时期的人口,缺乏说服力。考范文澜此说的依据,魏、楚、韩的兵力总数当出自活跃于公元前四世纪前后战国政治舞台上的纵横家张仪、苏秦之口,如《史记·张仪列传》张仪游说韩王:"料大王之卒,悉之不过三十万,而厮徒负养在其中矣。除守徼亭鄣塞,见卒不过二十万而已矣。"《史记·苏秦列传》苏秦游说魏王"今窃闻大王之卒,武士二十万,苍头二十万,奋击二十万,厮徒十万"云云。游说楚王称楚"地方五千余里,带甲百万"。齐的兵力推算当依据《史记·田单列传》,据该传称齐为燕所破,田单以即墨距燕,公元前279年以"壮士五千人"反击燕军,追亡逐北,所过皆克,"而齐七十余城皆复为齐"。赵的兵力推算当依据《史记·赵括列传》,据该传称公元前260年长平之战,赵军"前后所亡凡四十五万"。秦的兵力总数当出自《史记·王翦列传》,据该传载公元前224年,秦王嬴政使王翦"将兵六十万人"灭楚,对此,王翦称是秦王"空秦国甲士而专委于我"。

战国是一个变动剧烈的时代,时期不同,各国的疆域及人口大不相同。因此将战国不同时代的史料放在一起探讨战国时期的人口总数,是缺乏说服力的。

其次,所用史料值得商榷。如就魏的兵力,范文澜采苏秦的70万说;就秦的兵力,范文澜采王翦的60万说。然据《史记·张仪列传》载,张仪游说魏王时称:"魏地方不至千里,卒不过三十万。"游说楚王时更是称秦"虎贲之士百余万"。游说韩王时称:"秦带甲百余万"。苏秦、张仪皆为战国中期人,论及魏之兵力,竟有40万之悬殊。而孰是孰非,颇难说清。就秦的兵力而言,根据张仪的说法,在战国中期时就有百余万了,可是到了战国晚期,却只有60万之众。这其中显然是

---

①范文澜:《中国通史简编(修订本第一编)》,人民出版社1955年版,第241页。

有问题的。

最后,范文澜以五人出一兵约计战国各国人口数量是值得商榷的。战国时期男子在规定的年限内都有服兵役的义务:"大体上,男子到达'傅'(成年登记户籍)的年龄,国家随时都可以征调入伍。"①因此苏秦在推算齐国都临淄兵力总数时,认为临淄七万户,户均有三卒。楚国昭常称总计楚国东地兵力:"悉五尺至六十,三十余万弊甲钝兵"②。东汉时班昭也称:"窃闻古者十五受兵,六十还之"③。但在具体征调时,一般每家出一人服兵役。《周礼·地官·小司徒》指出力役征调原则是除田猎及追捕盗贼等特殊情况外,不论户内有服役义务的人数多少,每家都不超过一人:"上地家七人,可任也者家三人。中地家六人,可任也者二家五人。下地家五人,可任也者家二人。凡起徒役,毋过家一人,以其余为羡,唯田与追胥竭作。"兵役之制亦如此。《周礼·夏官》:"凡军制,万有二千五百人为军。王六军,大国三军,次国二军,小国一军。军将皆命卿,二千有五百人为师,师帅皆中大夫;五百人为旅,旅帅皆下大夫;百人为卒,卒长皆上士;二十五人为两,两司马皆中士;五人为伍,伍皆有长。"郑玄注:"军、师、旅、卒、两、伍皆众名也。伍一比、两一间、卒一族、旅一党、师一州、军一乡。家所出一人。"虽然《周礼》一书糅杂有很多儒家的理想成分,但家出一人服兵役确实是战国时期的传统。当时只有在特殊情况下,士兵方才倾国而出。如长平之战时,秦昭王亲赴河内地区,赐民爵各一级,征发当地年龄在十五岁以上的男子,全部派往长平。

就前面所引典籍关于诸国兵力的叙述看,皆为诸国的总兵力,即将所有应该服兵役的人都计算了进去。而如前所述,一家之中具备服兵役资格的往往并非只有一人,故范文澜以"一户平均五人","五人出一兵"来估算战国诸国的人口,进而推演出秦的总人口数字,是不合适的。

---

① 杨宽:《战国史(增订本)》,上海人民出版社2003年版,第249页。
② 刘向集录:《战国策》卷十五《楚襄王为太子之时》,上海古籍出版社1985年版,第533~534页。
③ 范晔:《后汉书》卷四十七《班超列传》,中华书局1965年版,第1585页。

总此诸点,范文澜先生的"秦时全中国人口约二千万"说是不成立的。

葛剑雄《中国人口史》的4 000万左右说是一种比较新颖的观点。他采用的是"通过此后比较可靠的人口数量进行回溯性的推测"。步骤有二:一、他以元始二年(2年)的西汉人口总数约6 000万为基点,以所推定出来的西汉的全国人口年平均增长率约6‰~7‰为依据,推算出"西汉初,汉高祖五年(前202年)在其境内(包括东瓯、南越等)人口的下限约1 500万,上限约1 800万。"二、他以汉初的人口有1 500到1 800万为基点,以"秦汉之际的人口损失估计为50%"为依据,进而推算出"秦始皇去世时秦朝的人口至少应有3 000万到3 600万,秦始皇统一之初的人口可能接近4 000万。"应该说虽然葛说结论颇为惊人,但他的思路还是相当合理的,且不提他的结论是否正确,也不论他所引以为据的数据的起点是否过于遥远,最起码他使他的数据落在了一个坚实的基点之上。本人之所以如此说,是觉得他的推算方法还有一些需要改进的地方。

如葛说以年平均增长率约6‰~7‰为依据推算二百年前的人口总数,就显得不甚合理,因为在这二百余年中随着时代的变迁,人口的平均增长率先后发生过数次变化,在此情况下,如果以每一个时段的平均增长率为准依次计算每个时间点的人口总数,则最后得出来的最初人口总数显然与仅以一个年平均增长率为标准得出来的总数是不相同的,而且也更为精确。而柳春藩在他的《西汉人口试探》一文中恰给出了一个比较合理且受学界基本认可的分段平均值,即公元前201年至公元前131年这71年间约为12.38‰,公元前130年至公元前90年这41年间基本上是不增不减,公元前89年至公元2年这91年间约为6.68‰,整个西汉年平均自然增长率为7.12‰。

另外,葛说以西汉末年的实际人口总数约6 000万为基点,但事实上关于西汉末年的人口总数,《汉书》是给出了一个确切的数字的。正如柳春藩在其《西汉人口试探》一文中所言,尽管由于某些原因,《汉书》中所给出的这个户口数字不一定完全符合当时的实际情况,"但由于汉代有严密的户口制度,有原始的户口资料作为根据,这个户口数字大体还是比较可信的。"或者说这个数字可视为汉末人口总数的下限。因此在人口总数方面,本人决定采用这两个数据,即把葛剑雄推演出的约 6 000 万的人口数字视为汉末人口总数的上限,而将《汉书》所提供的数据视为下限。这里需要说明的是,西汉的总人数《汉书·地理志》既给了一个户 12 233 062,口 59 594 978 的总数,又给了一个各郡人口总数。然而把各郡人户、口总数分别相加,得出的总数却是户 12 356 470,口 57 671 401,与书中所给出的人口总数并不相符。合理的理解只能是班固把总数给统计错了,而我们在利用时也只能以事实为根据采用各郡相加得来的实际数字作为西汉末年全国在籍的人口总数。由于这个数据包括汉武帝时开拓疆土所取得的一些地区诸如金城、武威、张掖、酒泉、敦煌等郡的人口数字,为了确切起见,本人除去了汉初尚没统辖的这些地区的人口总数,从而得出西汉末年相当于汉初统辖区域内的人口总数约为 5 500 万人。

  由此以葛剑雄所推演出的以汉代约 6 000 万的实际人口数字为基数,利用柳春藩所推演出的公元前 89 年至公元 2 年约为 6.68‰ 的人口增长率逆推,则公元前 90 年的人口数字当为约 3 300 万,由于公元前 130 年至公元前 90 年基本上是不增不减,故此一数字也可视为公元前 130 年的人口总数,由于柳春藩推演出的公元前 201 年至公元前 131 年的人口增长率约为 12.38‰,因而可以得出公元前 202 年的人口总数约为 1 400 万。而利用所推定出的汉末约为 5 500 万的人口总数为基数,以柳春藩所推演出来的不同时段的人口增长率来逆推,则可以逆推得公元前 90 年的人口总数为约 3 000 万人,公元前 202 的人口总数约为 1 300 万。由此则可得出汉初的人口总数的上限约为 1 400 万,下限约为 1 300 万。而根据秦汉之际秦统治之残暴以及战争之惨烈,并参照秦以后几个全国性大动乱时代的情况,则葛剑雄所提出的把秦汉之际人口损失估计为 50% 的看法还是比较合理的。秦汉之际的情况接下来我们要讲,就不多说。我们这里不妨看一看秦以后的与之相似的几次大动乱的情况。如据学者统计西汉末年实际人口总数约 6 000 万,到了东汉中元二年(57 年),实际人口才为约 3 800 万。东汉的人口高峰大致在 6 000 万,然而到了三国时期的人口谷底却为约 2 300 万。隋朝的人口总数约为 4 600 万,然而在大乱之后,经历了唐太宗二十余年统治,到了永徽初年,人口才勉强达到约 2 000 万。从以上的分析可见,但凡是全国性的大动乱,人口损失都在 50% 以上。究其原因,应在于在天下无主群雄逐鹿的情况下,诸雄之间不拼到油尽灯枯是不会罢休的,而人口损失在 50% 左右,即意味着基本上已把所能利用的人力、物力消耗殆尽。于是一旦战败即再难复起,于是原来的群雄纷扰渐变为数雄对决,结果或是赢者通吃,一举奠定基业;或是幸存诸雄不得不割据而治,维持动态平衡。据此把秦汉之际人口损失估计为 50%,不仅不过头,应该说是还有点保守,但在缺乏确切数据的情况下,也只能如此了。而若以此为依据,则秦朝的人口总数的上限约为 2 800 万,下限约为 2 600 万,折中一下,秦朝的人口总数当在 2700 万左右。

  这个数字也比较符合战国以来的社会发展情况。因为尽管战国时期战争相当频繁,但毕竟使相当大的范围内长期维持了相对的稳定,并且中期以前战争的规模一般都比较小,同时当时各国都比较重视生产发展,因此发展到中后期人口数量就有了相当大的增长。如孟子说:"齐国人烟之盛即使是边疆地区,也到处都是鸡鸣狗吠之声。"苏秦称:"齐国的临淄有七万户之多,因而在临淄的路上来往车辆的车轮相互碰撞,步行的人们的肩膀也是挨着肩膀,人多得把大家的衣襟连起来可以合成帷,衣袖举起来可以合成幕,大家一同把汗一挥就如同下雨一样。"又称"魏国百姓、车马得日夜不绝地奔走在道路上,**辚辚殷殷地好像大军在行进一般**"。东汉人桓谭称:"在楚国的国都郢,来往的车辆车轮碰车轮,行人肩挨着肩,在市中的道路上你推我攘地尤其拥挤不堪,以至有早上穿的新衣服到了晚上就被挤破了之说。"尽管这些语句多是属描述性的,但仍可以给我们当时社会人口众多的印象。然而进入中后期,由于规模巨大、惨烈的战争持续不断,因而除秦国外其他国家大多人口损失惨重,尤其是在最后的十余年中,由于秦向六国连年用兵,因而对社会的破坏程度应当非常严重。所以说战国时期虽然人口有了大的发展,但频繁惨烈的战争又在一定程度上抵消了人口的增长,所以说秦朝有 2 700 多万人与战国时期的情况并不抵悟。因此这应该是一个大致比较准确的数字,或者可把此数字定在始皇三十二年(前215年),因为秦的统治从这一年开始才真正进入暴政期,此前尽管也是兴作不断,但相对来说还是维持了一段较为稳定的时期,因此人口损耗不至于过大。

通过以上分析可知,秦朝的人口总数,既非范文澜、林剑鸣等所认为的2 000万左右,亦非葛剑雄的在4 000万以上。而是在2 700万左右。不过我们纵使以葛说为准,这也等于秦人将全国的粮食全部投放在了北方的军事活动上,而这显然是不可能的。因此主父偃的话过于夸张了。当时运输的代价确实极高,但也不至于高到这个程度,若真如此蒙恬的三十万大军怎么能在北部边疆一待就是多年,并且还能斥逐匈奴并率众修筑补缉万里长城! 相比较而言,贾谊《属远》一文所说数十倍的运费比较可信:"输将起海上而来,一钱之贱赋,数十钱之费。"贾谊对秦史的研究甚有造诣,所说当较为符合实际。并且在战国时也是如此,如《孙子兵法》就认为军赋运费在二十倍,所谓"食敌一钟,当吾二十钟"。

当时不仅主父偃的话经不起推敲,其他汉人的言论如《淮南子·泛论训》之"道路死人以沟量";董仲舒之"一岁力役,三十倍于古;田租口赋,盐铁之利,二十倍于古"[1];伍被之"死者不可胜数,僵尸千里,流血顷亩"[2]等论秦朝暴政的言辞也都颇有夸张之嫌。而之所以如此,首先应当是为了树立新皇朝除暴安良的正义形象,为其统治的合法性寻求根据。对于新兴的皇朝来说,把前朝重构得愈不堪,其自身就愈发显得伟大。结果对前朝不免就愈描愈黑,再加上新朝掌握着话语权,故而他们的话语就成了主流话语而广为流布,久而久之,就被坐实了。这种情形不仅是汉代,历朝历代当其创立之初皆如此。

如果大家细心的话,不难发现就是秦朝,也在其短暂的历史中不遗余力地贬损被其吞灭的山东六国。还是在刚刚吞并六国之初,始皇就数落起六国君主来,他说灭韩是因为韩"倍约",灭赵是因为赵"倍盟",灭魏是因为魏"与韩、赵谋袭秦",灭楚是因为楚"畔约",灭燕是

---

[1] 班固:《汉书》卷二十四上《食货志上》,第1137页。
[2] 司马迁:《史记》卷一百一十八《淮南王列传》,第3086页。

因为燕王"昏乱",灭齐是因为齐"欲为乱"。始皇甚至说,在灭掉韩国后,他当时觉得很好,因为这将对其他各国起到威慑作用,使他们不再为非作歹,这样或许就可以停止战争了。照他的意思,他的并吞行为皆属被逼无奈,不得已而为之。嗣后在《之罘刻石》中称六国的君主行为邪僻,贪婪暴戾永无满足,大肆虐待诛杀百姓:"六国回辟,贪戾无厌,虐杀不已。"《碣石刻石》称始皇:"遂兴师旅,诛戮无道"。《会稽刻石》称六国的君主专横背理,贪婪暴戾傲慢凶狠,率众而逞强。暴虐横行无所顾忌,倚仗着武力骄横不已,多次寻衅滋事动用甲兵。暗中派遣使臣来往于六国之间,进行以对抗秦国为目的的合纵活动,行为极其卑鄙猖狂。对内以狡诈的谋略来迷惑视听,向外侵犯秦的边境,于是祸殃迭起:"六王专倍,贪戾慠猛,率众自强。暴虐恣行,负力而骄,数动甲兵。阴通间使,以事合从,行为辟方。内饰诈谋,外来侵边,遂起祸殃。"从秦统治者的评论看,六国君主真是有点坏透了,然而既然如此,为什么范增后来说"秦灭六国,楚国最无罪"?为什么《淮南子》称"赵王被流放到蜀地的房陵,因思念故乡,作《山水》之讴,而听到的人没有不落泪的"?显然一个政权一旦丧失了话语权,那就只有等着被人糟蹋了。

其次是为了使自己的政论具有震撼力,而故作惊人之语。贾谊、董仲舒、主父偃之流的言论本是指向当下的,然而为了使自己的观点更有说服力,便求之于古,借古喻今,又为了耸动视听,不免就夸大事实。主父偃就是这些人中最为突出的一个。此人乃汉武帝时期一个学长短纵横之术起家的落魄辩士,由于在东方齐、燕、赵、中山的诸侯间游学数十年仍一事无成,于是西入关中去见武帝的宠臣大将军卫青,请他在武帝面前帮忙说说好话。卫青也确曾多次向武帝推荐他,但不知什么原因,武帝就是不肯召见他。由于在长安滞留时间过久,主父偃不仅带的钱财快要花光,并且还为诸侯大臣的宾客们所排挤,眼看在长安就要待不下去了。无奈之下,主父偃只好就当时的热点问题写了一篇奏疏,然后诣阙上书,来了个孤注一掷,以求一逞。他的奏疏中共说了九件事,其中之一是要谏止武帝征伐匈奴。为了达到目的,引起武帝的重视,奏疏中不免极尽夸张之能事。

所以总此两点,秦纵然不暴虐,汉人也要给他制造一二的。实际上后世过度贬损前朝现象早在春秋时就已引起了学者的注意。据《论语》讲,孔门弟子子贡曾针对周人恶搞商纣王的现象,深有感触地说纣王的恶行,并不像现在人们所说的那样厉害。因此君子不愿立身在道德水平卑下的境地,因为那样会使天下的罪恶都加在他的身上:"纣之不善,不如是之甚也。是以君子恶居下流,天下之恶皆归焉。"而据说成书于魏晋时期的《列子》一书也愤愤不平地说天下之美,都被归之于虞舜、夏禹、周公、孔子;天下之恶,都被归之于夏桀和商纣:"天下之美,归之舜、禹、周、孔。天下之恶,归之桀、纣。"

走笔至此,本人不由不辍笔太息:我们民族的思维中是不是一直存在着偏执的倾向?一个做了有损于国家民族利益的事情的人,那就一定是十恶不赦的罪人,就应该千刀万剐。一个做了有益于国家民族利益的事情的人,那就笃定是英雄、是圣人、是青天,就应该敬在神庙中大食冷猪肉。说实话,我们太容易把我们的爱恨倾注在某一个人的身上了,而事实上所谓的恶人和所谓的圣人都是一定社会环境培养出来的。所以恶人的出现我们担有责任,圣人的出现我们也与有荣焉。因此,当一个恶人出现时,我们应该检讨,客观地审视我们的缺点和不足;当一个圣人出现时,我们在欣喜的同时,则应该继续发扬我们的美德,而不是一味地痛骂或赞扬啊!

第三章

其实始皇这人还不错

由于秦在历史上恶名远播,后人轻视秦朝也就顺理成章。如南宋人胡寅就称始皇的所作所为,"无一可以垂世立法者。自汉兴,议论之臣祸败之戒有所不言,言则必借秦为谕"①。清初人顾炎武也说:"世之儒者言及于秦,即以为亡国之法。"②而实际上,秦祚虽短,但在历史上却绝对是个承前启后的里程碑式的时代。在短短的十几年中,他们做了很多前无古人的事情。

而最让他们引以为豪,也最为后世有识之士所津津乐道的,是他们推倒了那破敝不堪的王朝大厦,然后建立起一座崭新的皇朝大厦。之所以要另起炉灶,是因为在始皇君臣看来,自己大厦的四根支柱要比旧大厦的支柱更为结实和稳定。

王朝大厦的第一根支柱是井田制。在此制度下,农民所缴纳的是劳役地租,也就是说农民在耕种自己的百亩私田的同时,再为国家耕种十亩公田。私田的收获物归农民自己支配,公田的收获物上交贵族或国家。此制度的优点是可使国家获得较为稳定的经济收入以润滑国家机器;缺点是由于公田对农民而言无利可图,因此在公田上劳作时难免会有消极怠工之虞。

第二根支柱是宗法制。此制度是以与天子血缘关系的远近为依据来整合统治阶级内部的关系,以起到维系社会政治秩序的作用。该制度的优点是通过亲缘关系与政治关系的结合,从而整合了统治阶级内部的关系,有效地维系了社会政治秩序;缺点是随着时间推移,诸侯与天子间的血缘关系日渐淡薄,于是地方与王室的政治关系也会随之日趋松弛。

第三根支柱为分封制。此制度是天子将土地、人口和财物等分封给贵族,以换取他们的支持。该制度的优点是通过分封,调整了贵族间的利益关系,最终使天子成为贵族中实力最为雄厚的贵族。天子不仅拥有面积最大、最为富庶的王畿之地,同时也在事实上获得了共主的地位,诸侯要服从天子的领导,向其纳贡、朝见述职、并发兵跟随其

---

①胡寅撰,刘依平校点:《读史管见》卷一《汉纪·高祖》,岳麓书社2011年版,第32页。
②顾炎武著,黄汝成集释,秦克诚点校:《日知录集释》卷十三《秦纪会稽刻石》,岳麓书社1994年版,第469页。

一起征伐敌国;缺点是贵族们通过分封制获得了极大的权力,如他们可以像天子一样在自己的封地采邑中支配自己的土地,设官分职,并且还可建立效忠于自己的武装力量,自主地开展各种政治、军事、经济、外交活动。天子所能有效支配的只是属于自己的王畿而已。因此天子要想使自己的意志付诸实施,只能通过协商的办法来实现。同时由于贵族拥有极大的独立性,因而也就极易出现离心倾向。

第四根支柱是礼乐文化。也就是推行柔道,以礼乐教化来劝导贵族服从国家的统治。此制度的优点是通过修习礼仪,或者说修习行为规则,提醒贵族认清自己在等级秩序中所处的位置,进一步将等级观念灌输到贵族的思想中,使以礼行事成为贵族的一种自觉和下意识行为,从而起到维护统治秩序的作用。但由于贵族之间都有着或亲或疏的血缘关系,且所有的贵族上至天子下至卿大夫,都拥有自己的势力,因此以刑罚治理贵族难度极大。

由于材质的制约,以此四根支柱为基础建立起来的王朝大厦显得相当质朴和内敛,居于其中的君主行事也相当低调,一遇到大事就召集各方人等讨论,与卿士们商议过后,还要与庶民进行探讨,就这还不算,还要占卜一番,问问鬼神。通过这一系列的折腾,方才能形成一个决议,就这君主还怕臣下不满,还主动鼓励臣下积极进谏。为此尧专设欲谏之鼓,有想劝谏的可以击鼓以闻;舜设诽谤之木,也就是在交通要道处立一根木柱,人民可以在此柱下发表对朝政的褒贬意见;商汤有主管议论君主过失的士;而周武王则有戒慎之鞀,也就俗称拨浪鼓的长柄摇鼓,有欲行劝诫之事者,即摇动这个摇鼓。

当时君主如果想使自己的想法得以实现,必须使用一些隐晦的办法。如商王武丁为选拔傅说进入自己的统治机构,三年不言,然后声称梦得神人,最终选择了傅说。在处置贵族的犯罪行为时,有所谓"刑不上大夫"之说,对贵族可谓是极尽呵护之能事。这就是居住在王朝大厦下的君主的做派,这个君主被称做"王"。当他入主王朝大厦之初,日子还算能过,但时间一久,四根支柱的弊端便全都暴露了出来:公田因农民怠工,收获大减;共主地位因血缘关系淡薄而失去了所期待的影响力;地方局势因诸侯势力日渐强大,争端不断;礼乐制度因天子政治、经济、军事地位的衰落而崩坏。王朝大厦于是在西周中后期起便开始不断出现坍塌现象,发展到春秋时期更是衰败得千疮百孔。

正是由于对构建王朝大厦的材质的缺点了解得非常透彻,始皇君臣在并吞六国之后,从长治久安的角度考虑,就不肯在原来基础上修修补补,而是从在王朝大厦的废墟上疯长起来的丛林中另选优良材质,意欲重构自己理想的大厦。

他们选中的第一根支柱是土地私有制。国家允许百姓把土地据为己有,通过征收赋税的方式获得物质财富。这种制度的好处在于土地私有可以激发百姓持续发展生产的热情,国家也可由此得到源源不断的财政收入。

他们选中的第二根支柱是中央集权的官僚体制。此制度主要是指中央的三公九卿制和地方的郡县制。具体而言,君主在中央下设三公九卿,组成中央政府。三公指丞相、太尉和御史大夫,他们负责协助皇帝处理军政方面的全局性事务,以及统率、监察百官。三公之下设有九卿,所谓九卿亦即多卿的意思,即奉常、郎中令、太仆、卫尉、典客、廷尉、治粟内史、宗正、少府、中尉等,具体分管司法、警卫、赋税、宗庙等各方面事务。地方行政机构分郡、县两级,以郡统县。郡设郡守为行政长官,下设郡尉掌武事,郡监掌监察。县大小不等,万户以上设县令,万户以下设县长,又皆有县丞、县尉等佐长官治民。县以下设乡、里两级基层管理组织,乡设三老,掌教化;啬夫,收租派差。里设里典等。

实行此制优点有四:其一,中央和地方的主要长吏皆由君主直接任免,从而避免了贵族阶层对官职的垄断,有利于君主选拔贤人治国;其二,官员的俸禄由国家以实物的形式支付,而不是赐封土地给予世禄,这使官员失去了稳固的经济基础,在一定程度上丧失了其独立性,强化了其对君主的依附性;其三,郡县长吏以君主代理人的身份治理地方,不再与治下人民形成臣属关系,于是宗法制下那种我的附庸的附庸不是我的附庸的现象彻底改变,官员因而丧失了与中央对抗的人力支持;其四,通过官僚体制的运作,国家权力可以自上而下延伸到社会最底层,又自下而上逐级集中到最高统治者手中。

第三根支柱他们选中的是郡县征兵制。此制以郡县为单位,根据户籍在全国范围内对符合应征条件的百姓征派兵役。此制优点在于君主的实力变得空前强大,在相当大程度上杜绝了贵族犯上作乱事件的发生。

第四根支柱他们选中的是法家文化。这是一种专门探讨在治理国家的过程中,君主怎样使用手中所握有的生杀予夺之大权,方才能达到最佳效果的一门学问。据该文化的集大成者韩非讲,利用这种文化优点有三:利用它倡导的以法治国理论,可以使天下太平、国家安宁;利用它倡导的以术来驾驭臣下的理论,能够使臣下尽心为国而不敢为非作歹;利用它倡导的以势来贯彻法、术推行的理论,可以使君主变得威严而神圣不可侵犯。

总之,由于他们选中的这四根支柱材质优良,因而他们所建立的大厦远远望去不仅高大崔巍而且阴森可怖。居于其中的君主因为有这四根坚实的柱石为依靠,便不肯如三代时期的王一般行事缩手缩脚,而是如同天神一般为所欲为。当然有时他也向臣下征求意见,但他这样做是确确实实需要集思广益,而不是如王一样很大程度上是为了获得贵族的理解与支持而故作姿态;他也提倡进谏,但如果他认定要做的事,不管有多少人反对他也敢一意孤行。在他的帝国内,所有人的生死荣辱都在他的掌握之中,只要他喜欢,他能使一个走卒骤登高位,如果他愤怒,他可以让位极人臣之人顷刻命丧黄泉!这就是居住在皇朝大厦下的君主的做派,这个颐指气使的君主被称做"皇帝"。

想当年,始皇在建成这座崭新的皇朝大厦后,自觉只要他的后代遵守他的教诲不动这些根基,这座大厦能让他的后代住到千世万世以至于无穷,而不是如三代一样传了数百年就不行了。更何况他的皇朝还上应天心!据说还是在公元前八世纪中晚期秦文公在位时,文公出猎曾捕获到一条黑龙,由于五德中水德尚黑,因此论者认为这是上天很早便昭示秦必将获得水德之运。到了始皇并吞六国那年,人们又看见在临洮出现了十二个身材高大的狄人,据目击者称这些人个个有五丈多高,穿的履有六尺长,论者认为这是万国一统、天下太平的征兆。因此秦得天下,那是上应天心的。并且在他活着的时候,他也已经把所有威胁大厦安全的隐患都给清理得一干二净了,所以没有理由不传之万世。

在皇朝大厦建成伊始,始皇便不遗余力地消除一切乱源。具体而言:

其一,对那些可能成为乱源的特殊群体进行打击,如以六国王族为核心的六国贵族。由于秦灭了他们的国家,毁了他们的宗庙,此仇可谓不共戴天,再加上他们在地方上极有影响力,因而他们极有可能为了复国而伺机叛乱,故必须重点盯防。始皇便把他们从故土分别迁往甘肃、四川等边远地区加以控制,如始皇十八年(前229年)俘虏赵王迁后将其流放于蜀之房陵。二十六年(前221年)灭齐后,齐王建被流放到西北地区的共。那批在战国时期非常活跃的游士们,由于文士惯于鼓唇弄舌、搬弄是非;侠士勇于使气弄性、触犯王法,若让这批人继续如战国时期那样在社会上为所欲为,势必影响社会的稳定,为此始皇采取了一系列措施对这些人予以打击。具体来说,一是禁止游士出行。对于士出游这一现象,还是在战国时期秦国就专门制定法律《游士律》予以限制,该律规定游士居留而无凭证,所在的县罚一甲;居留满一年的,应加诛责。有帮助秦人出境,或除去名籍的,上造以上罚为鬼薪,公士以下刑为城旦。同时为避免富贵之家招揽游士,又加重对他们的税收。由于秦一并吞六国,便将其原来推行于秦故地的法律制度推向全国,因而禁止六国游士出游自应是题中应有之义。二是禁止文士兴学论政。三十四年(前213年)咸阳宫争议发生之后,即严禁文士以《诗》、《书》设私学、议时政。三是对豪侠之士进行严厉打击。如二十九年(前218年)专门用十天时间在全国范围内大肆搜捕豪侠之士,三十一年(前216年)在关中又大肆搜捕了二十日。地方富豪由于富甲一方,在地方上极有影响力,有类于春秋时期的卿大夫阶层,为此刚一并吞六国,即将地方上有号召力的天下富豪12万户迁于咸阳,就近进行管理。

其二,着力加强对国内的军事控制。为避免六国官府的兵器流落到百姓手中给社会带来动荡不安,始皇二十六年(前221年),特地收天下之兵器,集中于咸阳,铸成12个重达千石的金人放在那里。因担心会有叛乱者依六国时各国所建的城防伺机作乱,三十二年(前215年),毁坏城郭,决通堤防,铲除各地的防御工程。为了加强对东方的统治,在一些重要的关口派驻精锐部队。为了加强对辽阔疆域的管理,从二十七年(前220年)起,在原有基础上,修筑以咸阳为起点,向东南伸展,遍布六国各地的驰道。这样一旦哪里发生祸乱,国家即可发兵沿驰道火速平叛。

其三,亲自巡行天下。始皇于二十七年(前220年)、二十八年(前219年)、二十九年(前218年)、三十二年(前215年)、三十七年(前210年)先后五次巡游天下,除西南外,几乎走遍了全国。对此梁启超在其《战国载记》一书中有详细记述:"始皇第一次出巡,巡陇西北地,出鸡头山,过回中,则此路线当由长安循泾水旁西北,趋达甘肃固原以西也。第二次出巡,东行郡县上邹峄山,遂上泰山,南登琅邪,还过彭城,乃西南渡淮,之南郡,浮江至湘山,自南郡由武关归。则此路线当由长安经华县,出潼关,历洛阳、开封,以达济宁,由济宁至泰安,由泰安到诸城,直穷海滨,由海州经徐州,至临淮南渡。复由凤阳西趋,经信阳至襄阳,折而东南,浮江至汉阳、岳州,以达湘阴、长沙。其归途则经沙市、江陵、襄阳,入紫荆,道商县返长安也。第三次出巡,东游经阳武,登之罘,遂之琅邪,道上党入。则此路线当由长安经同州,渡河而东,沿河之北岸,经蒲州、怀庆、东昌,抵济南道青州,至烟台,复循海南下至诸城。其归途则取道彰德,经潞安,循太行山脉,历临汾、韩城,返长安也。第四次出巡,东北至碣石,巡北边,从上郡入。此路线出时所经,史无可考,或当巡燕、魏、赵故都,则经安阳、邯郸至今京师,东巡趋海滨,抵山海关、秦皇岛。其归途则沿长城道榆林、肤施,归长安也。第五次出巡至云梦,浮江下观籍柯,渡海渚,过丹阳,至钱塘,临浙江,水波恶,乃西百二十里,从狭中渡,上会稽,还过吴,从江乘渡,并海上,北至琅琊、之罘,遂渡河而西至平原津,及沙邱而遂不归。此路线舟行最多,盖由巴东循江而行,既游云梦,复循江直下,经金陵,至镇江,折而南,掠太湖至杭州,由余杭至绍兴,旋经苏州,从勾曲、仪征间渡江津,北历淮、徐,更遵东海,绕胶东半岛一周,自齐东渡河,历临邑、平原、武城、钜鹿,将取道邯郸以归,而遂崩于沙邱也。都凡十二年中,五度巡游,历十二省数万里之地。自古迄今,帝王之车辙马迹,未或能过也。"

其四,发展经济。在清除乱源的同时,注意发展经济。这很容易理解,因为一个国家若没有源源不断的财政收入,是无法维持下去的。在这方面,始皇君臣也没少下工夫。六国时期各自为政,度量衡、货币、车轨等的标准大不相同,这给人们的经济交往活动带来了很大的不便,因此秦统一后,即将商鞅变法时的度量衡制度推行全国;货币分两等,黄金为上币,以镒为单位,圆形方孔铜钱为下币,以半两为单位。轨指车舆两轮之间车轴的长度,统一规定为六尺,使一车可以畅通全国。进一步推行重农抑商政策,将其定为国策,亦即《琅邪刻石》所谓"皇帝之功,勤劳本事,上农除末,黔首是富。"提高治粟内史的地位,使其为九卿之一,规定地方官必须过问农事。始皇三十一年(前216年),让老百姓向官府据实申报自己拥有的耕地面积,以便在全国范围内征收统一的田税,同时也把秦的土地私有制推行到原六国统治的所在地区,并从法律上加以肯定。对商人进行打击,如三十三年(前214年)将商人以及那些父母祖父母曾为商人的人与罪犯、赘婿一起徙谪到南越戍边。

以上是针对内部的各种问题所采取的措施。而对于外部问题始皇也是一点也不含糊。当时秦的四邻,东为大海,西边早在战国时期已被秦人清理干净。故所谓的外部问题实际就是指南边的百越问题和北边的匈奴问题,尤其是匈奴,对秦确实存在着现实的威胁。却说战国末年,由于南方战乱不休,顾不上北部边防,结果匈奴遂乘机向南发展,占领河套地区,对秦朝构成重大威胁。为解决南北问题,始皇于三十二年(前215年)几乎同时在南北两方用兵,在南方派尉睢统军50万发动对越人的进攻。历时三年才平定。在其地设桂林、南海、象郡,并大量移民南方。在北方派大将蒙恬率军30万北击匈奴,夺回河套地区,置郡县,移民屯垦。就这仍对远遁的匈奴人不放心,又特地在北部绕着皇朝大厦自西向东修筑一条绵延万余里的围墙!现在想来,这真是空前绝后的大手笔!因为自古及今,除了始皇,鲜有统治者敢在自己国土的极南和极北两地同时打上两场大规模的战争,并且都取得了胜利。

可以说,为了实现对这个庞大帝国的有效统治,始皇君臣采取了一系列对帝国的发展有着重大影响的政策,可谓煞费苦心,可惜由于施行暴政,结果不旋踵而亡。不过由于这座大厦是以"尊君抑臣"为核心建立起来的,非常适合后世君主的统治需要,因而秦亡之后,不仅汉的统治者对破敝的地方稍作修缮,便搬了进去,就是汉以后的皇朝也照样予以继承。

对此,后世的有识之士看得很清楚,如北宋人欧阳修称秦朝灭亡之后,"后之有天下者,自天子百官名号位序、国家制度、宫车服器一切用秦,其间虽有欲治之主,思所改作,不能超然远复三代之上,而牵其时俗,稍即以损益,大抵安于苟简而已"[1]。孙奭也说:"秦为无道甚矣,今官名、诏令、郡县,犹袭秦旧,岂以人而废言乎?"[2]南宋人吕祖谦指出:"秦变法,后世虽屡更数易,终不出秦"。朱熹的弟子黄仁卿也曾疑惑地问朱熹:"自秦始皇变法之后,后世人君皆不能易之,何也?"[3]明代名臣张居正认为秦以法治国,是再次开辟混沌的创举,它所创设的制度、法令,由于对治国甚有好处,至今还被人们所遵守:"三代至秦,混沌之再辟者也。其创制立法,至今守之以为利。"[4]清人顾炎武在其《日知录》中也说:"汉兴以来,承用秦法以至于今日者多矣。"[5]近代史家夏曾佑更是认为"自秦以来,垂二千年,虽百王代兴,时有改革,然观其大义,不甚悬殊。譬如建屋,孔子奠其基,秦、汉二君营其室,后之王者,不过随事补苴,以求适一时之用耳,不能动其深根宁极之理也"[6]。此外其开拓的疆域为后世继承和发扬,修筑的驰道奠定了后世大一统皇朝国道的基础,长城作为皇朝大厦的围墙被后人修修补补地一直用了一千八百余年,灵渠至今仍在发挥着作用,凡此种种,不一

---

[1] 欧阳修、宋祁:《新唐书》卷十一《礼乐志》,中华书局1975年版,第307~308页。
[2] 李焘:《续资治通鉴长编》卷八十一,中华书局1985年版,第1851页。
[3] 黎靖德编:《朱子语类》卷一三四《历代一》,《朱书全书》第18册,上海古籍出版社、安徽教育出版社2002年版,第4188~4199页。
[4] 张居正:《张太岳集》卷十八《杂著》,上海古籍出版社1984年版,第211页。
[5] 顾炎武著,黄汝成集释,秦克诚点校:《日知录集释》卷十三《秦纪会稽刻石》,第469页。
[6] 夏曾佑:《中国古代史》,团结出版社2006年版,第257页。

而足。

所以秦朝虽因暴政而亡,但是我们却不能因此而轻视它,以为它一无是处。不过后世皇朝贬低秦朝也情有可原,就像我们都不愿与不名誉的人有染一样,哪个皇朝愿意和声名狼藉的秦朝套近乎呢?

第三章
您若是始皇，怕也要拓疆
第四章

从上面的分析可以看出，秦统治者不仅想把国家治理好，而且还雄心勃勃地要传之万世，既然这样，他们就不应该实行暴政，因为就是普通人也知道暴政是不得人心，要亡国的。更何况是千古一帝秦始皇和雄才大略的李斯！其实秦时有很多事情，时人和后人都是看似明白实际上是都不甚清楚。因此接下来几章，我们不妨一起来探析一下与暴政相关的一些问题。

所谓暴政，实际上主要是指赋役沉重和法治严苛。就赋役沉重而论又集中体现在修骊山陵墓、建阿房宫、求仙药、修驰道、修长城、南伐百越、北攻匈奴等数件大事上。在这数件事情中，由于南北用兵消耗的人力物力过于浩大，因而影响也最大。汉代许多人都认为这是导致秦败亡的主要原因。如《淮南子》称：当时由于南北用兵，男子不得耕种田地，妇人不得纺织布匹，老弱的人在路上服役，官员们在街衢以簸箕苛敛民财，生病的人得不到休养，死去的人不能被埋葬，于是陈胜崛起于大泽之中，奋臂大呼。主父偃称由于南北用兵耗费了大量的物资，因此使男子努力耕作也不足于提供粮食供给，女子努力纺绩也不足于提供帷幕用布。百姓凋敝，孤寡老弱不能相养，死者相望于道路，于是天下开始背叛秦朝。严安称那时秦在北边与胡人为敌，南边为越人所牵制，陈兵于无用之地，无法脱身。这样持续了十多年，使得国力受到了极大的损耗。由于兵力损失严重，朝廷不得不让男丁都披甲上阵，而让丁女来转输粮饷，以至于苦不聊生，许多人因此吊死在路边的树上。于是等到始皇一死，天下便出现了大乱。严助说秦南方用兵失利，不得不发谪戍以备之，当时内外骚动，百姓穷困不堪，出行的人不见回来，都觉得没法生存，结果很多人结伴逃亡，聚在一起做起了盗贼，山东于是出现大乱。班固说始皇在位期间内平六国，外攘四夷，没有一天不用兵，结果导致山东出现大乱。

对于秦南北用兵的原因，有人将之归于统治者的贪婪，如《淮南子》认为秦伐南越是始皇想得到越地的犀角、象牙、翡翠、珠玑等珍宝。晁错称秦南北用兵，不是为了保卫边地和救民于水火，而是贪婪暴戾想扩大疆土而已。也有归于统治者的好大喜功的，严安认为此举是始皇想将他的淫威推行到海外。主父偃认为这是始皇"务胜不休"的结果。更有人将之归为始皇迷信谶言所至,如司马迁称方士卢生入海寻神仙不遇,回来骗始皇而"奏录图书曰:亡秦者胡也"[①]!于是始皇乃使将军蒙恬发兵 30 万人北击匈奴。

于是这不免让人叹息,要是始皇不贪婪,要是始皇不好大喜功,更让人忍不住胡思乱想的是要是始皇不迷信方士的谶言,那就不会有南征北伐,那么秦说不定也就不会亡了。然而叹息终归是叹息,剖析历史,我们可以发现有四个方面的原因决定了秦必然会向南北两方用兵,而所谓的"亡秦者胡也"之谶言不与焉。

一、北方民族的现实威胁与南方民族的潜在危机

当始皇君臣并吞天下之后,环顾四周,生活在北部大漠的胡人和居住在东南部的百越让他们忧心忡忡。因为匈奴对秦构成了现实的威胁,而百越则蕴含着潜在的危机。

当时沿北部边郡从东到西依次有东胡、匈奴、月氏等三大部族,这些人被统称为胡人,他们的存在对秦的统治构成了事实上的威胁。这些民族由北方古老的山戎、猃狁、荤粥等少数族发展而来,起初由于夏、商、周政权的打击,这些部族一直发展比较缓慢,然而到春秋战国时期,由于诸侯之间长期争战不休,而无暇顾及他们,从而使他们获得了一个绝佳的发展机会。先是春秋中后期,在秦、晋、燕三国的边地出现了诸如绵诸、绲戎、翟、獂、义渠、大荔、乌氏、朐衍、林胡、楼烦、东胡、山戎等众多的部落。这些部落大概有 100 多个,每个部落都有自己的领导者。他们互不统属,各自分散居住于河谷之中。发展到战国中期,各部落实现了区域融合。当时在秦的边地以义渠为强,在赵的边地以林胡、楼烦为盛,在燕的边地则是东胡为大。这时候南方的诸侯对他们又有了一个总的称呼即"胡"。

由于实力大增,因而对秦、赵、燕三国构成了极大的威胁,不免就引起了沿边各国的重视。于是秦在秦昭王时发兵攻灭义渠,置陇西、北地、上郡等三郡,并修筑长城来防御胡人。赵则武灵王胡服骑射,北

---

① 司马迁:《史记》卷六《秦始皇本纪》,第 252 页。

破林胡、楼烦,自代地并阴山下至高阙为塞,而置云中、雁门、代等郡。接下来燕将秦开率兵袭破东胡,东胡因此向北退却千余里,燕国随后在边地修筑长城,并且又在造阳至襄平之间,置上谷、渔阳、右北平、辽西、辽东等郡以防御胡人。在三国的强力打击下,胡人的发展势头暂时被压了下去。

然而到了战国末期,由于燕、赵在秦的打击下,都处于朝不保夕的境地,再也无力维护边地的安全,边地的胡人随之再度获得了发展的机会。于是当秦终于并吞六国后,抬头北望,不意发现北边东有东胡,西有月氏,中有匈奴,竟然又是强敌环伺,其中尤以匈奴最为强大。究其原因,再次获得其梦寐以求的阴山南面的土地,以及河南地(即今天的河套地区)应是一个重要因素。对此现代史家翦伯赞先生有过精辟的论述。

翦先生在建国初期曾去内蒙古做过一番实地考察,之后他在《内蒙访古》一文中谈了自己对这部分土地的看法:"过了集宁,就隐隐望见了一条从东北向西南伸展的山脉,这就是古代的阴山,现在的大青山。大青山是一条并不很高但很宽阔的山脉,这条山脉像一道墙壁把集宁以西的内蒙分成两边。值得注意的是山的南北,自然条件迥乎不同。山的北边是暴露在寒冷的北风之中的起伏不大的波状高原。这一带在古代就是一个'少草木,多大沙'(《汉书·匈奴传》)的地方。山的南边,则是在阴山屏障之下的一个狭长的平原。"翦先生接着说,"现在的大青山,树木不多,但在汉代,这里却是一个'草木茂盛,多禽兽'(《汉书·匈奴传》)的地方,古代的匈奴人曾经把这个地方当做自己的苑囿。一直到蒙古人来到阴山的时候,这里的自然条件,还没有什么改变。"翦先生进而指出:"愈是古远的时代,人类的活动愈受自然条件的限制。特别是那些还没有定住下来的骑马的游牧民族,更要依赖自然的恩赐,他们要自然供给他们丰富的水草。阴山南麓的沃野,正是内蒙西部水草最肥美的地方。正因如此,任何游牧民族只要进入内蒙西部,就必须占据这个沃野。阴山以南的沃野不仅是游牧民族的苑囿,也是他们进入中原地区的跳板。只要占领了这个沃野,他们就可以强渡黄河,进入汾河或黄河河谷。如果他们失去了这个沃野,就失去了生存的依据,史载'匈奴失阴山之后,过之未尝不哭也',就是这个原因。在另一方面,汉族如果要排除从西北方面袭来的游牧民族的威胁,也必须守住阴山的峪口,否则这些骑马的民族就会越过鄂尔多斯沙漠,进入汉族居住区的心脏地带。"

这就是为什么赵武灵王时要渡过黄河,与匈奴争夺大青山南麓这一狭长地带,并将长城修在阴山一带的原因所在。然而后来随着赵国的土崩瓦解,不仅大青山南麓重回匈奴怀抱,而且他们又越过黄河进入了河套地区。而据汉初娄敬亦即刘敬对刘邦讲,河套地区距离长安近的地方不过700余里,轻骑一天一夜就能到达关中地区。这对于秦朝来说,等于大门洞开,实在是凶险之极。所以秦一并吞六国,马上就派蒙恬率10万大军北上抵御匈奴。当时月氏和东胡也相当强大,其中月氏的骑兵有一二十万。故而也是秦朝的强劲对手。可以说他们的存在,不仅不能使秦的声威远被异域,反而还有压缩其统治区域的隐忧。为着皇朝安危考虑,秦统治者有解决此一问题之必要。

当时在秦的周边除了匈奴之外,还有一个强大的民族,那就是分布在今浙江、江西、福建、广东、广西以至于越南北部等广大区域的百越,也就是越人。这是一个与中原的华夏族同样古老的民族,由于它分布广泛、支庶众多,因而到了战国秦汉时期便有了"百越"的称呼。这个民族中的于越在春秋战国时期所建立的越国曾长期雄踞东南,在春秋晚期不仅灭掉了强大的吴国,并且还北上中原,图谋霸权。战国中期越王无强自恃实力雄厚,一度兴师北伐齐,西伐楚。结果招致楚人不满,而兴兵伐之,杀掉无强,灭掉了越国。于越贵族不得不率领大批越人向南方各地迁徙,有的甚至移居海上。由于失去了权力中心,于是百越各部落纷纷自立君主,各自为政,而在名义上臣服于楚。

显然此时的百越正处于一个新的融合时期,一旦它再次形成新的权力中心,势必对北方的政权构成威胁。这从秦亡后,赵佗在南越称王就可以看出来。考赵佗之所以能在南越站稳脚跟,既与他得到了来自中土移民的支持有关,也与他受到当地土著的拥戴关系甚大。由于他得到了南越、闽越、西瓯和骆越的支持,从而使他获得了与北方皇朝对抗的本钱,竟然乘坐黄屋左纛之车,以皇帝身份发号施令,成为汉朝的大患。后来文帝时陆贾出使南越,赵佗还自称"蛮夷大长老夫"①。所以就秦朝而言,为了避免以后在战略上处于被动,就有必要防患于未然,把这片广大的区域纳入自己的控制之下。而其后来兴兵50万讨伐,既可见其对百越之重视,亦可见百越实力之雄厚,已到不得不用兵的地步。

二、把王化推向四极乃帝王之盛举

在春秋战国时的思想家的心目中,天下对于王者而言,无论远近都应在他统辖的范围之内。此亦即《春秋公羊传》所谓的"王者无外"。同时由于相对于夷狄而言,华夏人有着较高的礼乐文明,因而华夏人在拥有文化优越感的同时,也有着相当强烈的教化异族的文化使命感,孟子所谓的"吾闻用夏变夷者,未闻变于夷者也"②,显然是赞同将先进的华夏文化推向夷狄。故而征服周边地区,对于统治者而言,不仅没有道义上的罪恶感,反而有一种向四方推行王化的正义感。

因此秦朝建立后,尽管在始皇二十八年(前219年)时秦的疆域不过是七国故地而已,然始皇君臣已在《琅邪刻石》上发出了"六合之内,皇帝之土。西涉流沙,南尽北户。东有东海,北过大夏。人迹所至,无不臣者"的豪言壮语。

所谓"流沙",南朝人裴骃的《史记集解》引东汉人郑玄语称"《地理志》流沙在居延东北,名居延泽"。而居延在汉之张掖郡,则是又远在临洮之外。唐人司马贞的《史记索隐》所谓"《地理志》云'张掖居延县西北有居延泽,古文以为流沙'",而当时秦的西部疆域不过是达到了陇西郡的临洮、羌中而已。西部疆域是在秦昭王时确定的。当时在秦的西北地区,也就是今天陕、甘、青、宁一带,战国中期以来原有大荔、绵诸、月氏、乌孙、獂、羌及义渠等少数族部族。然自秦孝公始秦逐渐确立起在这片地区的统治,至秦昭王三十五年(前272年),秦最终灭掉了最为强大的义渠,开始设置陇西、北地、上郡等三郡。临洮在秦

---

① 司马迁:《史记》卷一百一十三《南越列传》,第2970页。
② 焦循著:《孟子正义》卷五《滕文公上》,《诸子集成》(第1册),上海书店1996年版,第230页。

极西之陇西郡,因为地临洮水而得名,而羌中在临洮的西南方。

所谓"北户",裴骃的《史记集解》称《吴都赋》有"开北户以向日"的句子。刘逵解释为:"日南之北户,犹日北之南户也。"故北户也就是说建在日之南的房子,为了朝阳采光,而门户开在了北面的意思。这显然说的是在北回归线以南的情况,具体方位应在秦的象郡。因为此郡地理位置基本在北回归线以南,故可说北户在秦的极南之地。而象郡乃始皇三十三年(前214年)所建,那一年,始皇征发那些曾经逃亡的人、赘婿,以及贾人,攻取了南越地区,以其地设桂林、象郡、南海三郡。

所谓"东海"既指东边大海。

所谓"大夏",属于极北之地区。《淮南子·墬形训》称九州之外还有八夤,也都同九州一样方圆千里,其中"西北方曰大夏、曰海泽"。《逸周书》中伊尹称正北方有"空同"、"大夏"等戎狄之国。清人吴玉搢《别雅》称"《汉书·武帝纪》:'遂踰陇登空同',《庄子·在宥篇》亦作'空同',司马彪注云:'空同,当北斗下也',《尔雅·释地》:'北戴斗极为空桐'",则空同当为极北之地,而大夏与空同并列,则地之遥远可知。

显然除了东边之外,其他三面都是虚语,故琅邪刻石显见是极尽夸张之能事。不过话又说回来,这只能是我们今天的看法,在当时,恐怕许多人并不这么认为。因为据说五帝的实际统治范围方圆不过千里,然而在《尚书·禹贡》所重构的历史中,由于禹的努力,其影响居然"东渐于海,西被于流沙,朔南暨,声教讫于四海"了。而到了周朝,其王畿不过是邦畿千里,然而《诗经·小雅·北山》已咏叹道:"普天之下,莫非王土;率土之滨,莫非王臣";所以到了"海内为郡县,法令由一统,自上古以来未尝有,五帝所不及"的秦代①,声称自己的领土已尽地域之四极,实并不为过。

并且无论怎样表述影响之远,落到实处说的还是人,如果一个地方荒无人烟,那也就无所谓影响,故而《琅邪刻石》中叙过四极后,接着

---

① 司马迁:《史记》卷六《秦始皇本纪》,第236页。

又说了"人迹所至,无不臣者"八个字,其意即为人迹所至的极远之处即为地域之极致。而何为人迹所至的极远之处,则要据时人所掌握的地理知识而定了。就西方而言,秦自立国起就一直与西垂的少数部族争斗不休,可是到了秦昭王消灭义渠置三郡,将统治的触角延伸到临洮、羌中之后,就丧失了再向西发展的兴趣,这显然与临洮以西,生存条件恶劣,人烟稀少,既不能以对其统治构成威胁,又不足以引发其占有的贪欲有关。就东部而论,随着燕、齐、楚的相继被兼并,其势力也随之到达了东海,也就是说达到了其发展的极限,因为再往东据说就是仙人所居住的地方了。由此可见,在始皇二十八年(前219年)时,秦的统治确实已达到了东西二极。名实不符之处是南北两个方向上。当时在南方的百越,秦尚未能据而有之,而北方还在匈奴手中,因此秦统治者若想超迈上古,就应该在这两个方面有所作为。

三、秦朝拥有强大的军事力量

秦朝是以一个强势政权的面目出现在历史舞台上的,它拥有一支强大的军事力量。秦的士卒自秦孝公以来一直以能征善战闻名于世。说起来,秦自其先祖时期就颇崇尚武力。秦之祖先据传说为帝颛顼之后代柏翳,此人曾佐舜调驯鸟兽,而被赐姓嬴氏,其人又佐禹治水土,故与伯益实为一人。禹死后,伯益因与禹之子启争夺王位被杀,其子孙后或在中原,或在夷狄,而秦即为在夷狄者,因而渐染夷风。如在西戎,保有西垂的中潏之父胥轩被称做"戎胥轩",其母则是"骊山女",后来封地在今天陕北的申国的申侯曾说过往昔他的祖先骊山之女为戎胥轩妻的话,而申国为戎族所建,故其"骊山女"亦为戎族,则中潏夷化甚重可知。中潏生飞廉,其后有非子,居于犬丘,喜欢养马和牲畜,并且在这方很有经验。周孝王时,孝王使其在汧、渭之间主管养马的事务,由于养马有方,马的数量大增。因养马有功,孝王分封非子土地于秦邑而为附庸,使其复续嬴氏之祭祀,号"秦嬴"。其后秦仲在周宣王时为大夫伐西戎而被杀,宣王又派秦仲的五个儿子率兵攻打西戎,破之,宣王因封秦仲子庄公为西垂大夫。庄公死后,襄公继位,其时一方面襄公之兄世父与戎人争斗不止,另一方面襄公又把妹妹缪嬴嫁与戎族丰王为妻。后来犬戎与申侯伐周，杀幽王，襄公救周甚为卖力。平王东迁时又率兵护送平王，平王遂因功封他为诸侯，赐岐山以西之地，周平王对秦襄公说："戎人无道，侵夺我岐、丰之地，秦如果能将戎人从这里赶走，那么这些地就归秦所有。"这其实等于给秦襄公开了张空头支票，但也正是因为有了平王的授权，此后秦遂名正言顺地在西方展开了拓疆事业，其间历文公、宪公、出子、武公、德公、宣公、成公，直到穆公时，方才取得重大突破，所谓益国十二，开地千里，遂称霸西戎。其后内部斗争不断，国家的发展陷入停滞状态。

从以上叙述可见，秦人自西来起，即深染夷风，所治之民又多属夷狄，因而民风极为彪悍。战国时人朱己曾对魏王说："秦与戎狄风俗相同，有虎狼之心，贪婪、暴戾，好利而无信，不知道礼仪德行。"《淮南子》也认为秦国的风俗是"贪婪凶狠、刚强有力，热衷于利欲而缺少仁义道德"。可见秦人本就有尚武的传统。战国中期商鞅变法则在一定程度上强化了这种传统。

商鞅变法，在军事方面一个最重要的成就，就是在秦旧爵制的基础上，制定了二十等军功爵制。所谓二十等爵位也就是二十级爵位，每级都有不同的名称，其顺序从下到上依次是公士、上造、簪袅、不更、大夫、官大夫、公大夫、公乘、五大夫、左庶长、右庶长、左更、中更、右更、少上造、大上造、驷车庶长、大庶长、关内侯、彻侯。爵位可以通过军功来获得。如士兵能得敌首一枚，即赏爵一级。军吏所率军队若能完成规定任务，则军吏将被赐爵一级。如按规定若军队攻城，能斩获敌首 8 000 颗以上；野战能得到敌首 2 000 颗以上，就都算达到了国家规定的数目，所有各级将吏都可赐爵一级。又如按规定一个百将所统领的 100 名士卒若能在一次战斗中获得敌人 33 颗首级，那么百将和他下属的两个各领 50 名士卒的屯长就都赐爵一级。

从理论上说，如果一个人有能力，他就可以由第一级的公士起，积功直至第二十级的彻侯。在当时，爵位既是一个人身份地位的象征，又与具体的政治、经济利益相联系。如爵位每增加一级，就可以从国家那里得田地一顷，宅地九亩。如果想做官，可以根据级别的高低取得相应的官职，比如若爵位是第一级的公士，可以为 50 石之官；若爵位是第二级的上造,可为100石之官;若爵位是第五级的大夫,可为县尉,并得到6个奴隶的赏赐等等;有爵位者还拥有使无爵位者作为其"庶子"来为其服役的权利,每级爵位可以向国家申请一个庶子。在法律方面,爵位不同,享受的权利也不同,爵高者优于爵低者。在诉讼时,只有爵位高的才能审讯爵位低的。若同犯一种罪,公士以下要判四年,而上造只判三年。上造以上爵位的人犯罪,只受降级处分,而一级以下爵位的人犯罪就要被夺爵。此外有爵位的人死后,其家人可根据他的爵位的级数种植相应数量的树木,如若是公士就是一棵,上造就是两棵,以此类推。这样便使那些立了战功的秦人即使死了,也能享受世人的崇敬。凡此种种,不一而足。

总之商鞅通过制定二十等军功爵制,将各种利益与军功挂钩,从而使有功的人可以显示自己的荣耀,而无功的人虽然富足却无法获得世人的认可。此举强化了秦人的尚武传统,因而得到秦人的热烈响应。结果在强大的利益驱动下,一遇战争即奋不顾身地投入进去。据说当时一听说要打仗便情绪激昂地以脚踩地、决心奋不顾身地冲向敌人锋利的兵器、无所畏惧地蹈向如炉炭一样火热的战阵、发誓要战死疆场的秦军战士,多得不可胜数。因而一百多年间,秦军攻城拔地,几至无坚不摧。据说楚人以鲛鱼皮和犀兕为甲,因而坚如金石,宛地出产的优质的铁做成的矛,惨毒如蜂虿。士卒身穿这样的甲,拿着这样的长矛,行动起来如飘风一般轻捷勇猛。韩国的士兵据说身被坚甲,脚踏劲弩,腰悬利剑,以一当百都不在话下。魏国的武卒可以身穿三重甲,头上戴着头盔,携带三天的粮食,半天能走100里路。齐国的技击之士在当时也很有名,但是所有这些勇士一到秦国的精锐之士面前,便都不行了。当时诸国的精锐之士,最为强悍的当属齐之技击之士与魏国的武卒,然而荀子说,齐国的技击之士抵挡不住魏国的武卒,而魏国的武卒则无法抵御秦国的锐士,两者一旦遇到一起,魏国的武卒就好比至脆之物以攻坚石,其势必败。张仪在为秦游说韩王时也说:"山东六国的士卒,披着战甲、戴着头盔来与秦卒决战,秦卒则扔掉战甲光着脚板来迎战,而战役的结果是秦卒左手提着人头、右臂挟着俘虏,胜利而归。秦卒与山东之卒相比,就好像勇士孟贲与懦夫一样;

如果比做以重力相压,那就好像勇士乌获与婴儿一样。战争发生的时候,用孟贲、乌获这样的勇士,去攻打不宾服的国家,无异于让千钧之重的东西坠落在鸟卵之上,这些国家是一定不会幸免于难的。"张仪的说辞难免有夸张之处,但秦卒在战国时期骁勇善战,确实是不争的事实,因此自秦昭王四十七年(前260年)长平之战将赵国这一劲敌打垮之后,秦国的士卒在向东方发展的过程中基本上没遇到什么阻力,几可称得上兵锋所向势如破竹。下面我们不妨看一下长平之战后至秦并吞六国近四十年间秦攻打六国的情况:

秦昭王四十八年(前259年)十月,秦军分为两支军队,一支由王龁率领攻占了赵国的武安、皮牢。另一支由司马梗率领,攻下太原,完全拥有了韩国的上党郡。

五十一年(前256年),将军摎率军攻取韩国的阳城、负黍两地,并斩首四万。攻取赵国二十余县,杀死并俘虏九万赵军。又率兵攻打西周,结果西周君投降,尽献其邑三十六城,口3万。

五十三年(前254年),使将军摎伐魏,攻取魏国的吴城。

庄襄王元年(前249年),秦相国吕不韦发兵诛东周君,并灭掉东周国。使蒙骜攻打韩国。

二年(前248年),使蒙骜攻打赵国,定太原。又攻下魏国的高都、汲等地。攻赵榆次、新城、狼孟,取三十七城。

三年(前247年),王龁攻打上党,初置太原郡。

始皇二年(前245年),麃公率兵攻打魏国的卷,斩首3万。

三年(前244年)蒙骜攻韩,获得韩国十三座城池。十月将军蒙骜攻打魏国的畼、有诡。

四年(前243年)攻下魏国的畼和有诡。

五年(前242年),将军蒙骜攻打魏国,攻下酸枣、燕、虚、长平、雍丘、山阳城等地,共取得魏国二十座城池。

六年(前241年)韩、魏、赵、卫、楚五国联军共同攻打秦国,并攻下秦国的寿陵,秦国出兵迎击,五国兵罢。攻下卫国的朝歌。

七年(前240年),攻打魏国的龙孤、庆都,还兵途中攻取汲。

九年(前238年),攻打魏国的垣、蒲阳。杨端和攻打魏国的衍氏。

十一年（前236年）王翦、桓齮、杨端和攻打赵国的邺，取九城，王翦攻打赵国的阏与、囗阳。

十三年（前234年）桓齮攻打赵国的平阳，杀赵将扈輒，斩首10万。十月桓齮攻打赵国。

十四年（前233年）在平阳攻打赵军，攻破宜安，并杀其将军。桓齮平定赵国的平阳、武城。

十五年（前232年）大兴兵攻打赵国，一军攻至邺，一军攻至太原，最终攻下狼孟。

十七年（前230年）内史腾攻打韩国，俘获韩王安，韩国亡。

十八年（前229年）在王翦、杨端和、羌瘣的率领下，大兴兵攻打赵国。

十九年（前228年）王翦、羌瘣全部攻下赵国的东阳地区，俘获赵王迁。

二十年（前227年）使王翦、辛胜攻打燕国，燕、代发兵迎击秦军，秦军在易水之西攻破燕军。

二十一年（前226年）王贲率兵攻打楚国，大破楚军，攻下楚国十座城池。不断地派兵奔赴燕国的战场，使王翦军力大增，于是打败燕太子丹的军队，攻下燕国的国都蓟城。

二十二年（前225年）王贲率兵攻打魏国，引黄河水围灌大梁城，大梁城因而被水浸泡坏，魏王只好请降，魏国遂亡。

二十三年（前224年）使王翦率数十万大军攻打楚国，王翦遂攻取陈以南至平舆的广大地区，在蕲地打败楚军，并杀死楚国的大将项燕。

二十四年（前223年），王翦、蒙武攻灭楚国，俘虏楚王负刍。楚国的遗民假借项燕之名立昌平君为楚王，反秦于淮南，为王翦、蒙武所破。

二十五年（前222年）大兴兵，使王贲率领攻打燕国的辽东，俘获燕王喜。接着攻打代地，俘虏代王嘉。王翦平定楚国的江南地区，越君投降。

二十六年（前221年），秦使将军王贲从燕地的南部攻打齐国，齐王建不战而降。

当然秦国在这数十年的攻伐中也时不时地会遇到一些困难。我们不妨也看一下秦在并吞六国过程中所遇到的挫折：

昭王四十八年（前259年）十月，派五大夫陵攻打赵国的邯郸。四十九年（前258年）正月派兵增援王陵，但王陵却仍然取得不了突破，于是被免职，他的军队由王龁率领，五十年（前257年），王龁与郑安平攻打邯郸，赵人奋力抵抗，同时楚国派春申君率军来援，魏国的信陵君也率领8万大军来援，并在邯郸城下大败秦军，王龁只好解围而去，而郑安平则被赵包围，最后突围无望，只得以兵2万降赵。

五十一年（前256年），攻打赵国，楚国派遣将军景阳救赵国，韩国、魏国也派兵来救，赵国将军乐乘、庆舍攻打秦国将军信梁的军队，信梁的军队迎战不利，只好撤退。

庄襄王三年（前247年），蒙骜攻打魏国，魏国派信陵君率五国兵在河外打败蒙骜，蒙骜被迫撤退，信陵君率军追至函谷关而还。

始皇十四年（前233年），秦国攻打赵国的赤丽、宜安，李牧率师与秦军战于肥下，将秦军击退。

十五年（前232年），秦攻赵国的番吾，又被李牧击退。

二十二年（前225年）灭掉魏后，始皇派将军李信及蒙恬率20万大军南伐楚国，李信与蒙恬先是大破楚军，继而却被楚国大军跟踪了三天三夜，最终大破李信军，攻破其两个军营杀死七个都尉，秦军只好狼狈逃窜。

显然秦在并吞六国的过程中，也不是一直都顺风顺水，损兵折将也是有的，有的时候还相当狼狈。但总的来说损失有限，未伤元气。可以说秦并吞六国实现统一之际，也是秦军有史以来最为强大之时，这从秦始皇陵发掘出来的秦兵马俑的壮观场面就可以看出来，秦军的实力确实是不容小觑。

1974年在陕西临潼秦始皇陵东侧相继发现了三个秦陵兵马俑随葬坑，这三处兵马俑坑总面积达20 000余平方米，发掘出来的各类武士俑近7 000件，陶马600余件，车100余辆。此外还有大量的兵器。根据学者考证，这些兵马俑都是以军阵的形式排列的，且是以当时守卫京师的宿卫部队为参照设计的。

就陶俑、陶马而言,所有的陶俑、陶马都与真人真马一般大小,因此生动地再现了当时秦军的精神风貌。具体而言,这些陶俑个性鲜明,或虎背熊腰,或面含微笑,或须髯开张,或浓眉大眼,或神情拘谨,可谓千人千面,无一雷同。但同时又有着一致的共性,那就是身高多在 1.8 米左右,体格健硕,孔武有力;着装大多免盔束发、着短褐、扎裹腿,穿薄底浅帮鞋,紧系鞋带,显得相当轻便灵活;神情大都意气昂扬、刚毅勇武、充满自信;军姿整齐划一,显示出对军令的绝对服从。雄骏的陶马形体也与真马大小相似,高 1.7 米,身长 2 米,制作精良,结实饱满、神态生动。

在军阵的设计上,一号坑中的 6 000 余件兵马俑组成的是以步兵为主的长方形军阵。军阵坐西向东,其前锋为三列南北向的横队,每列 68 人,共 204 人。这些大都是不着铠甲的轻装步兵俑,多为弓弩兵,他们背负矢箙,手持弓弩,可以随时交替远射敌人,但因自身缺乏防护能力,故短兵相接时,即迅速撤至阵中或向两翼疏散,给身后的主力腾出位置。在一号坑中,军阵的主力是前锋后面战车和步兵相间排列的 38 路纵队。在俑坑的南北两边廊各有一列 180 个甲士弓弩俑分别为面南、面北的东西向横队,西端有三列南北向的甲士俑横队,其中两列面东,最后一列面西,这是军队的两翼和后卫部队,用以防范敌人从两侧及后部袭击。总之,一号坑作为秦军主体部队的象征,显示出秦步兵在大规模作战时队形异常坚固,充满着极强的战斗力。

二号坑中的 900 余件俑,470 余匹陶马,89 乘木质战车,组成的是一个以战车、骑兵为主,以步、弩诸兵种为辅,混编的曲形军阵,此阵共由四个小阵组成。

第一个小阵是立式和跪式弓弩步兵俑组成的方阵。此阵位于曲形阵的前角,它分为阵表亦即军阵的四边和阵心两部分。阵表是由 184 件立射式弩兵俑组成;阵心有八列共 160 件面东的蹲跪式持弓俑。立式俑双足一前一后跨开成直角,好像正在控弩射击的姿势。跪式俑左膝蹲立右膝着地,弓竖起,左手在右肋处握弓杆、右手稍向后下方牵弦、呈待机射击之势。设置此方阵的原因是弓的优点是随张即射,不足之处是劲力有限;弩的优点可以蓄积弹力伺机发射,且具有穿坚摧锐的力量,不足之处是装矢的过程比较长。把这两种兵器有机地组合在一起,前后相次,能够通过轮番发射的方式来弥补各自的不足,从而将长处发挥到极致。

第二个小阵是个方形的车阵。位于曲形阵的右侧。有战车8列,每列8乘,共64乘。每乘车上有甲士3人:一为驭手,一为车左,一为车右。为了便于进攻和防守时互相掩护,两乘为一组,共计32组,其中每8组10乘为一编队。64乘可以编成4个小队,从而组成一个车队。

第三个小阵,位于曲形阵的中部,是由战车、步兵、骑兵混合编组的长方形方阵。计有车19乘,步兵264人、骑兵8人,分成三路纵队排列。其中有将军乘坐的指挥车一乘。18乘战车上每乘有乘员3人,即一名是驭手,两名战士。每乘车后跟随的步兵人数有8人者,有28人者,有32人者,其中步兵8人者为14乘,28人者为2乘,32人者为3乘。最后以8骑为殿军。此阵的配置也是利用了各兵种战斗的特长。如步兵的机动性强,灵活易变;车兵长于攻打坚固的军阵;骑兵则擅长追击败军、断绝别人的粮道。三者的编列适应了当时在不同地形作战的需要,通过有机配合,从而扬长避短,最大限度地发挥整体威力。

第四个小阵,是个骑兵俑方阵,位于曲形阵的左侧。有战车6乘、骑兵108骑,排成11列。第1、3列为战车,每列3乘;第2列和4至11列为骑兵,每列有马3组,每组4骑,计12骑。

总的来说,二号坑中的军阵大阵套小阵、大营包小营,营中有营、阵中有阵,通过有机配合,组成一个可分可合、变幻无常、威力无比的大曲形阵。

第三号兵马俑坑,内有战车1乘,武士俑64件。武士俑不作战斗队列排列,而作仪卫式的列队。在南边的长廊及甬道和前后室内,有陶俑42件,北边的厢房内有陶俑22件,均相向而立,作夹道形排列。陶俑手中不持弓弩、矛、戟等进攻性武器,而持仪卫性的武器。说明三号坑内的武士俑是担任警卫职务的。

除了三个兵马俑坑外,学者还在二、三号坑之间发现了一个未建成的俑坑,显然是由于秦末大乱,被迫停工。此坑有学者推测为武库。

总而言之,第一号坑是右军,秦军的主力部队;第二号坑是左军,为多兵种混合快速武装部队;第三号坑是统帅三军的指挥部;四号坑是未建成的武库。庞大的布局,壮观的群象,再现了秦代将领带兵布阵的实战或演习场景,呈现出一种强大的威慑力,洋溢着磅礴的气势,充分显现出秦朝军事力量的强大和统一全国的赫赫声威。

想想这样一支部队攻打那些装备精良的诸侯国军队,尚且如摧枯拉朽一般,更遑论南北的蛮夷之族了,兵锋所指,还不是所向披靡!所以秦在南北用兵是有着雄厚的军事资本的。再说握有军权的那些以军功起家的高级将领们实际上就是一个特殊的利益集团,他们的荣华富贵都是与战争紧密相连的,在中原已无仗可打的情况,不拓边他们就难以再立战功,而没有战功,他们就会退出政治舞台,这是他们最不愿见到的,所以秦的南北用兵也与这批人的强势支持分不开。

四、有齐国数十年的积蓄为基础

齐的疆域大致在今天的山东地区,这里不仅土地肥沃,所谓膏壤千里,是战国时的主要粮食产区;而且由于临近大海,又有鱼盐之利;再加上其自在山东立国之初便注重发展工商业,因而富强的势头自春秋一直持续到战国,在齐威王、齐宣王和齐泯王时期达到顶峰。当此之时,齐"地方二千里,带甲数十万,粟如丘山"①。号为万乘之国,与西边的秦国并峙为东西二强,并一度成为混一天下的首选之国。后虽然因燕、秦、韩、赵、魏五国联军合纵攻伐而元气大伤,失去了争夺天下的雄心,并且从后来的表现看形同坐以待毙,但自前264年齐王建继位后,在长达四十余年的时间里,齐既没派兵攻打过他国,他国也没攻打过齐,因而其国力也就渐渐又恢复了过来。

却说此后秦国采取了远交近攻的策略,进攻近邻三晋而远交齐国。齐国当时是齐王建的母亲君王后当权,她采取保守的政策与诸侯周旋,也就是不论是哪个国家有难,齐国既不趁火打劫,也不提供援

---

① 刘向集录:《战国策》卷八《苏秦为赵合从说齐宣王》,第337页。

助,争取与每一个国家都和睦相处。由于当时秦一国独大,国际形势基本上是秦取攻势而其他诸国取守势,故齐的中立态度实际也就是不助五国抗秦。秦昭王四十七年(前260年),秦攻赵长平,赵国因军粮短缺而向齐借粮食,但是齐却没答应。秦庄襄王三年(前247年),秦伐魏,魏国的信陵君向各国求援,唯齐不应。始皇六年(前241年),赵将庞煖组织合纵攻秦,齐也拒不参加反秦活动,显然是打定了主意要中立。这对秦来说正是求之不得的,因此以远交近攻为国策的秦国非常注重与齐发展睦邻友好关系,而其他诸国忙于应付秦国的进攻,自然也就顾不上挑衅齐国,结果齐竟在大乱之中,安安稳稳地发展了数十年。发展到齐国灭亡前,齐的经济实力已经相当可观了。齐王建的母亲君王后死后,齐王建身边的许多重臣都为秦人所收买,齐长期不修战备,又因这些人贪财谋私,使得齐国民心离散,结果始皇二十六年(前221年)秦向齐发动进攻时,几乎兵不血刃便拿下了齐的国都临淄,齐国于是灭亡。结果齐人积蓄了数十年的财富尽为秦人所有,秦统治者因此就有了干大事的底气。

　　总之,由于以上诸种原因,决定了以始皇为首的秦统治者在统一六国后,必然向南北两极用兵。事实也确实如此,秦并吞六国的图谋刚一实现,便开始马不停蹄在南北两极积极布局,务求在即将到来的战争中占据主动。在南方,还是在始皇二十五年(前222年)秦人拿下东越后,就顺势向南越集结,史载当时始皇令尉屠睢发兵50万,分为五军,分别集结于五夷山、大瘦岭、骑田岭、都庞岭、越城岭的五处山口,意欲向现在的福建、广东、广西进军。为了保证粮草供应,监禄正率兵在崇山峻岭间开凿渠道以漕运粮草。大军则暂时偃旗息鼓,静候粮渠的开通。在北方,秦一并吞六国就派扶苏和蒙恬率10万大军北上,防御匈奴,沿海产粮区的粮草也开始源源不断地朝军事驻地运输。

　　为了使对外战争顺利展开,始皇君臣又竭力消除内部各种乱源,解除南北用兵的后顾之忧。为此采取了一系列的政策与措施,诸如收兵器、拆除防御工事、迁豪民、出巡等。为了实现自己的梦想,始皇自并吞六国以后,还非常注意节制自己的欲望。这期间他所做也就是在咸阳附近复制六国宫殿,而这项工作在并吞六国后基本已经结束了。

修陵墓是他继位起就开始了的,此时也没见有扩大规模的记载。方士求仙活动,除了徐福搞得动作大一点外,其他都是小打小闹。当时为了解边地实际情况,始皇还自二十七年(前220年)至三十二年(前215年),先后四次巡察西、东、南、北四境,如二十七年(前220年),巡视陇西、北地。二十八年(前219年),东行郡县,到达琅邪,此后又过彭城,渡淮水,巡视衡山、南郡。二十九年(前218年),东游,登之罘、琅邪,取道上党回到咸阳。三十二年(前215年),至碣石,巡视北部边疆,而从上郡回到咸阳。

自秦并吞六国后,由于措施得当,秦国的大政方针基本上都得到了有效的执行,社会逐渐安定下来,同时南北两边的战争准备也已基本完成,所以到了三十二年(前215年)时,方士一说出"亡秦者胡也"的谶言,始皇马上便派蒙恬率30万大军,北上攻击匈奴,意欲彻底解决北方问题。不过对于当时的军事形势,并非人人都持乐观态度,心怀谨慎的大有人在。当始皇欲发兵之际,李斯曾进谏说:"不可。因为匈奴人没有可以居住的城郭,以及需要守护的积蓄之物,因此他们迁徙起来就如同鸟儿振翅一样随意自然,所以很难得到并控制他们。如果派轻兵深入大漠,则走不多远粮食就会用尽;带上粮草一起行军,由于粮草沉重,会使行军速度大减而无法追赶上他们。即使得到他们的土地也没什么利益可图,捕获到他们的百姓也无法役使他们。因此打败他们一定要杀死他们,这是相当残忍的事。总的来说,北方用兵,会使国力受到损耗,让匈奴幸灾乐祸,这不是深谋远虑之策。"

关于开拓疆土,李斯曾说:"对外的征伐战争,都有我的辛劳。"后来被二世下狱后,从狱中上书自陈时也说在秦北逐胡人、南定百越的拓疆事业中,他自己是立了大功的。所以这里不能笼统地理解为李斯不主张拓边,正确的理解应该是李斯主张慎重行事,对北方的胡人应以守为主。实际上,李斯的言论乃是对战国以来用兵北方的经验总结,并非空谈国事。但始皇攻打胡人的意图是蓄谋已久了的,所以以李斯一人之力根本就无法阻止始皇坚定的决心。

于是秦军向西北发起进攻,直打得匈奴人抱头鼠窜;向北方出击,将黄河以北的高阙、北假中等重要地点悉数纳入囊中,然后便是建筑城池,大设郡县,迁民实之,并依托山川之险,修筑西起临洮东至辽东绵延万余里的长城。在始皇三十二年(前215年)或者次年,监禄终于修通了灵渠,从而沟通了长江、珠江两大水系,困扰南方军队的粮草问题终于得以解决。于是遂与越人展开战斗,并最终控制了百越。于其地设桂林、南海、象郡三郡,并派遣官吏,迁民,修筑城池等防御工事,以加强对百越的统治。

从结果看,在始皇三十三年(前214年)的时候,秦人在南北都取得了重大突破。就这方面而言,始皇是得偿所愿了,因此他在三十四年(前213年)置酒咸阳宫,接受臣下的庆贺,席间识趣的仆射周青臣把他美美地吹捧了一番,周青臣说:"以前秦的土地不过才方圆千里,靠着陛下您的神灵明圣,平定海内,放逐蛮夷,从而使得日月所照的地方,无不臣服于大秦帝国。在诸侯国的旧地上设置郡县,使每一个人都感到安定快乐,没有战争的祸患,这样一种局面将会传承到万世而不变,所以自上古以来所有贤明的帝王都赶不上陛下您的威望与仁德。"

这话算是说到了始皇的心坎上了。确实,自上古以来,除了始皇外,从来没有一个帝王真正统治过这么辽阔的领土,他在中国疆域史上创下了一项崭新的记录,这一记录此后被保持了百余年之久,直到汉武帝中期才被打破!当然他为此付出的代价也是很大的。因为北方苦寒,多风沙,暴雪;南方湿热,入夏以后尤甚,导致瘟疫时常发生,又兼毒蛇猛兽常出没其间,所以来自温带的秦人无论是到了哪边,短期内都很难适应当地的水土,这自然严重影响了军队的战斗力。同时由于不熟悉地形,也给他们带来了极大的困难。南越人往往一受到攻击就逃入深山老林,就南越而论,秦军最初虽然打败了百越,并杀死其君主西呕君译吁宋,然而南越人却都散入了山林之中,并聚集起来夜袭秦军,结果使秦军受到重大损失,尉屠睢被杀,士兵死者有数十万。始皇仓促之下,只好于三十三年(前214年)征发逃亡的人、赘婿、贾人等继续向南越发动进攻方才将南越控制住。而北边的匈奴人一看打不过秦人,马上赶起牲畜就走得远远的,而秦人一旦有撤离的迹象,他们便立马卷土重来。因此秦虽然占据了黄河南北的大片地区,却始终不能裁减在北方的驻兵，致使30余万大军常年驻守在北部边疆而不能解甲归田。国家为了维持这支军队的存在，只好一方面不断征发百姓前去戍边，一方面征派百姓朝边疆运送粮草。由于当时交通条件非常恶劣，因而服役就成了一项极其沉重的负担，秦朝也因此被拖进了深渊。

第四章

重刑治国的秦朝

论者论及秦亡,几乎众口一词指斥为法治严酷,如陆贾称秦朝任用刑法治国而不做变更,结果招致灭亡。贾谊称始皇以法令刑罚治理天下,对百姓一点恩德都没有,而百姓的怨毒之声倒是充满世间,百姓们憎恶他如同憎恶仇人一样,结果使他几乎遭逢大祸,而他的后代却被诛除净尽。晁错称秦朝法令繁杂严酷,刑罚残暴,草菅人命,二世亲自射杀百姓,使得天下寒心,不知道该怎样生活。奸邪的官吏,借着法令烦乱,树立威权。治狱之官主持判案,生杀由己。结果使得秦的统治上下瓦解,各自为制,从而招致天下大乱。董仲舒称秦朝师从申不害、商鞅的法令,推行韩非的学说,憎恶帝王之道,把贪婪凶暴作为风俗,使得上下离心。谷永称秦时一夫大呼而海内分崩离析的原因,在于刑罚严峻苛刻,官吏们的行为残忍暴虐。

面对秦的严刑苛法,不能不扼腕叹息,同时也很费解,一味地严刑峻法是要激起反抗的呀,这是我辈普通人都明白的道理,为什么雄才大略的始皇却一意孤行?

要想找到答案,我们得拨开历史的迷雾。

却说战国时期,由于战争频繁惨烈,每个国家都面临着生存危机。如楚悼王继位后的十年间,屡败于魏、赵、韩三国。秦孝公刚继位时,其河西地已被韩、赵、魏攻取,并且那时东方的诸侯都看不起秦国。韩昭侯即位后六年中屡败于魏、赵、秦、宋等国。齐威王即位后九年之间,一度出现诸侯并伐的局面,并屡败于韩、赵、魏、鲁、卫等国。赵武灵王即位后十几年中,屡败于齐、秦,中山国对其土地的蚕食,又成了赵的心腹之疾。为着退可图存进可谋霸考虑,实现富国强兵遂成了各国有识之君与平庸之主的普遍梦想。而此时随着宗法制和分封制的瓦解,一个以知识和才能为标志,分属于儒、墨、道、法等不同学派的知识分子阶层——士阶层开始崛起。他们虽然出身各不相同,但大多身怀安邦定国之能,并以从事政治实践为目的,这就使各国的救亡图存活动成为可能。自战国初期直到后期,几乎每一个国家都曾利用智慧之士或深或浅地对旧的政治、经济、军事制度进行过变革,以适应新的形势。这其中尤以法家的变革成效最大。如李悝在魏国的变法,使魏国曾在战国初期独霸一时。申不害在韩昭侯的支持下进行改革,结果在他治理韩国的十五年中周边没有国家敢侵犯韩国。而变法最为成功的当属秦国商鞅在秦孝公支持下进行的变法。

当时商鞅在秦国对政治、经济、军事、文化等进行了全方位的变革。为了保证各项措施的顺利施行,他推行了重刑治国的方针。在商鞅看来,以仁义教化百姓,百姓就会放纵,百姓一放纵就会出现混乱现象,一出现混乱百姓就会受到他不想受到的伤害。因此要想保证政令畅通,社会稳定,非实行法治不可,并且还要施以重刑。因为如果对犯轻罪者施以重刑,就能使人轻易不敢以身试法,这样也就不会有犯法的人了。所以他旗帜鲜明地声称如果能以战争制止战争,那么虽是战争也是可以的;如果能以杀戮制止杀戮,那么虽然是杀戮也是可以的;如果能以刑罚来制止刑罚,那么虽是重刑也是可以的:"以战去战,虽战可也;以杀去杀,虽杀可也;以刑去刑,虽重刑可也。"①同时他还认为以刑治民还可以使君主得到民力的支持。因为圣明的君主治理人民,都是由于能得到他们的真心拥戴,所以能使用他们的力量。而明君之所以能得到百姓的真心拥戴,是在于他们美善的德行,而这种德行即来自于刑罚。因为在他看来刑罚可以产生力量,力量可以产生强大,强大可以产生威势,威势可以产生德行,因此德行来自于刑罚:"刑生力,力生强,强生威,威生德,德生于刑。"②这就是法家施政的逻辑。

以这种观念为指导,商鞅遂在秦国大施酷刑,比如"弃灰之法",即有弃灰于道者,要受到黥刑的惩罚;"连坐之法",即五家为一伍,十家为一什,什伍之间有互相监督的义务,一家藏奸,什伍连坐,处罚与降敌同,若告发则与斩敌赏同;"参夷之诛",即诛灭三族;"镬亨"之刑,即用烹煮食物的无足鼎镬来煮人致死;"凿颠"之刑,即开凿头颅致死;"抽胁"之刑,即抽去肋骨致死;诸如此类,不胜枚举。后人论及商鞅,称其是"内刻刀锯之刑,外深斧钺之诛"③。

商鞅之法可谓酷矣,然而就是这种严刑苛法,居然就真的达到了他的目的,在秦国行之十年,便出现了道不拾遗、山无盗贼、家给人足、

---

① 《商君书·画策》,《诸子集成》(第5册),上海书店1996年版,第31页。
② 《商君书·说民》,《诸子集成》(第5册),第11页。
③ 司马迁:《史记》卷六十八《商君列传》,第2238页。

乡邑大治、秦民大悦的局面。此后又过了近百年后,大儒荀子西入秦,一路走去,一路赞叹,称其百姓质朴服从官府,是"古之民也";办事的小吏恭俭敦敬、忠实诚信,是"古之吏也";其官员尽公无私而不拉帮结派,是"古之士大夫也";其朝廷朝退后遇有事情,仍照样处理,恬然安闲好像没处理事情的处所似的,是"古之朝也"。儒者开口必道尧舜,视先圣之时为致郅,因此能得其一个"古"字,实乃极高之褒扬,然而已经是一连数个"古"字了,荀子仍觉没完全表达自己的感受,于是最后又总结说有种观点认为虽安逸而处理得当,虽简约而细致入微,虽不烦劳而取得重大成功,这是治国的极致,而秦国的情况就与此有点相似:"佚而治,约而详,不烦而功,治之至也。秦类之矣。"①

可以说正是在法家思想的指导下,秦国得以长期保持旺盛的国力,在与战国诸雄的斗争中表现得愈来愈强。对此无论是古人还是今人都是认可的。到了秦朝晚期,韩非又从理论上对法家思想进行整合、升华,他以性恶论为前提提出的一整套治理臣民的权谋理论,正与君主专制统治相契合。因而当始皇读到韩非的《孤愤》、《五蠹》等文章时,把韩非惊为天人,声称自己要是能够见到这个人,并且能和他相处一段时间,就是死了也没什么遗憾。

韩非也是主张重刑治国的,或者说他继承并完善了商鞅的重刑思想。他认为人身上没有羽毛,不穿衣就会受到寒冷的折磨,靠肠胃消化食物来生存,所以不吃饭就不能活。因此免不了都有让自己活下来的利欲之心,既然利欲之心产生于人生理上的本能需要,那么自私自利就是人固有的自然本性,人不会自愿放弃或转让追求自己的利益,靠儒家所倡导的仁义道德感化人性,使之不去为非作歹是不可能的。只有利用人好利恶害的弱点对其进行治理,才能实现大治。他说古代的圣人就是通过陈设百姓所畏惧厌恶的东西,用以禁止、防范他们的奸邪行为,从而使国家安定不起暴乱:"故圣人陈其所畏以禁其邪,设其所恶以防其奸。是以国安而暴乱不起。"而百姓畏惧厌恶的东西就是严刑重罚:"夫严刑者,民之所畏也;重罚者,民之所恶也。"因此如果

---

①王先谦:《荀子集解》卷十一《强国篇》,《诸子集成》(第2册),上海书店1996年版,第202页。

对犯罪的百姓施以严刑重罚,那么其他人就不敢再这样做了,国家因而也就能够得到有效治理:"夫严刑重罚者,民之所恶也,而国之所以治也;哀怜百姓、轻刑罚者,民之所喜,而国之所以危也。"①

既有丰富的实践经验,又有完整的理论阐述,更何况历史已经证明这才是治国的良方,因而始皇在思谋以何种理论治理这个庞大的帝国时,毫不犹豫地选择了法家的学说,并把这作为传家之宝,在刻石中反复告诫后世子孙要世世尊行,不得更改。如始皇二十八年(前219年)的《邹峄山刻石》指出,由于始皇制定的制度法式都非常美好的,所以要传于后代子孙,永世承继不变:"大义休明,垂于后世,顺承勿革。"又告诫说后世处事一定要遵从遗诏,重大的告诫要永世遵奉:"化及无穷,遵奉遗诏,永承重戒。"二十九年(前218年)的《之罘刻石》,称始皇普遍施行公明的法令,以治理天下,后世要永远把这作为法则遵循:"普施明法,经纬天下,永为仪则。"《东观刻石》称惯常的职务已经确定,后代要遵循祖先的事业,永远承袭圣治:"常职既定,后嗣循业,长承圣治。"此后直到三十七年(前210年)仍坚持这种主张,《会稽刻石》中称后人要敬奉圣法,方才能够大治大安,车船不翻不倾:"后敬奉法,常治无极,舆舟不倾。"

不过,尽管始皇把他的法治思想视同珍宝,然而令人遗憾的是,在西部如此有效的治国良方用之于东部,却"赭衣塞路,囹圄成市"②,把社会搞得愈来愈乱,这恐怕是始皇始料不及的。

而之所以出现这种现象,应该与秦朝的法令过于繁密有一定关系。秦的法令发展到并吞六国时已极其完备,法网像秋天的荼一样繁多,像凝固的脂油一样严密:"法繁于秋荼,而网密于凝脂。"③而东方齐鲁之地,是周以来的文化中心,孔孟之徒、墨家之士波及远近,向来是礼仪之乡,论者认为秦德义之士的行为甚至还不及鲁卫地区的那些暴戾之人有仁德;而楚地则盛行道教,重玄想清静,可以说都与秦法格

---

① 陈奇猷校注:《韩非子集释》卷四《奸劫弑臣》,上海人民出版社1974年版,第248~250页。
② 班固:《汉书》卷二十三《刑法志》,第1096页。
③ 王利器校注:《盐铁论》卷十《刑德》,中华书局1992年版,第565页。

格不入。

此外法令推行过于急骤也不能辞其咎。考商鞅变法之初，阻力相当大，朝廷上既有甘龙、杜挚等重臣之反对，又有贵族公然之对抗，以至于商鞅不得不严厉打击秦的贵族子弟，就是这样太子傅公子虔和太子师公孙贾还教唆太子反对新法，商鞅为此劓公子虔而黥公孙贾。在民间，当时秦民赴国都反映法令行之不便者数以千计，许多人因违反法令而被捕入狱，商鞅甚至曾在渭河边一日处决刑徒700人，鲜血把渭水都给染红了。

而始皇在二十六年(前221年)将法令推向山东，反对的声浪似乎远不如秦孝公时强烈，当时六国的守旧势力受到了秦强有力的镇压，已失去了反抗的能力，因而秦统治者携并吞之势在全国范围内统一法度，正如水之下注，不免一泻千里。很显然在推行法令之初，始皇的形势要比商鞅时好得多，然而最终取得成功的却是商鞅，究其原因，乃在于商鞅采取了循序渐进、先易后难的方式，持续进行了二十年改革。如什伍连坐，属于制度层面的东西，容易实行，就先在变法之初行之；风俗属于文化层面的东西，如国内残留着父子兄弟同室而居的戎狄风俗，比较难以改变，就放在后边实行。结果行之十年便稳固了下来。与此相比，始皇向山东六国推行秦法，就显得过于急骤。一吞并六国便在全国不分轻重缓急地以秦法为准，并且更加严厉。至二世时用法之酷比之乃父更是有过之而无不及。结果使东西部文化发生急剧碰撞，山东地区摇手触禁、动辄得咎就不可避免了。

虽然如此，然而从根本上看，秦朝出现"赭衣塞路，囹圄成市"的局面，其主因既不在法令严酷，也不在用法太骤，而在于秦朝的统治者遗弃了商鞅变法思想中的共赢理念。

商鞅变法的目的是为了使秦孝公实现富国强兵，称霸诸强的梦想，为此他不惜刀砍斧锯，大开杀戒，但与此同时，他也宣称，只要听从他的指挥，努力耕战，那么从事农业生产活动收获粮食布帛多的，国家会免除其身的徭役；勇于战斗立下战功的，可以因功拜爵。前面讲过，爵位是与具体的政治、经济利益相关的，如通过爵位的高低，可以从国家那里获得相应数量的田宅，如果想做官，可以根据爵位级别的高低去做相应的官职;有爵位者还拥有使无爵位者作为其"庶子"来为其服役的权利;在法律方面,爵位不同,享受的权利也不同。此外爵位高的人甚至在死后还可以在墓上多植一棵树。凡此种种,不一而足。所以获得了爵位也就意味着名利双收。

很显然,商鞅在大行诛戮的同时,也为秦国的百姓指出了一条活路,并且只要努力还可以名利双收,故秦民虽有一时不适之感,但由于很快从中获得了好处,所以就不怎么闹腾了。再久一点,相当大一部分人就有点欢天喜地的感觉了。秦国在这样的氛围中,愈战愈勇,愈来愈强大。因此可以说,商鞅是通过国家的强制手段,重新调整了百姓的个人利益与国家的整体利益之间的关系,在这种新的关系中,尽管国家利益至上,个人利益要绝对服从于国家利益,但国家也兼顾到了个人利益,即鼓励并帮助那些意欲通过耕战而获得名利的人实现他们的梦想。因此在商鞅变革后的新体制中,在一定程度上国家与个人在社会发展的过程中实现了共赢。由之,秦国在商鞅变法后不久,就出现了大治的局面,并持续了一百余年。

从本质上讲,商鞅变法的目的是富国强兵,称霸天下;让百姓富庶并受人尊敬,只是他为达到目的运用的手段而已,其中百姓富庶还是他所反感的。商鞅认为民若有耻辱的感觉就会重视爵位,若是有软弱的缺点就会尊崇官职,若是家境贫穷就会非常看重赏赐:"民辱则贵爵,弱则尊官,贫则重赏。"这样统治者就可以利用爵位、官职和赏赐驱使百姓来实现国家的理想。商鞅认为百姓贫弱则国家强大,国家强大是由于百姓的贫弱导致的,治理国家的方法,就在想法使百姓贫弱:"民弱,国强;国强,民弱。故有道之国,务在弱民。"[①]所以商鞅的行为说白了不过是以名利为诱饵,使百姓为了国家的理想奋斗不息而已。

总之,由于法家并不以百姓幸福为其追求目标,因此随着国家发展目标的日渐趋近,又由于一些现实的原因,到后来国家施于百姓的恩惠也日渐淡薄,法令倒是日繁一日。

发展到秦朝建立,历代君主孜孜以求的宏伟目标业已实现,国家

[①]《商君书·弱民》,《诸子集成》(第5册),第35页。

便再不肯假百姓以颜色,开始变着法儿地对百姓展开了掠夺。以前为国征战,立功即授爵,如今莫说受爵,就是战死疆场,国家也不会抚恤其家庭一下;以前服役不过是在所在郡县,役期甚短,如今动辄便是千里之遥,服役之远西至临洮、狄道,东至会稽、浮石,南至豫章、桂林,北至飞狐、阳原,且役期极长,秦之男子一生要为更卒一月,正卒一年,屯戍一年,以至于有力役三十倍于古之说;以前转输粮食只是男子的事,现在女子也奔波于道路之上;以前征发赋税,皆循制度,如今却是一味索取,以至有所谓"头会箕敛"之说,即按人数征税,用畚箕装取所征的谷物。百姓往往要将收获物的大半上交国家才能完成任务。显然,国家与个人的关系在秦朝已完全变成了掠夺与被掠夺关系。当时的社会发展程度相当有限,大部分人家在风调雨顺的年份也不过是能维持温饱而已,而统治者却无休止地掠夺他们的人力与物力。沉重的赋役,使百姓疲敝,孤寡老弱不能相养。结果是疲弱者走向死亡,强壮者为了生存则去偷、去抢,不惜铤而走险走上了犯罪的道路,结果社会秩序大乱。于是就出现了这样一个怪现象:即一方面秦统治者为整顿秩序而大设刑狱,另一方面社会又有大量新的犯罪行为产生。其结果自是诛不胜诛,如春韭一般,愈割愈旺。

第五章
裏形帝国的象征

始皇为什么变得刚愎自用了

第六章

第六章 始皇为什么变得刚愎自用了

在秦立国之初,称其猛将如林、谋士如云大致还是不错的。可以说,秦之所以能在诸强纷争中后来居上,并最终混一天下,从某种意义上说,正是由于其持续吸纳诸国才俊。然而后来统治秦朝的仍然是这批人,并且司马迁也曾指出,这些人中不乏安邦定国之才,可是他们却只能坐看国家日渐混乱,并一步步走向万劫不复的深渊。原因固然甚多,然细究起来,实与始皇乾刚独断、一意孤行、刚愎自用关系甚大。如博士淳于越对新政提出了不同意见,他不仅不听,还下令把民间私藏的书籍烧掉,并禁止人们议论时政;方士说了他的难听话,他便大肆株连,以至坑杀诸生460人。凡此种种搞得偌大个帝国,只有他的长子扶苏才敢对他直言进谏,到最后,就是扶苏他也容不下,竟又将其赶回上郡。看始皇如此独断专行,不能不让人在叹息其对秦亡负有不可推卸的责任的同时,也心生疑问:如此独断专行、刚愎自用的人,他是怎样并吞六国统一天下的?

打开史籍不难发现,并吞六国前的始皇与并吞后的始皇为人行事大不相同。在并吞六国以前,始皇是礼贤下士的。如他对魏国人缭以礼相待,让缭享受与自己相同的待遇,然而就是这样缭还说他坏话:"秦王这个人长得高鼻梁、长眼睛、高胸脯,说话还声音沙哑。这样的人缺少恩德而有虎狼之心,穷困时可以礼贤下士,得志时也容易轻视人,这样的人不可与之长久相处。像我本是一个普通人,因为他有求于我,所以他见到我也非常恭敬。如果让他实现了他君临天下的梦想,那么天下的人就都会成为他虐待的对象了。这样的人不适合共事。"说过就逃走了。可是始皇知道后,因欣赏他的才能,不仅不怪罪他责骂自己,还派人把他找了回来,并委以重任。

始皇还是待人诚恳、知错能改的。当时韩国的间谍郑国意欲通过让秦修筑水利工程以消耗其人力物力的办法,进而削弱秦国实力的阴谋泄露后,始皇一怒之下下"逐客令",要尽逐山东六国在秦之游士。客卿李斯于是上书指出秦逐客乃是错误的举措。始皇读后,觉得李斯说得有理,便马上撤回了逐客令,而韩国的间谍郑国在向始皇讲了修渠对秦国的好处后,始皇不仅原谅了他,还让他继续主持该项工作。又如在灭掉楚国需用多少军队这个问题上,青年将领李信认为有20

万足够了,而名将王翦则认为非 60 万不可。始皇当时认为王翦是因年岁已高变得胆小怕事了,于是起用李信伐楚,结果李信大败而回。始皇得知消息后,立即亲赴王翦家道歉并恳请他领兵出征:"寡人误听李信的话,致使秦军受辱,现在楚军正乘胜向西进发,将军您即使有病,能忍心抛弃我不管看着我作难吗?"

始皇还是集思广益、从谏如流的。对于李斯、姚贾、尉缭、顿弱等人,他可谓言听计从。对于重大事件,他往往都要召集群臣集体商议。如山东四国曾一度试图并力西向攻打秦国,始皇为此曾召集群臣及宾客等 60 人商议对策。并吞六国之初又曾多次召集群臣、博士、儒生等议政。

很显然在并吞六国之前,甚至可以说在秦朝建立初期,始皇的形象还是相当开明的。然而后来随着神化始皇运动的展开,始皇的性情变了。这其中既有始皇对自己的推崇,认为自己德高五帝,地广三王,以为自古以来没有功劳如自己这样大的人。又有臣下的推波助澜,如丞相王绾、御史大夫冯劫、廷尉李斯等称始皇是自上古以来未尝有的帝王,五帝都不如他。李斯又说始皇创大业,建万世之功。仆射周青臣说自上古以来没有一个帝王能赶得上始皇的威望与仁德。更有刻石颂功之举。在数度巡行过程中,先后在峄山、泰山、之罘、碣石、会稽等处刻石颂功。最后也是最为重要的是君主的神圣地位被制度化,亦即确定"皇帝"为君主的名号。

"皇帝"二字出自战国以来的三皇五帝的传说。

三皇指传说中的上古圣君,说法也甚多,然见于战国末期者只一种,即《史记》中所说的天皇、地皇、泰皇。五帝指传说中时代在三皇之后的五位圣君,但是具体是哪五位,历来说法不一。《礼记·月令》指太昊(伏羲)、炎帝(神农)、黄帝、少昊(挚)、颛顼等;《易传》指伏羲、神农、黄帝、唐尧、虞舜等;《大戴礼记·五帝德》指黄帝、颛顼、帝喾、唐尧、虞舜等;不过虽然众史言之凿凿,然在战国以前,"皇"与"帝"皆与人间的君主无关,它们与人间的君主产生联系那是到战国时期的事了。并且考较它们与人间君主产生联系的过程,可发现尽管"皇"所处的时代在古史传说中比"帝"所处的时代要早,但最先与人间君主产生联系的却是"帝"。

关于"帝"字,最早见于甲骨文中,它一方面指上帝,即商代的至上神,在统领所有自然神灵的同时,又管理着人间的各种事情;另一方面又指商的祖先神,即商代已去世的先王,称作"帝乙"、"帝丁"等。据《礼记》称,三代时天子去世后,皆称为帝。则夏、周显然亦称先王为帝。同时与商相同,"帝"在西周也有上帝、天帝的意思。总之,在西周以前,"帝"与传说中的领袖并无直接的联系。春秋时期,随着学在官府的局面被打破,学术活动开始活跃起来,各种传说于是也渐渐进入了学者的视野,并日渐丰厚起来。以"帝"来称呼古代君主的传说慢慢多了起来,如《国语》列出了列山氏、柱、周弃、共工氏、后土、黄帝、颛顼、帝喾、尧、舜、鲧、禹等古帝。《左传》也有黄帝、炎帝、共工、太昊、少昊等诸帝。《论语》提到了尧、舜。《孟子》、《墨子》提到了尧、舜、禹。然皆无"五帝"之说。到了战国时期,随着时代的发展,天下渐呈一统之势,为了满足时代的需要,于是在文化领域悄悄地开始了一场古史整合运动,意欲通过整合,使之呈现出历史向来一元的模样。同时又由于世人祖先崇拜情结甚深,且愈古愈受人推崇,于是一些思想家为了使自己的政治主张得到人们的认可,便有意识地打起了古圣先王的旗号。结果到战国时期,一些史著诸如《庄子》、《荀子》等书才有了"五帝"之说。《大戴礼记》、《礼记》、《易传》等才有了实指的五帝。

关于"皇"字,在《诗经》中既有大的意思,又有天的意思,也有君主的意思,还可指天神。《楚辞》中有"东皇"、"西皇"之称,其"皇"则指天帝。从史籍中看,皇与上古君主产生联系的历史,要比"帝"晚得多,因此它虽在战国时期与"帝"一起获得了"三皇五帝"的名号,然而却迟迟不能落实到具体的某几个古代君主头上。

随着三皇五帝观念的构成,古史一元的体系也基本得以确立,历史发展的脉络因而清晰起来,即历史是按照三皇、五帝、三王、五霸也就是皇、帝、王、霸的顺序发展下来的。按照诸子的看法,这四个阶段各有各的治道。商鞅西入秦,先后说孝公以帝道、王道和霸道治国。在商鞅看来,帝王之道就是以德治国,而霸道则纯系强国之术。《荀子·大略篇》论及诸道之不同称五帝时代没有对百姓发号施令与誓词之事，三王时代没有互相盟誓立约的事情，五霸时代没有交换质子的事情："诰誓不及五帝，盟诅不及三王，交质子不及五伯。"而《管子·兵法》称能够明晓万物的本原者为皇，能够看透事物发展变化的规律者为帝，能够通达德政者为王，谋划能够实现、打仗能够取胜者为霸："明一者皇，察道者帝，通德者王，谋得兵胜者霸。"汉人桓谭《新论·王霸篇》又进而将之总结为三皇时期没有制度诏令刑罚，纯粹是以道理来治理国家；五帝时期有制度诏令，但是没有刑罚，以德行教化人民；三王时期是奖善惩恶、诸侯朝见服从领导，以仁义统治天下；五霸时期是兴兵征伐、盟会修睦，以信义矫正世风，用权谋智慧争胜："无制令刑罚，谓之皇；有制令而无刑罚，谓之帝；赏善诛恶，诸侯朝事，谓之王；兴兵众，约盟誓，以信义矫世，谓之霸。"

很显然这既是思想家对历史的总结，又是在为战国诸雄设计进取的阶梯，因为在这个发展过程中，"霸"属于低层次的政治形态，"王"和"帝"则属于过渡形态，只有"皇"才是最高的境界，这显然是在鼓励时主继续向前迈进。只是这个进取的阶梯是指向过去而不是指向未来的，也就是和历史发展的方向是相反的，但这正是中国人的传统，动辄便说今不如古，看似是一种保守的观念，其实是以隐晦的方式展示着对美好前景的向往。

换个思路看，这有点像是战国诸子合力为诸侯设计的一款名为"走向辉'皇'"的游戏。具体而言，该游戏共分四个等级，由低到高依次是霸、王、帝、皇。游戏规则共有六条：

第一条：本游戏只有诸侯国国君才有资格参加；

第二条：本游戏由各诸侯国共同参与，不参加者视为自动弃权，程序在一定时间内自动将其淘汰出局；

第三条：本游戏只能从最低层次开始依次攀升，不得越级跃升；

第四条：不同的等级有不同的要求，只有达到某一等级的要求，才能获得该等级的称号。简而言之，"霸"的要求是推行霸道，"王"的要求是推行王道，"帝"的要求是推行帝道，"皇"的要求是推行皇道；

第五条：能够在等级序列中不断向前推进的君主，程序将根据其所获得等级的高低给以相应的奖励。如获得"霸"的称号，就会得到周

天子的褒扬、所在地区诸侯国的拥戴等奖励;获得"王"的称号,就会得到与周天子平起平坐、在国际事务中起主导作用等奖励;

第六条:长期落后于其他国家的诸侯将被程序适时淘汰。

事实上,诸雄也正是沿着诸子所设计的这个等级序列向前发展的。只不过他们将诸子为他们制定的游戏规则的第四条暗地做了改动。因为以所谓的王道、帝道、皇道来作为获得王、帝、皇称号的条件,对他们这批擅长霸道,习惯了阴谋诡计的君主们而言,实在是太难了,他们玩不了,但他们又抵制不住诸子所设计的这个游戏的诱惑,于是便心照不宣地把第四条游戏规则进行了适当的调整:即如果能够在所在地区的诸侯国中获得领袖地位,就等同于实行了霸道,就可称为"霸";虽然不能统一天下,但若能在诸雄当中居于领袖地位,就等同于实行了王道,就可称为"王";虽然不能以德治国,但只要能并吞天下,就等同于实行了帝道,就可称为"帝"。

于是按照这样一个经过微调的游戏规则,诸侯们大都参与到了这个游戏中。到了秦孝公继位时,山东地区的齐、楚、韩、赵、魏诸国早已在"霸"这一级待了多年了,其中的一些强国如魏国已不屑于与其他诸侯国并立,而欲向更高的一个等级"王"跃进了。在此情况下,秦孝公奋起直追,终于在他在位的第十九年即周显王二十六年(前343年),得天子封爵为"伯",从而跨入了"霸"的行列。然而此前的周显王二十五年(前344年),魏惠王已因自认功绩卓著,能够号令天下,而乘坐着以前只有周天子才能乘坐的车辆自称"夏王"了。

当魏称王之初,其他强国还因其僭越王位,兴兵讨伐之,然而没过多久便也禁不住诱惑而纷纷称王。这就有点不按规矩办事了,因为若严格遵守游戏规则,包括魏国在内的这些国家的"王"的称号统统都应取消。因为即便是强大的魏国,在当时也频频受到齐国和赵国的挑衅,并没有真正拥有号令天下的能力。但一来"王"的称号太诱人了,二来此时的天下早已没了主持大局的共主,诸国之间虽实力有一定悬殊,但差距也并不明显,因此大家便来了个互相承认糊里糊涂地都算过关了。

此后又过了数十年,诸国中一度出现齐、秦两个大国并峙的局面,于是两国便想超越诸国,更上层楼。于是在周赧王二十七年(前288年),齐应秦之约携手迈向第三级,秦昭王称西帝,齐湣王称东帝,东西二帝并存。然而齐湣王称帝没多久,由于怕招致其他强国的憎恨,又主动取消了称号。而细究诸国可能憎恨的原因,乃在于其名实不符。却说帝这一级的要求太高,且不提诸子所要求施行的德政齐无法兑现,就是诸雄认可的标准,即"并诸侯,吞天下"①,齐也没有实现。并且不仅是齐,即使是秦与此标准也相差甚远。因此齐去掉帝号重新称王后,秦也又称起王来。此后为了达到"帝"的条件,各国又进行了几十年的竞争,结果秦成了最终的胜利者,直接晋级。于是一待六国全部被吞并,嬴政就要臣下议帝号,开展体现其功业的帝制活动,所谓:"寡人以渺小之身,兴兵诛除暴乱,依靠祖宗的保佑,使六国君主都受到了应有的惩罚,天下获得了安定。现在若不更改名号,就无法显扬我的功业,传给后代,请商议帝号。"

  很显然,就嬴政而言,能称帝就很满足了。然而李斯之流却跨过"帝"这一级,直接将嬴政推向了"皇",不仅如此,他们还将嬴政推向了皇中之最,所谓:"臣等与博士们商议说:'古时有天皇,有地皇,有泰皇,泰皇最尊贵。'因此臣等冒着死罪上尊号,尊王您为'泰皇',所发布的制度之命称'制',所下之令称'诏',天子自称为'朕'。"

  照说为臣下的为讨好自己的君主,不免会说上些阿谀奉承的话,这都可以理解,然李斯们这样做,就有点过分了。因为即使是就"帝"而论,嬴政也是仅得其表而已,其里实以霸道充之。就其个人品性而言,他与圣人的特质相去甚远,因而以"帝"处之,实属吹捧,更不用说以"皇"称之。从李斯等人的话中可以看出,他们不仅越"帝"而趋"皇",并且在称"皇"之前,还先抬高了"皇"的地位。按三皇五帝并称而论,三皇分明是五帝之前的三位人君,然而在李斯之流那里,三皇则变成了三尊天神。所谓天皇与地皇分明就是领导天地的神灵,而泰皇之泰,当来自于"泰一",即"太一",是天帝之别称,是衍生天地的最高神,故"泰皇"在三皇中最尊贵。很显然这里的三皇都是指的天神。李

---

① 刘向集录:《战国策》卷三《苏秦始将连横》,第78页。

斯等人欲上嬴政尊号为"泰皇",即要神化嬴政将其尊奉为神灵。而这种行为是极其有害的。因为如果这成为事实,就将彻底拉开君主与臣民的距离,使君主如日月般高悬于帝国之上,听不到也听不进匍匐于帝国土地上的亿万臣民的声音,从而导致君主的独断专行,刚愎自用。

然而李斯之流却不管这些,他们在秦国只对嬴政一人负责,对他们来说,只有嬴政高兴了,他们才能过上好日子,至于他们的行为会不会对国家的发展带来消极影响,他们是不会考虑的,国家是嬴政的,与他们有什么关系呢?

不过如果嬴政追究他们的责任呢?这个反问就有点不高明了,因为就中国而言,自古及今,加强领袖权威的行为无论怎样做在领袖看来都是不过分的。这从嬴政的反应也可以看得出来。嬴政对李斯等奏议的批示是"去掉'泰'字,采用'皇'字,同时兼采上古的五帝的位号'帝',称作'皇帝'。其他如奏议所言。"很显然,李斯们的奏议让嬴政心花怒放,但要他直接越"帝"而称"皇",还是有点不好意思的,但要他放弃了,又于心不忍,于是他便折中了一下,从三皇五帝中各取一字,谦虚地称作"皇帝"。

应该说皇帝称号的取得,既是该政治集团运作的结果,同时也体现了嬴政的愿望。但从深层的文化层面看,又不尽然。

一方面,它实际上是先秦诸子的英雄史观合乎逻辑的发展。与商代的极端迷信神权和西周敬天保民的神本主义思想相比,先秦诸子宣扬英雄史观,推崇圣人的作用。与此同时,又将之具体化,这在儒家与阴阳家表现得尤其明显。如孟子认为历史的进程是一治一乱,治是"圣人"、"圣王"之功,乱是"暴君"之过,圣王与暴君决定着历史的面貌。而圣王的出现则是有一定规律可循的,所谓"五百年必有王者兴,其间必有名世者"①。阴阳家邹衍把帝王的产生归结为天的意志,并把阴阳五行引入历史领域,用五行相胜说来解释帝王的产生和朝代的变化,创立了五德终始说。认为宇宙万物皆由五行构成,这五种元素又与历史上的朝代相对应,相生相克,循环不息,称为五德。虽然在邹

---

① 焦循著:《孟子正义》卷四《公孙丑下》,《诸子集成》(第1册),第183页。

衍看来历史的发展是循环往复的,但在循环的每一个关键时期,起主导作用的都是圣明帝王。如黄帝开创了古史的新时代,禹是夏朝的开创者,汤是商朝的开创者,周文王是周朝的开创者。

从历史发展看,先秦诸子的英雄史观既是先代思想由神本向人本合乎逻辑的发展,又是他们的认识所能达到的最高水平。这种思想虽然具有一定的合理性,但不可避免地存在着轻视民众力量的倾向。总之由于思想界普遍推崇英雄史观,因而始皇的被神化也就有其必然性了。

另一方面,做皇帝也是自有国家以来历代君主孜孜以求的终极目标。在贵族共治的体制下,君主的行为处处受到贵族的掣肘,于是君主不免时时产生挣脱贵族束缚的欲望。自三代起,就不断出现君主专制的苗头,但在贵族共治的时代,这种举动无异于自杀,夏桀之被放逐原因不甚明朗,但商纣之被逼自焚却是与他任用飞廉、恶来等有才能之人而排斥箕子、微子等宗族势力的影响,试图加强王权,从而招致宗族势力的强力反弹关系甚大;后来的周厉王之遭遇国人暴动而被放逐,也与他将山林川泽的使用权收归王室以加强王室力量有着莫大的关联。

不过虽然三代之王专制的努力迭遭打击,但这种势头随着时代的发展却在春秋时期取代天子而成为政治斗争主角的诸侯和卿大夫间得到了延续。在此期间,在控制与反控制的斗争中败亡的国君与卿大夫不胜枚举,也正是在这样一种氛围中,各主要国家的一些杰出的国君或卿大夫,通过实行专制统治,逐渐将权力集中到自己手中,从而自血腥的竞争中脱颖而出,成为国家发展的主导力量。

发展到战国时期,由卿大夫跃升为诸侯的田齐、韩、赵、魏,及地处周边的楚、秦、燕等诸强的君主,实际上都已具备了对治内臣民生杀予夺的权力,但由于敌国环伺,强者欲并吞,弱者需自保,君主们只得和颜悦色地请求智能之士为自己出谋划策,于是出现在历史上的战国列强的君主们行事普遍都相当低调。及至嬴政并吞天下,消灭了最后六位与自己地位相等的诸侯,君主旋即摆脱了束缚其手脚的最后一条锁链。在此情况下,若再想让君主重新回到贵族共治的时代,无异于痴人说梦。以史为鉴,打击贵族并强化自己已取得的地位,方为题中应有之义。惜乎其将君主的权力加强到了极致,此所谓过犹不及,又所谓矫枉过正也。

却说在嬴政那里,所谓的"皇帝",就是人世圣君与神界天神的结合体,因之可以得到如下推理:

其一,皇帝由于是人世最高领袖与神界最高领袖的结合体,因此他可以不受任何外力的制约,既专制人世又称雄神界,是天、地、人三界的总领袖。事实上,始皇所怀有的正是这种心态,这从他惩罚湘君的行为中就可以看出来。始皇二十八年(前219年),始皇一行渡江去湘山祠,由于突然遭遇大风,船只渡江异常困难。始皇于是问身边的博士,湘君是什么神。博士回答说:"湘君是尧的女儿,舜的妻子,死后葬在了这里。"始皇听了大怒,派3 000刑徒来砍伐湘山上的树木,并将湘山涂成红色。红色在秦代属下贱之色,只有犯人才使用这种颜色,因此始皇赭湘山,显然是在行使天神之职责惩罚湘君。

其二,皇帝既是人世圣人又是神界圣神,因而皇帝自然也就是最完美的人,他的一言一行都是"圣断"、"圣语",是最正确的、无可疵议的,并需绝对执行的。在现实生活中,秦的统治就按此逻辑运作。始皇白天决断案件,夜间处理文书,昭明法度,制定律令,凡此种种的国家大事都由他来决断,丞相以下诸大臣都到他那里领取自己要做的事,谁若胆敢对此提出不同看法,那就是对皇帝权威的挑战、对皇帝圣性的怀疑,是要受到严惩的。作为一个君主,始皇真可谓日理万机、兢兢业业。假使他真是一个圣人,或者是一个神人,这真是国家之幸、苍生之福。然而据尉缭的观察,嬴政是一个缺少恩德而有虎狼之心的人,侯生、卢生则称其天性刚愎自用、贪于权势,他实际上是一个在性格上有极大缺陷的凡人。这样一个人为胜利冲昏头脑,摒弃集体智慧而奋一人之独智经营宇内,其结果如何自是可想而知了。

由于"皇帝"的称号可以说达到了人类所能达到的权威的极致,或者也可以说达到了人类想象的极致,因此此称号一出,世间再没有能超越它的名号。此后继起的君主都毫无例外地以"皇帝"自名,再也不去瞎想了。朱熹曾对此评论说:"秦之法尽是尊君卑臣之事,所以后世不肯变。且如三皇称'皇',五帝称'帝',三王称'王',秦则兼'皇帝'之号。只此一事,后世如何肯变!"①对于后世的君主而言,他们所要做的仅仅是如何不断地加强自身的权力,以求名实相符罢了。

　　当然皇帝制度能在中国存在两千余年,从根本上说靠的并不仅仅是后世君主对这个称号的钟爱,更重要的是它适应了古代社会的需要。首先,由于皇帝集各种权力于一身,可以使整个帝国以一个声音说话,因而可以避免出现政出多门的现象;其次,皇帝由于在一定程度上代表了整个帝国的利益,因而可以超越局部利益的制约,从全局的角度协调各方面的利益;最后,皇帝可以利用专制权威,在相当短的时间内集中大量人力物力,应对紧急事故及修建大型的建筑工程。但说实在的,皇帝制度的问题也确实不少,专制独裁容易使皇帝一人的错误主张演化为一个帝国的浩劫,并且使皇帝视穷奢极欲为理所当然,为追求奢华的生活,不惜动用大批人力物力。

　　为了将皇帝所具有的优点发挥到极致,同时将其给社会造成的危害降至最低,自秦以后,历代思想家相继提出了"以谏制君"、"以天制君"、"以儒制君"、"以史制君"等主张。所谓"以谏制君",就是设置专职的官员,对皇帝的言行进行监督,一旦发现皇帝的言行有不合理的地方,马上进谏以提醒皇帝改正。所谓"以天制君",理论依据是由于皇帝是天的儿子,则天就权管教皇帝,事实上,天也时时在关注着皇帝,如果皇帝做得好,他就会降下祥瑞褒扬皇帝,如是皇帝做得不好,他就会降下灾异警示皇帝,如果皇帝见了灾异还不改正自己的行为,上天就会惩罚皇帝,甚至剥夺他的皇位,更甚者覆灭皇帝的皇朝。所谓"以儒制君",就是通过向皇太子及皇帝讲授儒家经典,使其明白什么是皇帝可以做的,什么是皇帝不可以做的,从而使其自觉规范自己的言行。所谓"以史制君",就是通过史官把皇帝的一言一行记录下来,传之后世,如果皇帝敢干坏事,现世的人们虽拿他没办法,但后世一提起他就会说他是一个无道的昏君,也就是说如果皇帝不像皇帝,就会在后世留下坏名声,甚者遗臭万年。

----

①黎靖德编:《朱子语类》卷一三四《历代一》,《朱书全书》第18册,第4189页。

这些方法确实也起到一些积极作用,但总体看来影响都有限,因为说白了这些玩的都是虚的,不能对皇帝形成实质性的制约。反倒是在历史上争议甚大的封建之说,在制约皇权方面看似颇有作为。封建本质上讲就是分封诸侯,它的核心内容是由皇帝主持全局事务,诸侯在皇帝的领导下,帮助皇帝分管地方事务。学者们认为这样便可以解决长期困扰历代皇朝的诸如权臣干政,以及农民起义等诸多危机。因为如果中央出现权臣干政,由于诸侯皆手握重兵,即可发兵以清君侧。如果地方出现暴乱,由于土地为自己所有,为维护既得利益,诸侯王往往会拼命弹压。在本人看来,为人诟病的封建制度还有另外一个好处,那就是诸侯从理论说虽没有对皇帝说三道四的权力,但由于诸侯分管地方事务,握有实权,且具有相对独立性,因而在事实上皇帝却必须在一些重大事务上与其进行协商。所以分封制的推行不啻实行了贵族共和制,势必对皇权形成有效的制约。

不过此论实在是书生之论,因为就皇权而言,它天生具有排他性,不仅不能容许有任何势力对它构成约束,而且也不能容忍有任何势力对它所拥有的权力进行分割;就诸侯而言,分封之初因与皇帝血缘关系较近,故而有利于藩屏王室,但数传之后,就会与皇室间的血缘关系趋于松弛,况且自给自足的自然经济本身就容易使地方具有天然的离心倾向,因而诸侯随着时代发展,极易走上与皇权对立的道路,强者不免有问鼎之志,弱者亦欲自立为王。结果分封制往往实行不了几代,就会出事儿,并且非兵戎相见解决不了问题。

总的来说,古人在制约皇对权方面可用的手段实在是有限。结果往往一不小心皇权就如猛虎般冲出了牢笼,耀武扬威起来。每当这时,往往便是社会饱受蹂躏之际! 以至于很多人对其恨之入骨,并且有点必欲去之而后快的意思。如魏晋时期阮籍认为古代无君臣而天下秩序井然:"盖无君而庶物定,无臣而万事理。"后世有君臣导致问题丛生:"君立而虐兴,臣设而贼生。"①鲍敬言"以为古者无君,胜于今世"②。宋元之际的邓牧在《伯牙琴》一书中愤慨地指斥皇帝道:"天生民而立之君,非为君也;奈何以四海之广,足一夫之用邪?"③此后到了明清之际又出现了批判君主制的高潮,黄宗羲称:"为天下之大害者,君而已矣。"④唐甄论及帝王更是破口大骂:"自秦以来,凡为帝王者皆贼也。"⑤

然而恨归恨,谁又能改变这种事实呢?

虽然这个制度有着这样那样的不是,但与已经出现过的各种统治制度相比,应该是最好的。因此人们面对这一制度除了叹息、痛恨之外,实在是别无良方。那么是不是可以从其他民族、其他文明那里借鉴一二?中华民族从来不是故步自封的民族,只要其他文明有优于我们的地方,我们就会虚心学习。然而很遗憾,截止十八世纪,史上与我们接触过的民族的文明程度鲜有超过我们的,数千年来,在统治制度方面我们一直是其他民族,尤其是周边民族学习的榜样。所以虽然这种制度非常招人嫌,却代代沿袭。及至近代,国门洞开,西风东渐,人们终于发觉世间原来有比君主专制更好的制度,于是有着两千余年帝制传统的中华民族马上便弃皇权如弊履。清朝灭亡后,袁世凯图谋称帝却招致举国反对,张勋复辟止增笑耳。百姓吃够了皇权的苦,是再也不肯支持它了。

---

① 阮籍著,郭光校注:《大人先生传》,《阮籍集校注》,中州古籍出版社1991年版,第97页。
② 葛弘:《抱朴子·外篇》卷四十八《诘鲍》,《诸子集成》(第8册),上海书店1996年版,第190页。
③ 邓牧:《君道》,《伯牙琴》,中华书局1959年版,第4页。
④ 黄宗羲:《原君》,《明夷待访录》,中华书局1981年版,第2页。
⑤ 唐甄:《室语》,《潜书》,古籍出版社1955年版,第196页。

第七章

求仙：今日为闹剧，当时乃科研

第七章 求仙：今日为闹剧，当时乃科研

论及秦亡，始皇的求仙活动始终是个隔不过的话题。然而古往今来，人们一说到此事，不是表示不解，就是极尽嘲弄之能事，给人印象似乎大家都是明白人，只有始皇一个人是个糊涂蛋，如清人汪绎《秦始皇》诗云："方丈瀛州杳莫攀，金银宫阙涌烟鬟。桃源自是人间世，却遣童男问海山。"但事实并非如此。

受时代和认识的局限，世间确有鬼神的观念乃是时人的基本常识及立论的根据，时人对鬼神之笃信就如我们今天不相信世间有鬼神一样坚定不移。在时人看来，与鬼神打交道乃是其日常生活中的一项重要内容。正是在这样一种背景下，春秋战国时期出现了不死之说。发展到战国中后期，对不死之道的追求遂成为当时社会，尤其是东部社会的普遍心理，而始皇只不过是其中最著名的一个罢了。

始皇的求仙闹剧，在今天看来就是在从事封建迷信活动，在当时绝对称得上是一个不折不扣的高精尖科研项目，纵观历史，更称得上是投资最大的科研项目。这个项目一旦成功，不仅始皇将直接受益，亦将为世人带来永生的福音。纵使国家不资助，但只要知道了去仙山的路径，富者即可做艘大船破浪而行，贫者亦可划个小舢板什么的去碰碰运气，所以说这又是一个惠及万民的意义重大的项目，其重要程度丝毫不亚于今天国家的任何重大科研课题，且是有过之而无不及。因此可以想象，当这个项目实行之初，不知会让多少人热血沸腾！

可惜的是世间本无鬼神，亦无不死之药，结果多年折腾下来，除了劳民伤财外，竟是一无所获，怨声载道也就不可避免了。又由于传统史书叙事往往以帝王将相为中心，于是始皇的行为被史家大书特书，普通人的举动则往往一笔带过，结果当历史沉寂下来之后，我们所看到的就只剩下始皇一个人在那里傻乎乎地折腾了。于是不免叹息，这么一个雄才大略的伟人，怎么会干这种愚不可及的事呢？但事实显然并非如此。

为了把始皇求仙这件事情的前因后果交代清楚，还历史以本来面目，本章拟分四部分予以阐述。

一、从《日书》看灵异遍布的先秦世界

1975年，考古工作者在湖北云梦县睡虎地秦墓一个可能叫喜的墓

主的头部右侧和足部,分别发现了两部分竹简,这两部分竹简的内容都是关于推择时日吉凶的文字,诸如"正月五月九月,北徙大吉,东北少吉"①,"春三月甲乙,不可以杀,天所以张生时"②等等。有点像后世的老黄历。在足部那部分简中最后一支简的背面书有"日书"二字,于是遂称这两部分秦简为"日书"甲、乙种。到了1986年4月,在甘肃天水市放马滩秦墓中也出土了内容与睡虎地秦简相近的"日书"甲、乙种。

打开《日书》,可发现其中宜忌的内容非常丰富,举凡婚丧嫁娶、衣食住行,甚至包括夫妻间的性爱都有宜忌时日,可见时人为了在日常生活中逢凶化吉、遇难呈祥,与鬼神交流沟通的活动非常广泛和频繁,方式也多种多样。

为了博得神的好感,《日书》建议人们要择吉日进行祭祀,如在"阳日"这一天祭祀神灵,天上地下的神灵们享受了祭祀以后,会非常满意。"交日"这一天如果祭祀门神、陆路神、水路神,就会吉利。"达日"这一天如果祭祀天上地下的神灵,都会吉利。为了讨神灵的欢心,在祭祀时往往要摆上丰盛的食物,诸如肥猪、清酒和优质小米等,供神享用,然后口中念念有词地把自己的想法告诉神灵。如祭祀马神时就是这样,主祭者在祈祷时要说:"敬请主君拘执训训暴烈的马,驱走它的灾殃,去掉它的不祥,让它喜欢吃草、饮水,不用驾驭就会自动载人行走,不用驱赶就会自己从马厩中出来,让它的鼻子能嗅到香气,让它的听力好眼睛明亮,让马头作马身的衡木,马脊作马身的总纲绳,马脚作马身的支撑,马尾善于驱逐蚊蝇,马腹成为盛放百草的宝袋,四只脚善于行走,主君要多多享用祭品,我们什么时候都不敢忘记您的大恩大德。"如祭祀行神时的祝词说:"愿国家太平无事,只有幸福充满人间,请您多喝酒多吃食物,多多赐福。"

由于神灵尤其是那些地位崇高的神灵威严残暴,经常对冒犯他们的人施以淫威,因此《日书》建议人们在这些神灵活动的时候,举致要小心谨慎。例如他们认为上帝常在一些特定的日子从事各种活动,如

---

① 吴小强:《秦简日书集释》,岳麓书社2000年版,第52页。
② 吴小强:《秦简日书集释》,第155页。

春季三月，上帝在申日建造房屋，在卯日剽掠人，在辰日杀生，以庚辛日为四废日；夏季三月，上帝在寅日建造房屋，在午日剽掠人，在未日杀生，以壬癸日为四废日；秋季三月，上帝在巳日建造房屋，在酉日剽掠人，在戌日杀生，以甲乙日为四废日；冬季三月，上帝在辰日建造房屋，在子日剽掠人，在丑日杀生，以丙丁日为四废日。为了免遭上帝的惩罚，《日书》建议人们遇到这些日子，在生活中需格外小心，尽量避免冲撞着上帝，招致严惩。如凡是上帝建造房屋的日子，人们都不可建造房屋，如果建大内室，家长就会死。如果在四废日建房就会倒塌。又如春季三月甲乙日、夏季三月丙丁日、秋季三月庚辛日、冬季三月壬癸日，被认为是天神在使万物充满生机的日子，《日书》指出在这个时候人们都不能有杀生的行为，否则就会带来灾殃，小的杀生会出现小的灾殃，大的杀生会出现大的灾殃。《日书》中还有许多的未讲明原因的宜忌，但很显然也是在钻神的空子，如关于动土，二月利在西方，八月是东方，三月是南方，九月是北方。

虽然为了钻鬼神的空子，时人煞费苦心，但俗话说百密一疏，有时候一不小心还是会受到一些鬼魂，诸如死去家人的鬼魂、野鬼、刺鬼、丘鬼、诱鬼、哀鬼、棘鬼、孕鬼、神狗、幼龙等的骚扰。对于这样一些普通的鬼魂，《日书》认为就不用客气，尽可以针锋相对地同他们斗争，或通过某些食物将其抓获。例如如果有人在丙丁日得了病，这是其已故的祖父的鬼魂在作祟，在红色的肉、公鸡和酒中可以捉到它。或利用某种工具如桃杖、桃梗、剑、铁锥、苇、桑杖等将其赶走。如人们认为鬼常跟随在男人或女人的身边，看见其他人来就走开，这是神虫伪装成人形在作祟，用宝剑刺他的颈项，就不会再来了。或利用某些食物如砂仁、糖等将鬼魂制服，如狗常在夜间潜入人家的卧室，把男人抓起来，调戏女子，可是却抓不住那条狗，这是神狗故意变成鬼来作祟。用桑树皮做食物，经过烧烤之后喂给那条狗，它就不会再来了。或利用灰沙土石等驱鬼，如鬼婴儿常像人一样号叫着说："给我吃的。"这是哀乳之鬼，它的骨头有露在外面的，用黄土撒在上面，就没事了。或利用污物如狗屎、猪屎等去邪，如人无缘无故的，鬼却去偷窥他的房屋，赶又赶不走，这是祖神在出游，用狗屎朝它身上扔，就不会再来了。或者也扮做鬼的模样,如人在走路时,见鬼站在道路上挡着去路,就解开自己的头发披散着,奋力冲过去,就没事了。有时为了驱鬼往往要用上几种东西,如鬼常跟随着人家的女子,并与她一起睡觉,说:"我是上帝的儿子,到下界来游玩。"若想撵走它,该女子就需用狗屎洗身子,然后在身上系上苇草,那鬼就死了。

《日书》显然是一部教人们如何与鬼神打交道的书,因此出土之后,很快被崇尚唯物主义、无神论思想的上世纪七十年代学者贴上了唯心主义的标签,标签上写着"唯心主义天命论产物"的字样。在他们的观念里,唯心主义的东西除了可以做反面教材外,是没有什么价值的,因而当时的学者们一窝蜂地去研究睡虎地出土的秦律,从中阐幽发微,忙得不亦乐乎,而将《日书》弃之不顾。

热衷于研究出土文物,应该是先秦、秦汉史领域的特殊现象。稍懂点历史常识的人都知道,由于先秦、秦汉传世的文献不过就是那么几部经书、子书和史书,因此许多问题都说不清楚,而人们偏偏又喜欢这段历史,少不得争来吵去。在这种情况下,一个叫王国维的人却在二十世纪初另辟蹊径,利用刚刚出土的甲骨文与史文互证,居然解决了很多在历史上聚讼不休的论争。比如说,当时人们认为东周以前没有历史,夏、商的历史都是后人编造的,包括司马迁的《史记》都受到了怀疑。但王国维利用甲骨文所记载的商代先公先王的名字来印证《史记》中的史实,结果发现二者所记人名基本相同。由于甲骨文是由地下出土的、未经后人加工过的第一手资料,而《史记》中所记内容基本与其相同,这就无可辩驳地说明《史记》所记的内容是有根据的,是真实的。王国维的论证在当时引起了学术界的极大震动,因为他不仅解决了许多学术界聚讼不休的问题,更重要的是他为研究者提供了一种在文献资料不足的情况下如何治学的方法。

于是从此以后,地下材料备受学人重视,尤其是那些搞先秦、秦汉史研究的人,常常是一只眼盯着书本,一只眼盯着考古工作者的铲子。一旦发现哪里出土了相关文物,就千方百计地想成为第一个研究者,有条件的话甚至长期据为己有,在自己研究完毕之后,方才将其公之于世。

闲话少说。却说《日书》由于被认为是无价值的糟粕,因此出土后相当长一段时间里,几乎无人问津。对于这个问题,实际上应该辩证地看待,从科学的视角看,《日书》确实含有大量迷信内容;但从历史的视角看,今天看来是迷信的《日书》,在当初确实是被当做真实的东西或者说当做科学的东西来相信的,它实实在在地指导了当时人的日常生活。

我们知道,受时代和认识的局限,自夏以至于秦,世间确有鬼神的观念乃是时人的基本常识及由以立论的根据,时人对鬼神之笃信就如我们今天不相信世间有鬼神一样坚定不移。如夏启在征伐有扈氏前做《甘誓》,声称"恭行天之罚",也就是要奉行天命来惩罚有扈氏。商汤在征伐夏桀前做《汤誓》也声称自己伐桀是奉了上天的命令,所谓"有夏多罪,天命殛之"。周武王伐纣前做《牧誓》也声称自己伐纣是"恭行天之罚"。西周末至春秋时期,人们对上天频出恶言,如《诗经·小雅·节南山》将当时的乱象归咎于天,谴责苍天不均而降此穷极之乱,苍天不顺而降此乖戾之变:"昊天不佣,降此鞠讻;昊天不惠,降此大戾!"又如《诗经·小雅·雨无正》反映了在遭受饥馑之后,人们对苍天发出的愤怒的声讨。在这首诗中,人们愤怒地指出正是由于苍天不广大其恩惠却降下饥馑,从而导致许多国家的人民饱受折磨。为什么苍天不认真考虑一下就做下这种事情?那些有罪的人因饥饿而死,是罪有应得。可是那些无罪的人凭什么也要遭受这种死亡惩罚呢:"浩浩昊天,不骏其德。降丧饥馑,斩伐四国。旻天疾威,弗虑弗图。舍彼有罪,既伏其辜。若此无罪,沦胥以铺。"

但这只能视为对天的不满,而非对天的否定。不唯普通人,就是当时的智者,也无不承认鬼神的存在。尽管其有轻天的意思,如春秋时期著名政治家子产说:"天道远,人道迩,非所及也。"[1]孔子认为:"君子有三畏:畏天命,畏大人,畏圣人之言。"[2]他断言人在天命面前是无能为力的,要人们不要怨天尤人,要听从天命的支配。战国时期,各家基本上都不讳言鬼神,如墨子在其《明鬼篇》一文中认为古今的鬼

---

[1] 杨伯峻编著:《春秋左传注》,中华书局1981年版,第1395页。
[2] 杨树达:《论语疏证》卷十六《季氏》,上海古籍出版社1986年版,第432~433页。

神,"有天鬼,亦有山川鬼神者,亦有人死而为鬼者"。韩非子在其《解老篇》一文中称:"人处疾则贵医,有祸则畏鬼。"儒家思孟一派好谈"祯祥",也就是喜欢做祈禳求福之事,如《中庸》称"国家将兴,必有祯祥;国家将亡,必有妖孽"。阴阳家则大讲阴阳五行,如邹衍把帝王的产生归结为天的意志,"凡帝王者之将兴也,天必先见祥乎下民"①。并把阴阳五行引入历史领域,用五行相胜说来解释帝王的产生和朝代的变化,创立五德终始说。

既然天意、神意是人世行为的最终决定力量,了解天意以指导人事就显得极为重要。于是自上古以来就施行的以揣摩神意为目的的活动,如以龟卜、用筮占等,在此时继续受到世人的推崇,秦简《日书》应是在卜筮基础发展而来的。

我们知道,为了表示对鬼神的尊重,一次卜筮往往要经过相当多的程序才能得以实现,这对于贵族来说倒没什么,因为他们的日常事务就是行礼。然而用之于庶民就显得麻烦多了,因为他们终日为生计忙碌,实抽不出多余的时间占卜吉凶,他们需要的是简单明了,遇事一看就明白的卜筮之书。况且这个时候,庶民大多已从贵族的统治下挣脱出来,成了社会的大多数,因此他们的需求实际上就代表着整个社会的需求,所以《日书》这种简捷明白的书在战国时期流行起来,也就是自然而然的事情了。

事实也证明,推择时日以定吉凶的行为在当时的社会相当普遍。据说墨子去齐国,在齐国遇到一个以择日定吉凶为职业的日者,日者对他说上帝今天在北方杀黑龙,而先生您的肤色比较黑,所以不适合向北方走:"帝以今日杀黑龙于北方,而先生之色黑,不可以北。"②齐国还流传着五月生的儿子,长大后会高得头顶着门框,这将会对他的父母不利的说法:"五月子者,长与户齐,将不利父母。"③孟尝君就因为是五月五日出生,差点被他父亲杀死,后来也一直不喜欢他。再如睡虎地秦简《日书》还列有楚之"除表",也就是楚地的每一天与建除

---

① 王利器:《吕氏春秋注疏》卷十三《应同》,第1277页。
② 孙诒让:《墨子间诂》卷十二《贵义》,《诸子集成(4)》上海书店1996年版,第270页。
③ 司马迁:《史记》卷七十五《孟尝君列传》,第2352页。

十二值、二十八宿星及一年十二个月的关系表,这是楚地盛行择日定吉凶之明证。

《日书》上所讲的禳祷、禳厌之法,在社会上也大行其道,当时的诸侯国常四时祷祭山川鬼神,以求国泰民安,百姓则祷告诸神,以求福贵安康。

韩非子曾讲过两则关于禳祷和禳厌的笑话,一则说卫国有个女子祷告说:"使我没有意外或不幸的事情发生,并且得到百束布。"她丈夫听了很奇怪为什么她只要这么些布,那女子回答说:"超过这个数字,你就要买妾了。"一则讲燕人李季远行归来,恰遇到他妻子正在家中与人偷情,情急之下,其妻之侍婢出主意说让偷情者裸体披发,状如鬼形,径直从大门走出去,而大家都装着没看见。于是偷情者遂依计夺门而出,李季见了忙惊问那是谁,可是家中的人都说没看见,李季就慌了,说:"我见鬼了吗?"家里的人都说:"是的!"并说用狗的屎尿洗一洗就没事了,结果李季真的用狗的屎尿洗了洗。

《吕氏春秋》也记载有一个杀鬼的事例。说的是在魏国国都大梁北边一个叫黎丘的地方有一种叫做"奇鬼"的鬼,喜欢模仿人们的兄弟子侄的模样来骗人。当地有一个人去集市办事,由于在集市上喝醉了酒,所以黎丘之鬼便乘机在他回家的途中仿效其子的模样,扶着他走路,并折磨他。这人回家酒醒后就骂他儿子说:"我是你的父亲,你怎么能对我那样不孝顺,乘我喝醉了酒,在路上折磨我,为什么要这样呢?"他儿子听后哭着跪在地上说他没做这事,并且有人作证。这人见儿子如此,就知道是遇到了奇鬼,于是第二天又携带利剑专门去集市上饮酒,想着遇到鬼就把它刺死,而他儿子因担心他再受到鬼的愚弄回不了家,就去路上迎接他,这人见了,以为又是奇鬼,于是拔剑刺之。

由于与神灵打交道是生活中的常事,因此后来秦在焚书时又特地规定卜筮之书不在被烧之列,显见在统治者看来,在一个到处充满神灵的世界里,人们是不能切断与神的沟通的。因此我们不能因为今天认为它是迷信的东西,就否定了它在历史上的作用。若如此,就不能够真正理解当时的历史。

所以早在二十世纪初期,王国维就主张辩证地看待历史。大体说来,就是把科学精神和史学精神结合起来,一方面要用科学的知识判断事物的是非真伪,亦即其《〈国学丛刊〉序》一文所谓"凡事物必尽其真,而道理必求其是,此科学之所有事也"。另一方面,又不要割断历史,今天看来是不真不是的,当初曾被当做是和真,而且有其存在的理由。今天看来是是和真的,也许正是由以前的不是不真发展而来。他进一步提出了知人论世的看法,亦即其《译本〈琵琶记〉序》一文所谓"欲知古人,必先论其世;欲知后代,必先求诸古"。因此《日书》被冷落了十余年后,随着学界观念的转变,逐渐受到了学界的重视,时至今日,研究《日书》已成了一件很正常的事了,也就是说学界终于承认时人认为他们所生活的世界灵异遍布这一事实,因此今天的人们也应该尝试着以时人的心态理解当时的社会生活,不如此就不足以理解时人的所思所想,也就难以把握当时历史的真实状况。

二、不死之道

尽管相信世间有鬼神的思想自三代以来便一直存在,然而奇怪的是,在战国中期以前,典籍中却鲜有世人尝试求仙以期能像鬼神那样长生不老的记载。对此的回答有点简单,任何事情的发展都要有一个过程,在此之前,人们的头脑中根本就没这种想法,他们如何会去追求长生不老?

肉身不死之说并非自来就有,在西周之前,人们对生命的理解仍是灵魂不灭,但肉体要死去,因此对生命的追求仅限于"眉寿"、"令终"而已。"眉寿",即长寿之意,如《诗经·豳风·七月》云:"为此春酒,以介眉寿。"今人高亨做注称"眉寿,长寿也";"令终",就是保持善名而死的意思,《诗·大雅·既醉》云:"昭明有融,高朗令终;令终有俶,公尸嘉告。"东汉人郑玄笺注:"令,善也。"

然而自春秋晚期起,人们的思维逐渐突破了这一限制,开始有了人不仅灵魂不灭,而且肉身也可以不死的观念。据称齐景公曾问晏子:"古而无死,其乐若何!"[1]进入战国后,长生不死之说就广为流行

---

[1] 杨伯峻编著:《春秋左传注》,第 1420 页。

了。如《庄子·大宗师》中就有活了一千岁后,不愿在世上活着而乘着白云飞上蓝天,去了上帝所居住的地方的"仙人"形象,以及睡觉的时候不会做梦,醒着的时候没有忧愁,不知道喜欢活着,不知道讨厌死亡,翛然而往,翛然而来的"真人"形象:"古之真人,不知说生,不知恶死。其出不欣,其入不距;翛然而往,翛然而来而已矣。"不过尽管肉身不死之说在战国时期开始广为传播,但真正使之成为一个时代的风尚,靠的却是燕齐地区"方士"群体的运作。

所谓"方",《说文》云:"并船也。"据此则方士应该是驾船航行于水上之人。方又有"道"的意思,《易经·恒卦·象辞》:"君子以立不易方。"唐人孔颖达疏:"方,犹道也。"又称方术,《庄子·天下》"惠施多方",王先谦释"方"为"方术也"。也指方子、方剂,药方。《庄子·逍遥游》:"宋人有善为不龟手之药者,世世以洴澼絖为事。客闻之,请买其方以百金。"从方士们在秦的行为看,很显然上述特点他们是兼而有之,如《史记》既称当时方士徐巿等入海求神药,又称方士们打算通过炼制药石以求得奇药,故所谓的方士就是那些往来于海上能够与神交接并获得神药或通过炼制药石以求得奇药的人。

这个行业说起来其实是个既古老又新潮的行当。说它古老,是因为它其实就是三代时期甚为活跃的巫的变种。因为巫即从事祈祷、卜筮、星占活动,如《周礼·春官·司巫》称司巫负责对群巫进行管理。如果国家遇到大旱,就率领群巫跳舞以求雨。国家若发生大灾,就率领群巫去翻阅记载先辈巫恒的档案而效法之:"司巫掌群巫之政令。若国大旱,则帅巫而舞雩。国有大灾,则帅巫而造巫恒。"同时还兼用药物为人求福、却灾、治病,如《春秋公羊传》载鲁隐公四年(前719年)公子翚与鲁桓公商议谋杀鲁隐公,后果在鲁隐公祭祀钟巫时,杀死的鲁隐公:"于钟巫之祭焉,弑隐公也。"东汉人何休注称"巫"就是通过侍奉鬼神祷告禳除来治病请福的人:"巫者事鬼神祷解,以治病请福者也。男曰觋,女曰巫。"方士即能与神沟通,又能求得仙药,所以称其为巫是不为过的。

但严格地说,方士又不能笼统地称为巫,因为巫的药是为人治病的,而方士则是专门寻求、炼制能够使人永生的不死之药的,因此这又是一个新潮的行当。细究起来,这其实不过是阴阳五行学说影响下出现的一个副产品而已,不过这说起来话就长了。

我们知道,春秋时期的礼崩乐坏,正是文化坍塌所带来的恶果。从春秋晚期起,为重建社会秩序,老、孔之徒已开始试图整合、重构文化体系。到了战国时期重建文化体系的行为更是发展成为一种潮流,当时学者们不仅广泛地参与各种社会活动,而且纷纷提出了自己关于政治、社会乃至宇宙万物的一系列的看法,出现了众多学说学派,他们彼此之间不仅口头论战,而且著书立说互相辩难,同一学派在发展过程中往往又分化出一些小的宗派,这些小的宗派之间往往也是争论不休。而各国君主出于政治需要,对各家学说基本上都能采取较为公允的态度,并大都能鼓励和支持各家的学术论争,于是就出现了百家争鸣的局面,而阴阳学家就是其中的一家。

阴阳家主要从事天人关系的调整。前面已经讲到先秦时期的人们大都认为他们是生活在一个充满灵异的世界里,并且鬼神往往是人世祸福的最终决定者,因此鬼神的影响无处不在,他们在政治生活中也起到举足轻重的作用,尤其是在商代以商王为首的贵族统治者,动辄即向鬼神占问吉凶。《礼记·表记》就称殷人尊崇鬼神,率领臣民以侍奉鬼神,凡事先请示鬼神而后才施行礼仪(殷人尊神,率民以事神,先鬼而后礼)。

到了周朝,虽然人们仍然相信鬼神,但是严酷的事实却使他们不得不与鬼神拉开了距离。我们知道在周代之前已经产生过两个朝代即夏、商。这两个朝代都声称是得到上天的大命建立的。如夏启伐有扈,声称自己是在恭敬地执行上天的惩罚,受大命而建夏,因而便认为作为代替上天来统治人世的夏朝,它的统治必将永远延续下去。

以至于到了桀的时候,虽然已是民怨沸腾,桀仍然认为自己的统治固若磐石,他把自己比做太阳,认为自己会如同太阳一样不会灭亡。结果桀被放逐,夏朝灭亡。

代夏而立的商人认为自己是承天命而建立的,自然认为商的统治会像永恒的上帝一样永远存在下去,所以纣王在社会动荡不安的情况下,仍然声称自己的命运是有上天保佑的,然而天不佑商,牧野之战,战士倒戈,纣王自焚。

这都使西周统治者深受震动,惊呼"天命无常",他们开始对天命产生怀疑,深有感触地说:"我不可不监于有夏,亦不可不监于有殷。"①他们从希望永远保有天下的考虑出发,对夏、商两代的历史进行了深入的探讨,进而认为夏、商的灭亡,不是上天不肯眷顾他们,而是其施行暴政的结果,于是提出了德治的观念,认为天对于人,没有亲疏之别,只会辅佑有德的人:"皇天无亲,惟德是辅。"②因而在西周时期,尽管国家的大小事务仍然离不了卜筮的决断,但相较于商代而言,其重要程度已大为减弱。

到了春秋时期,当时的杰出人物更是高标重民思想,如随国大夫季梁称民是神的主宰。因此圣王先要争取到人民的支持,而后才致力于神灵的保佑:"夫民,神之主也,是以圣王先成民而后致力于神。"③虢国的太史嚚称国家将要兴盛,听于民;将要灭亡,听于神:"国将兴,听于民;将亡,听于神。"④郑国著名的政治家子产认为天道远,人道近,因此天道不是人们所能理解得了的:"天道远,人道迩,非所及也。"⑤

到战国时期,国家大事更是多由智能之士运筹以成,迷信占筮而吃大亏的事例不胜枚举,因而像韩非子就批评君主说:"迷信推择时日,以卜筮占问吉凶,并且热衷于祭祀的,是应该灭亡的呀。"又说:"龟策鬼神所占筮出来的吉凶不足以推断战争的胜负,然而用以指导战争,真是太愚蠢了。"在这样的情况下,尽管鬼神的影响在社会上仍然根深蒂固,但其在国家政治生活中的地位自是每况愈下,具体表现就是在春秋时期还颇为活跃的占筮之士,到了战国时期基本上从政治舞台上销声匿迹了。

而检讨鬼神的影响在政治生活中的衰落,主要原因乃在于所谓的

---

① 孔安国传,孔颖达疏:《尚书正义》卷十五《召诰》,北京大学出版社 1999 年版,第 399 页。
② 孔安国传,孔颖达疏:《尚书正义》卷十七《蔡仲之命》,第 453 页。
③ 杨伯峻编著:《春秋左传注》,中华书局 1981 年版,第 111 页。
④ 杨伯峻编著:《春秋左传注》,第 252 页。
⑤ 杨伯峻编著:《春秋左传注》,第 1395 页。

天命无常,不可捉摸。于是为了振兴神学,阴阳学家们从此入手,对此前相对粗浅的天人关系进行改造,以期重建天人之间的稳定联系,其中以齐人邹衍的影响最大。

据称邹衍深入地观察万物的阴阳消长,对怪异玄虚的变化进行探讨,写下十余万字诸如《终始》、《大圣》之类的文章。他的话宏大广阔荒诞不经,但并非不可验证。他探讨问题有一个特点,即由近及远,由所知推定未知。具体而论,在分析问题时,他一定先从细小的事物验证开始,然后推广到大的事物,以至达到无边无际的空间。先从当今说起再往前推至学者们共同谈论的黄帝时代,然后再大体上依着世代的盛衰变化,记载不同时代的吉凶制度,再从黄帝时代往前推到很远很远,直到天地还没出现、深幽玄妙难以稽考追究它的本源的时候。他先列出中国的名山大川,长谷禽兽,水土所生的,各种物类中最珍贵的,一概俱全,并由此推广开去,直到人们根本看不到的海外。而他的学说中最为炫目的乃是他的大九州说与五德终始说。

所谓的大九州说,在他看来,儒家所谓的中国,不过是天下的八十一分之一而已。中国称作"赤县神州",赤县神州之内又有九州,就是夏禹按次序排列的九个州,但不能算是真正的九州。在中国之外,如赤县神州般大小的地方还有九个,这才是所谓的九州。这些州都有小海环绕,人和禽兽不能与其他州相通,像是一个独立的区域,这才算是一州。在这九州之外,更有大海环绕其外,而那就到了天地的尽头。

而所谓的五德终始说,即是以阴阳五行说来演绎历史进程的学说。阴阳五行说是一种出现在西周晚期的原始的宇宙万物构造学说,它用阴阳的对立和相互作用来说明自然现象变化的原因,用金、木、水、火、土五种物质来说明各种事物的构成。战国时期阴阳学家遂以此为基础,对天人关系进行整合,用以解释当世的一切自然和社会现象。当时讲阴阳五行的有两派,一派是五行相生说,即木生火,火生土,土生金,金生水,水生木。一派是五行相胜说,即木克土,金克木,火克金,水克火,土克水。《礼记·月令》用五行相生说来解释四季变化,并进而把一切人事都和阴阳五行比附组合,认为是吉祥祸福的象征。

邹衍是用五行相胜说来解释历史的。在邹衍看来历史上每一个朝代即代表五行之一,由于五行是相生相克,循环不息,所以朝代的更替也就是必然的。根据当时的历史发展看,黄帝为土德,夏禹是木德,商汤是金德,周文王是火德。根据水克火的原则,代周而兴的朝代属于水德。具体来说大凡帝王将要兴起的时候,上天一定会将祥瑞降到人间。黄帝的时候,上天先降下大蚯蚓、大蝼蛄,黄帝说:"土气胜。"因为土气胜,因此其崇尚黄色,根据土德的特点行事。等到到了大禹的时候,上天先使人们看到草木在秋冬时节仍然充满生机,大禹说:"木气胜。"因为木气胜,因此其崇尚青色,根据木德的特点行事。到了商汤的时候,上天先使银从山中流出,汤说:"金气胜。"因为金气胜,因此其崇尚白色,根据金德的特点行事。到了周文王的时候,上天先见火,有赤乌衔着丹书落在周社上,文王说:"火气胜。"因为火气胜,因此其崇尚红色,根据火德行事。取代周的朝代虽然还没有出现,但根据五行相胜的原则推演,取代周的朝代一定是代表水德的朝代:"代火者必将水。"当这一时刻到来的时候,上天先使下界出现水气胜,因此其崇尚黑色,根据水德行事,水气到了的时候,如果不知道行水德之事,运气就将会转向土德:"水气至而不知,数备将徙于土。"①

根据邹衍的学说,谁得到了水德,谁就能取代周朝而立,因此为那些意欲混一天下的诸侯们大加赏识。在齐国时邹衍就受到君主的重视,到魏国大梁时,魏惠王又亲自出郊迎接,并执以宾主之礼。到赵国时,平原君侧着身子导引他前行,并亲自为他拂拭坐席。到燕国时,燕昭王抱着扫帚在前面为他清道,请求将自己列为他的弟子并接受他的教导,并为他修筑了碣石宫,然后亲自前往那里向他请教。

由于邹衍的学说备受世主们的重视,自然追随其后者亦甚众,而其主体即是燕、齐等地的方士群体。但是由于邹衍的学术过于玄妙,许多方士们都不能真正理解他的思想,只好弃其精华而取其糟粕,大倡神仙不死之说以售其术。《山海经》现在已基本被肯定是西汉末年的大儒刘歆删削战国时期方士们宣传自己学术的底本而编成的一部

---

① 王利器:《吕氏春秋注疏》卷十三《应同》,第1277~1281页。

著作，在这部书中充满了不死的神话。如说有一个轩辕国，寿限短的能活八百岁，寿限长的能活数千岁。在流沙的东面到黑水之间，有一座山名叫不死山，不会死的人就生活在它的东面，那些人肤色是黑的，长寿，不会死。在这个不死之国，人们姓阿，那里有不死之树，人们吃的是甜的木实。

在方士们看来，人们有许多方法可以获得长生。如通过"辟谷"，也就是不食五谷，只食药物，并通过导引等工夫，就可以成仙。张良在汉初就辞官不做，去找黄石公修习辟谷之术。用来节欲养生保气的房中术也是一个办法。再如服用不死之药。这是诸方中最具吸引力的一个，方士们说这种药在仙人那里，如《山海经》就称在古蜀开明国的东边，有巫彭、巫抵、巫阳等大巫操不死之药抗拒死气以求更生。方士们说他们有能力从仙人那里获得此药。

方士们不仅声称自己可以通过从仙人那里获得不死之药助人实现长生的梦想，并且言之凿凿地说一些方士如燕人宋毋忌、正伯侨、充尚、羡门、子高、最后等由于方法得当，事实上已经形解消化而成为仙人。

当时随着邹衍大九州说的倡导，时人渐把有不死之药的仙山定在位于海中的蓬莱、方丈、瀛洲三座神山上。自齐威、宣及燕昭王起，这三座神山遂成为历代诸侯向往的圣地。据说这三座神山就在渤海中，离人没多远，当灾难快来时，它们就会随风而去。曾经有人到达过三座神山，并且在那里见到仙人和不死之药。神山上的东西、禽兽都是白色的，宫殿都是黄金白银建成的，人没到的时候，神山望去好像在云中一样，等到到了后，却发现神山竟是在水下，人一接近它们，它们就顺风而去。因此大多数人始终没能真正到达那里，这些论述使当时的君主们更为激动。

从时人的描述可以看出，所谓三座神山云云，十有八九与海市蜃楼有关。海市蜃楼，是指光线经过不同密度的空气层，发生显著折射或全反射的时候，把远处景物显示在空中或地面上，从而在海上或沙漠地区形成的各种奇异景象。时人由于不了解这种自然现象，认为那是神仙居住之所。

不过到了汉代,人们渐渐认识到这是一种虚幻的现象。当时的人们认为这是一种叫蜃的蛟属动物吐气而成,海边的蜃吐的云气像楼台;广野的蜃吐的云气像宫阙。不同地方的云气分别像各地山川人民所聚积的情况,所谓"海旁蜃气象楼台;广野气成宫阙然。云气各象其山川人民所聚积"①。这里不妨顺便说一下,始皇二十六年(前221年),在临洮出现的十二个夷狄服饰的巨人十有八九当也属海市蜃楼现象。

却说按方士们的说法,显然不死之药一下肚,人就可摆脱死亡的威胁而获得永生。如此巨大的诱惑,让谁听了不会血脉贲张!难怪自战国时期起世主们便对此趋之若鹜。有道是上行下效,自古皆然。由于战国中后期以来燕、齐的君主们的率先垂范,使得当地的下民们不免纷纷效法。后来始皇来到海上,对他讲海上有三座神山的方士不可胜数,于此可见燕、齐等地为神仙之术者之众。

汉初陆贾曾批评过世人对不死之道的追求,他指出世人之所以不行道,是由于有的人不能够怀有仁德,恭行道义,分别纤微之细小,忖度天地之广阔,却不惜使自己的身体受到痛苦的折磨,进入深山之中,寻求神仙,抛弃父母,不顾子女,不食五谷,不读诗书,违背天地所珍宝的东西,寻求不死之道,这是不能够用来通达世变防备非常之事的:"由人不能怀仁行义,分别纤微,忖度天地,乃苦身劳形,入深山,求神仙,弃二亲,捐骨肉,绝五谷,废《诗》、《书》,背天地之宝,求不死之道,非所以通世防非者也。"②又说君子操守严明、动合法度、立场坚定,能够专心致志地从事自己的事业而建立功业,但普通人则不然,眼睛受到荣华富贵的诱惑,耳朵受到不死之道的扰乱,因此多弃其所长而求其所短,得其所亡而失其所有:"凡人则不然,目放于富贵之荣,耳乱于不死之道,故多弃其所长而求其所短,不得其所无而失其所有。"③由此可见,对不死之道的追求乃是战国中后期社会的普遍心理,宜乎方

---

① 司马迁:《史记》卷二十七《天官书》,第1338页。
② 王利器:《新语校注》卷上《慎微》,《新编诸子集成(第一辑)》,中华书局1986年版,第93页。
③ 王利器:《新语校注》卷下《思务》,《新编诸子集成(第一辑)》,第165页。

士能够大行其道。

三、补撰秦朝国家基金项目申请书：求仙及求不死之药

在追求长生不死之术成为时代的时尚背景下，始皇的求仙活动终于在他并吞六国后，轰轰烈烈地上演了。

通察始皇时期方士们的求仙过程，可发现尽管当时并没有具体的文字论证，但却几与现代科研活动的程序合若符契。根据史书所载方士们的活动内容，我们可以为他们补撰一篇秦朝国家基金项目申请书。

封面：
秦朝社科基金项目申请书
项目类别：重点项目
学科分类：阴阳学
课题名称：不死之道研究
课题负责人：徐市
负责人所在单位：秦朝社会科学院（咸阳）
正文：
1. 课题研究现状述评及研究意义：

关于求仙问题，百多年来，阴阳学界已经做了相当多的工作，尽管至今仍没求到仙药，但却在三个方面取得了长足的进展。首先，确定海中确实有三座神山，名曰蓬莱、方丈、瀛洲，仙人居之。例证一，许多人都见到过神山，神山上的东西、禽兽都是白色的，宫殿都是黄金白银建成的；例证二，曾经有人到达过三神山，见到仙人们和不死之药都在那里，这方面在徐市的子课题论证中已讲得相当明白。其次，资料显示在此期间有人确实已经通过修习而长生仙去，著名者有宋毋忌、正伯侨、充尚、羡门、子高、最后等。其三，邹衍等阴阳学家在神学方面做了相当深入的研究，写下大量的著作，从而为此项研究的继续展开奠定了雄厚的理论基础。可以说通过百多年来的不懈努力，求得不死之

药的日子已经指日可待,在此背景下,如果国家能够继续探索下去,则很可能会在短期内取得重大突破。一旦成功,不仅可以彻底解决长期以来一直困扰人们的死亡问题,使人获得永生,而且可以打通与天地神界的隔阂,实现与天地神界便捷、及时的沟通。另外还可以进一步推动相关领域的研究,更好地服务于皇帝。所以这个课题的现实意义极其重大。

2. 研究的主要内容、基本思路和方法、重点、难点。

主要内容:

(1)赴三座神山探访仙人并向其求仙药。

(2)寻找那些已经通过修炼成仙的人们。

(3)利用天地精华炼制不死之药。

基本思路和方法:

(1)以英明、神圣、伟大、永远正确的皇帝陛下的指示为指导思想,努力做好每一项工作。

(2)充分借鉴近今阴阳界专家学者的研究成果。阴阳界自战国中期以来,在求仙方面取得了相当大的成绩,对此要予以充分借鉴和吸收。

(3)发挥皇朝制度的优越性,在国家的强力支持下,以阴阳学家为主,同时广泛招揽其他学科的专家学者参与进来,形成多学科交叉联合攻关的态势。因为此项工程要用到大海船,需要船舶学家;出海要选气象条件适宜的日子,需要气象学家;炼制仙药要用矿石,需要化学家;查找史上的资料,需要历史学家;长期航行海上,可能会对出行人员的心理造成消极影响,需要心理学家。

(4)为了提高效率,专家组成员要加强分工合作,每一个专家只能从事一种求仙活动,而不能同时从事多种求仙活动,严禁一心二用。

重点:

以赴三神山求仙为主,寻找那些已经修炼成仙的人们和炼制不死之药为辅。原因在于三神山的方位已经被确定,并且离海岸不远,所以相对比较容易,同时上面既有仙人又有神药,如果能到达神山,即可一举两得。

难点：

（1）如何摆脱海上巨鱼及巨浪对大船的威胁。

（2）如何选择最佳时机，在神山沉入水下之前踏上神山。

（3）如何得知那些行踪无定的成仙的人们的居处。

3. 项目负责人基本情况：

总负责人：徐巿（虽然名义上由徐巿负责，但由于此工程甚大且头绪繁多，又兼徐巿常行于海上，故而在实际上一直由始皇居中指挥）。

各分课题组负责人：

神山组：徐巿，一名福，齐地人，资深方士，具有丰富的航海经验。

求仙人组：卢生，名敖，燕人，也有人说他是齐人，博士，资深方士，在寻找成仙者方面有特长。

求仙药组：侯生，韩人，资深方士，有助手韩终、石生。

炼药组：阙。

4. 科研成果形式：

（1）求来长生不死之药；

（2）找到成仙的人；

（3）炼成不死之药。

5. 预期时间：很快。

6. 科研经费：很少。

通过以上对秦朝方士所作所为的程序化梳理，可以发现当时人们所从事的这项活动所经历的步骤，其实与今天打着科研旗号从事的活动并无甚大的差别，因此此项目即使是放在今天，亦完全符合一个科研课题的必备条件。

所以始皇在当时大搞求仙闹剧真是一点也不奇怪。当然方士们的求仙闹剧，在今天看来彻头彻尾就是一个闹剧，除了劳民伤财之外毫无任何意义，然而在当时背景下这实际上就是一项科研活动。方士群体甚至可以称为那个时代的科学家，因为时人对鬼神之说是深信不疑的，同时大海上又经常出现海市蜃楼现象，而时人却无法对此给予合理的解释，不免将其纳入神异体系之中。且在大海的远处确实有岛屿诸如台湾岛、琉球群岛，以及日本列岛等的存在，故不能排除沿海渔民因种种原因偶尔漂到那里的可能性。总此诸点，在当时的方士之中，可能会有一些滥竽充数的南郭先生，但相信有许多方士对于神仙及不死之药之说是深信不疑的。然而由于大海烟波浩渺，以一己之力实难到达神山，故希望借国家之力来实现自己的愿望，如今终于得偿所愿，大多数方士一定会全力以赴的。

这个项目一旦成功，不仅始皇是直接受益人，也可以为世人带来永生的福音，因为纵使国家不资助，但只要知道了去仙山的路径，富者即可做艘大船破浪而行，贫者亦可划个小舢板什么的去碰碰运气，所以说这又是一个惠及万民、意义重大的项目，其重大的程度丝毫不亚于今天国家的任何科研课题。且由于关系到始皇的切身利益，所以他对这个项目的支持程度也远远超过当今国家对任何重大科研项目的支持。因为今天无论再大的项目，国家拨款也总要有个数字，秦朝方士的求仙科研项目即使没有一文钱的预算，但始皇却不惜成本和代价希望该项目能成功，只要能够获得不死之药，就是把国家的财力耗尽他也在所不惜。

四、无法结项的尴尬

检讨史籍可见始皇的求仙活动始于始皇二十八年（前219年），当年始皇派徐市入海求仙人，嗣后又根据他的请求给予他童男童女3 000人，五谷种子及百工等，让他带着乘船出海寻仙，由此拉开了寻仙的大幕。三十一年（前216年）世间又盛传百姓茅盈之曾祖父茅蒙在此年九月庚子这天，于华山之中乘云驾龙白日升天。在此之前，他的家乡就流传着一个歌谣云："神仙得者茅初成，驾龙上升入泰清，时下玄洲戏赤城，继世而往在我盈，帝若学之腊嘉平。"[1]

这个歌谣传到始皇那里，始皇就问缘故，于是当地的百姓告诉始皇说这是仙人之谣，并劝他寻求长生不老之术，始皇欣然应允，遂下令将每年十二月举行的腊祭改称"嘉平"，以应歌谣之讴。并赏赐百姓每里6石米，羊2只，以示庆贺。三十二年（前215年）来到碣石，又派燕

---

[1] 司马迁：《史记》卷六《秦始皇本纪》，第251页。

地的方士卢生去寻找仙人羡门、高誓，派韩终、侯公、石生率童男童女去寻求仙人不死之药。

应该说从始皇二十八年（前219年）到三十二年（前215年），方士们可以说是一门心思从事着在海上寻求仙人和不死之药的科研活动，然而今天我们知道世间实际上并没有什么神山、仙人和不死之药，他们如何找得到，因此这个项目必然面临无法"结项"的尴尬。等他们的希望落空时，他们把国家的人力物力已耗费到招致天下怨恨的地步，不免担心受到惩罚，于是便开始找借口，推脱责任，方士们就是在这样一种被动的情况下，参与到秦的政治生活之中，从而对秦的政治产生了重大影响。

方士们推脱责任的聒噪见于史册的大概有四次。第一次是始皇三十二年（前215年）卢生以谶言"亡秦者胡也"来搪塞始皇。第二次是三十五年（前212年），卢生说方士们之所以求不到灵芝、奇药、仙人，实在是有妨碍之处。因为从方术的角度看，始皇应该隐藏自己的行踪，以避开恶鬼，只有做到了这一点，那种入水不濡，入火不溺，能够腾云驾雾，寿与天齐的"真人"才会来到。始皇如今因为治理天下，这方面做得很不够。因此希望始皇所居住的地方不要让外人知道，不死之药或许可以得到。第三次也是三十五年（前212年），侯生和卢生抨击始皇，说他刚愎自用、骄傲自大、残暴严酷、独断专行、贪于权势，像这样的人，不可以为他寻求长生不老的仙药。第四次是三十七年（前210年），徐巿说蓬莱神山的不死之药本来是可以得到的，但由于经常受到海中的大鲛鱼的骚扰，因此到不了神山。

这四次言论，除了第三次是因为侯生、卢生眼看着骗局要露馅，在合谋逃亡前，为给自己找台阶下，在人们面前诽谤始皇，结果招致始皇的恼怒而坑杀460余名诸生外，另外三次建议性言论，都为始皇所接受。如听卢生说"亡秦者胡也"后，始皇立马便使将军蒙恬发兵30万北击胡人，掠取河南地。听卢生说微行方可以见"真人"，他马上说自己仰慕真人，此后自称"真人"，不再称"朕"，并下令把咸阳旁200里内宫观的270个复道、甬道相连，然后把帷帐、钟鼓和美人都按照顺序安置在里边，不得移动，当他临幸某个地方时，有敢对外人讲他的去处的,即处以死刑。听徐市说海中有大鲛鱼影响去蓬莱仙山后,他令入海的人携带捕大鱼的渔具抓捕大鲛鱼,并亲自带着连弩射大鲛鱼。从以上情况可以看出,始皇对方士可谓言听计从。

就此四次言论而论,除第四次可以忽略不计外,其他三次对秦的统治影响甚大。当然也不能一概而论。如后世往往认为卢生的"亡秦者胡也"之谶言,是导致秦北击匈奴并大修长城的主要原因。从前面的分析可知,这实际上是个似是而非的结论。始皇北击匈奴之举,实乃秦朝的基本国策,卢生之谶言只不过是提前了攻击匈奴的日期而已。真正给秦的统治带来重大影响的是第二、第三次言论。

第二次言论带来的消极影响主要有二:其一,由于他居无定所,神出鬼没,严禁人们知晓他的行踪,一旦他遇到外来的袭击或受到身边有野心的人的算计时,他就很难得到有效的保护。从后来事态的发展看,虽然他活着的时候没出现什么问题,然而他一死,赵高等就利用这一禁令,封锁了消息。其二,使秦的集体议政传统最终被取消。秦自春秋以来,国家每遇到重大问题,大都要召集臣下集体商议处置之方。如春秋时秦穆公在韩之战中俘获晋惠公后,在如何处置晋惠公的问题上犹豫不决,于是便把大夫们召集在一起共谋良策。战国中期,商鞅与甘龙、杜挚议变法于秦孝公面前。后司马错与张仪亦因政见不同,争论于秦惠王之前。始皇时期也曾多次就重大问题咨询群臣,如议禅继、议帝号、议分封、议封禅望祭山川、议刻石颂秦德等都是纠合群臣而议的。实行集体议政制度,可以通过集思广益,起到减少决策失误、保证政令畅通的作用,这对于皇朝统治非常重要。然而如今始皇听从方士的劝告,基本上断绝了与大臣们的往来,这在事实上就等于取消了集体议政制度,始皇遂以一人之独智拨动整个帝国的动转,所谓"博士虽七十人,特备员弗用。丞相诸大臣皆受成事,倚辨于上"[①]。则帝国处境之凶险也就可想而知了。

第三次言论造成的消极影响主要也有二:其一,导致知识阶层背叛秦朝。始皇此前曾烧过读书人的书,本就使人非常不满,如今又大

[①] 司马迁:《史记》卷六《秦始皇本纪》,第258页。

杀才学之士,消息传出,遂使知识阶层对这个皇朝彻底丧失了信心。如秦时孔子之后代孔鲋被时人称为"书籍之主",然而后来陈胜起事后,竟去投奔了陈胜。后来的读书人一提及此事便扼腕叹息,说看看始皇有多坏,他竟逼得圣人之后与贼人为伍。其二,使公子扶苏被赶出朝廷,从而严重影响了秦朝的政治走向。当始皇要坑杀诸生以立威之时,其长子扶苏担心此举会引起天下震动,就劝始皇说:"天下刚刚平定,远方的百姓还没有真正归附。朝廷正需广施恩惠,收揽民心。就这些诸生而言,他都诵读诗书,效法孔子,所习为当世之显学,在社会上有着极大的影响,现在皇上一律用重法惩治他们,我担心天下会因此而变得不安定,希望皇上明察。"而始皇见扶苏公然批评自己的圣断,盛怒之下,不仅没有接受扶苏的谏言,还把扶苏赶到北方上郡去监督蒙恬的军队。此举后来成为始皇出巡的诱因,并对秦朝统治产生重大影响。

第七章

荆轲刺秦：不是一个人在战斗

第八章

第八章 荆轲刺秦：不是一个人在战斗

在经历了长期的准备之后，秦国终于开始了吞灭六国的行动，始皇十七年（前230年），韩王安被擒，十九年（前228年）俘赵王迁于东阳，遂屯兵中山，逼近燕国。燕太子丹遂欲使人赴秦刺杀秦王嬴政，一来是因为担心燕国被灭，秦国势必取燕。二来他也恨嬴政看不起他，不把他当朋友看。

原来当年嬴政随父母在赵国为人质时，燕太子丹也在赵国做人质，太子丹与嬴政相处得相当好。后来嬴政做了秦王，燕国派太子丹去秦国做人质，太子丹想着嬴政和自己曾是朋友，去秦国后一定会受到热情款待。哪知嬴政对他相当冷淡。这不免被心高气傲的太子丹视为奇耻大辱，于是他偷偷地从秦国逃回燕国，发誓要杀掉嬴政以平此愤。

要说他自认是嬴政的朋友，说明他对嬴政还是不怎么了解。嬴政在少年时期曾和他在一起玩过不假，但这段时期也可说是嬴政一生中最为尴尬的时期，有很多的愤慨和耻辱淤积于心中。嬴政生于秦昭王四十八年（前259年）正月，此时秦赵长平之战刚刚结束，在这次战争中，赵国40余万降秦的战士被坑杀，加上两军交锋期间死亡的人数，赵军此役共死亡45万人。

就这秦仍不肯罢手，四十八年（前259年）十月，秦军分为三支。一支由王龁率领攻占了赵国的武安、皮牢。另一支由司马梗率领，攻下太原，完全拥有了韩国的上党郡。一支由五大夫王陵率领攻打赵国的邯郸。四十九年（前258年）由王龁取代王陵围攻邯郸，此役一直持续到五十年（前257年）十二月，赵国方才在魏国及楚国援军的帮助下打败秦军解除邯郸之围。五十一年（前256年），秦军再次攻打赵国，取其二十余县，斩杀及俘虏赵人9万。秦的连年攻伐大肆屠杀，使赵人对秦恨之入骨，不免迁怒于为质于赵的嬴政一家。秦昭王五十年（前257年）时，赵人曾愤而欲处死子楚，子楚在慌乱之下，撇下嬴政母子，和吕不韦一起设法仓皇逃出了邯郸。赵人找不到子楚，就想去杀嬴政母子，幸亏嬴政的外公家想办法把两人藏匿了起来，方才使两人躲过了此劫。此后数年，嬴政一直和母亲寄居于赵国的外公家。尽管嬴政的外公家在赵国属豪富之家，但由于与秦有姻亲关系，且嬴政母子就躲在自己家中，有短处被人捏在手中，因此一直在赵国抬不起头来，饱受一些豪门的欺压。

嬴政小小年纪便受尽了寄人篱下、朝不保夕的生活的折磨。由于备受赵人的歧视，嬴政在邯郸连个知心的玩伴都找不到，所幸燕太子丹也在赵国为质，常来找他玩，才使他的生活多了些微的亮色。

这种噩梦般的生活直到秦昭王五十六年（前251年）嬴政九岁时方才结束，当年秦昭王去世，安国君被立为秦王，子楚被立为太子。在这种情况下，赵国才迫于秦国强大的压力将嬴政母子送回秦国，直到这时，嬴政才真正过上安稳富贵的日子，而在赵国那段苦难的日子也成了他永远不愿触及的痛。故而在燕太子丹自以为是嬴政小时候的玩伴，到秦国为人质是去会老朋友时，殊不知始皇一看见他就勾起对那段不堪回首的往事的回忆，而太子丹是最熟悉他这段隐私的人，嬴政能喜欢他？他也是没想通其中的道理，所以气得要死，他要是想通了其中的玄机，应该就不会那么生气了吧。对始皇而言，赵国那段耻辱经历确实是刻骨铭心的，这从他在赵国刚一被灭，就匆匆赶赴邯郸，将原来的母家仇人悉数坑杀亦可看出来。

在这样的背景下荆轲登上了历史的舞台。始皇二十年（前227年），荆轲带着樊於期的首级、燕国督亢地区的地图和藏于地图之下的淬过剧毒的天下最为锋利的匕首来到了秦国。樊於期本是秦将，因得罪了嬴政而逃亡至燕国，当时嬴政为了得到樊於期的首级，曾悬赏黄金千金、封邑万户，此可想见嬴政对樊於期怨恨之深。如今得偿所愿，嬴政自是高兴。督亢在今河北省与北京市西南交界地带，该地在战国时期不仅是燕国的膏腴之地，还是燕国国都蓟的西南屏障，地理位置极其重要，现在秦国不费一兵一卒就可以将其收入囊中，更令嬴政心花怒放。于是嬴政穿上了礼服，安排了外交上极为隆重的九宾仪式，在咸阳宫召见荆轲一行。因准备充分，又勇敢刚毅，荆轲终于一步步走近了高高在上的秦王嬴政，遂得以图穷匕见，近身搏击，惜乎嬴政竟奋力逃脱，以至于功败垂成。眼见大势已去，死亡在即，荆轲倚柱大笑，箕踞大骂道："事情之所以没能成功，是因为我想劫持他，迫使他签订下不攻打燕国的契约来报答太子啊。"

第八章 荆轲刺秦：不是一个人在战斗

荆轲打算逼嬴政与其订下不攻打燕国的盟约的想法固然是好，但未免有点天真。历史发展到始皇二十年（前227年），东方诸国由强秦一统已成大势所趋，荆轲纵使迫使嬴政与其签订了协议，嬴政纵使能够遵守协议，也只不过将统一的时间稍稍朝后推迟一下而已，更何况战国之世是一个不讲道义诚信的时代，在实力不相等的情况下，任何契约都形同空文。从为历史负责的角度考虑，本人倒觉得他不如把嬴政杀死的好，因为从后来的言行看，他的长子扶苏颇有守成之才，若嬴政被刺杀，按秦之传统，则长子扶苏必然继位，扶苏当时纵使年龄幼小，但假以时日，必会在统一六合之后，开创一个伟大的盛世，那样也就不必让英雄们以四海为洪炉，以黎庶为药石，费了九牛二虎之力方才熔铸出一个强盛的汉朝了。当然这也是瞎想，不过荆轲以渺小之身搏击万乘之君于朝堂之上，也确实是一个了不起的人物。

我们今天生活的社会也常常涌现出各种各样的英雄人物，媒体在报道他们的时候，在肯定他们英雄壮举的同时，往往会深入分析他们平时的一言一行，从中阐幽发微，以见其今日的侠义之举绝非心血来潮。这些报道虽常有牵强附会之处，而遭世人诟病，然履霜坚冰，确实是其来有渐。人们的行为固然有非理性之处，但在大多数情况下都是受着理性思维支配的，荆轲之刺秦即是如此。

史书讲荆轲喜欢读书、击剑，且在他游历天下的过程中，所结交的也皆为侠义之人，有趣的是荆轲虽以侠士自名，有许多人却并不买他的账。如他曾游至榆次，与当地的侠士盖聂论剑，不想盖聂对他却是怒目而视，荆轲见状，起身走了。他走后没多久，盖聂又派人去找他，然而等使者来到他的住处时，他已经离开榆次了。以至于盖聂嘲笑他说："他肯定是要走的，我以前曾经用严厉的目光慑服过他。"荆轲游邯郸时与鲁句践玩博戏，其间发生争执，遭到了鲁句践的怒斥，荆轲因而逃去。似乎到了燕国的国都蓟后荆轲才得到了侠义界的认可，在那里他与燕的一个屠狗者和一个善于击筑的名叫高渐离的人关系甚好。几个人经常聚饮于燕国都之闹市，至酒酣处，高渐离击筑，荆轲作歌，以相应和，或狂笑或痛哭，端地是旁若无人。同时燕国著名的处士田光也很欣赏他。很显然，一直以来，荆轲就是一个慷慨任侠之士。

然而一个疑团解开后，另一个疑团马上接踵而至。从荆轲的交游看，其所过之处，无不有知名当世的豪侠之士，显见在当时存在着一个侠士的群体，并且在社会上非常活跃。那么问题就出来了，为什么在当时会出现这样一个群体？抑或说这个群体存在于战国之世有其合理性么？

要想弄清这个问题，有必要先对"侠"字做一探讨。《说文》云"侠"为"俜也。"关于"俜"，清人段玉裁注称关中三辅地区称"轻财者为甹"，且"俜甹音义皆同"。关于"财"，《说文》云"财，人所宝也。"故"侠"当为见义勇为，轻视所爱之物，肯舍己助人的人。由于"任"与"侠"意相近，如《墨子》认为"任"是指人们不畏艰难险阻，不计个人得失，坚持不懈地完成所肩负的责任或事业。故"侠"往往又与"任"相连，有"任侠"之说。由于为侠者多通过游历四方结交豪杰以寻求自身发展，故又称豪爽好结交，轻生重义，勇于排难解纷的人为"游侠"。对于这种人产生的时代，东汉人荀悦认为是"生于末世"，现代史家吕思勉在其《秦汉史》中更明确指出是在春秋礼崩乐坏之际，所谓："盖当封建全盛，井田未坏之时，所谓士者，咸为其上所豢养，民则各安耕凿，故鲜浮游无食之人。及封建、井田之制稍坏，诸侯大夫，亡国败家相随属，又或淫侈不恤士，士遂流离失职，而民之有才智黠为士者顾益多。于是好文者为游士，尚武者为游侠。"①此论甚为准确。然荀悦又认为在战国末期尤其兴盛："周、秦之末尤甚焉。"②显见游侠的发展呈现出愈演愈烈之势。这正与前文之推测相符，即在战国时期的东方社会存在着一个侠士的群体。

然而揆诸常理，侠不当如此兴盛，因为侠是作为国家法制的对立物存在的，他们为了伸张所谓的正义，为了所谓的"私善"，例如为自己的兄弟朋友报仇，往往不惜违犯国家的法令，此即韩非子所说的"那些带剑的人，聚集徒众，树立名节和操守，以显扬名声，而触犯国家的法令"。又说："在他们方正忠贞的行为实现的同时，君主的法令也已遭到了触犯。"很显然，游侠的行为是与国家法令格格不入而应当禁

①吕思勉：《秦汉史》，新世界出版社2009年版，第310页。
②荀悦撰，张烈点校：《汉纪》卷十，中华书局2002年版，第158页。

止的。

然而这个群体却在战国极其兴盛。究其原因,乃在于虽然它具有相当强的危害性,但由于当时政治局势动荡不安,社会秩序混乱,纲纪不立,社会对游侠也有相当强的需求。在战国险恶的政治环境中,游侠的存在一者可解国之困厄,如荆轲之为燕太子丹刺秦王,朱亥之为信陵君击杀晋鄙而挥师救赵;再者可救贵族之难,如专诸之为公子光刺杀吴王僚,豫让之为智伯报仇而身死不悔;三者可解百姓之急,正如司马迁所言,象虞舜、伊尹、傅说、管仲、百里奚、孔子等所谓的有道仁人,还会遇到灾难,更不用说平常的人了,何况生活在极乱的乱世,他们所受到的伤害真可谓是不胜枚举,因而这些人更渴望有人能扶危济难,助己脱离困境。司马迁认为从当时的情况看,这样的侠士一定不在少数。

很显然,无论是国家、贵族还是普通民众,都对游侠有所求,故统治者不仅对有智谋的文士甚为看重,对常以武犯禁的游侠亦以礼待之,此即韩非子所说的"人主尊崇侠士的贞廉之行而忘记其犯禁之罪"。有的甚至非常尊崇,如信陵君亲自手持马缰为在大梁的东门做看门人的侯生驾车;燕太子丹迎接隐士田光时,倒退着走为其引路,跪下拂拭座位给其让坐,亦是极尽礼贤下士之能事;孟尝君招致天下的侠义之士,结果有6万余家来到了他的封邑,可谓盛况空前。而民间对侠义之士更是倍加推崇,韩非就指出:"当时不服从法令而为私人恩惠的人,世俗称之为忠诚;轻视法律,不避刑戮死亡之罪的人,世俗称之为勇夫。"由于社会普遍推崇侠义之举,尤其是统治者对游侠的尊礼,就使统治者在如何处置游侠时产生了矛盾,此即韩非所说:"法令所不容的人,却正是君主所需要的人;官吏所诛除的人,却正是长上所豢养的人。"由于中国历来是一个人治的国家,君主、长上之权往往大于法令的权威,这就常使国家的法令面对游侠形同虚设,因此侠风炽盛便是很自然的了。

由于游侠扶危济困的行为在一定程度上符合儒、墨对仁德和兼爱的弘扬,故此两学派也相当推崇仗义行侠之举。据说墨子属下有180人,在墨子的教导下,这些人都具备赴汤蹈火、死不旋踵的品质,足见培养之功力。儒家的漆雕氏之侠,遇事不会面露胆怯之色,做得不对则见到奴婢也要回避,做得正确则敢在诸侯面前发怒,当时的君主认为这是他举止方正的表现因而对他以礼相待。北官黝独立,重名,好勇,据说他在培养自己的勇气时,有人刺他的肌肤,他一动不动;有人刺他的眼睛,他的眼珠动都不动一下。在他看来即使是被人拔掉了哪怕一根毫毛,也好像在大庭广众之下受到杖击鞭打一样难以忍受。他既不忍受一般人的羞辱,也不忍受万乘之君的羞辱,视刺杀万乘之君如同刺杀一般人一样不当回事。而且他对诸侯也丝毫不畏惮,如果诸侯敢把恶名加在自己头上,那他则一定也把恶名加到诸侯的头上。由于儒家与墨家是战国时的两大显学,在社会上很有影响,因而他们推崇侠士之举,无疑会对当世的崇侠之风起到推波助澜的作用。

　　游侠的兴盛还受到一些地区尚武之风的鼓荡。如赵之代地、燕之上谷等地皆因地处边陲,与胡人相邻,经常受到侵扰,为了生存不得不提倡武勇,而形成任侠之风。如赵国代地的人民崇尚刚直、好使气弄性,争强好胜。据说晋国尚未分裂时统治者就已经对其桀骜不驯的民风感到头疼,而到赵武灵王时由于国家崇尚武功,更助长了这种风气,以至于当地习俗到西汉中期时仍带有浓厚的赵国遗风。燕国上谷的百姓是迅捷勇猛,行事鲁莽。赵国又由于是地处秦、齐、魏、燕、韩诸强之中,且地势平坦,险阻甚少,因而经常受到各国的侵扰,故危机感甚强,热衷于习武甚至成了该国的国风。中山地区由于土地贫瘠人口众多,该地的沙丘又是商朝晚期淫乱的中心地区,因而其淫风尚存,所以该地的居民性情急躁,靠投机取巧谋生,男子们经常白天纠合在一起抢劫杀人,晚上则干一些盗墓、制作赝品,以及私铸货币的活动,以谋取暴利。郑、卫等地地处赵、魏、鲁之间,故深受这些地区的影响,其风俗与赵国相似。齐地的百姓怯于聚众争斗,而勇于暗地伤人,所以该地颇多抢劫伤人者。楚地西部的民风剽悍轻捷,爱生气发怒。南部地区风俗则基本与西部地区一样。东部地区有的地方与齐地民俗相近,而吴地则由于吴王阖庐和楚国的春申君先后招致天下喜欢游荡的人士,因此该地也颇有尚武之风。

　　游侠之兴盛还与其放荡不羁的生活方式有关。游侠一般不事生业，其生活来源主要靠为之服务的一些有势力者来提供，不必如士、农、工、商等四民那样为生计而忙碌，因此他们有相当多的时间来享受生活，诸如斗鸡走犬、角抵博戏、左拥右抱、呼酒买醉、击筑酣歌等都是游侠的生活内容。而这种生活也正是许多游手好闲的人所喜好却为主流社会所抨击的，但由于社会普遍对游侠抱有好感，于是许多浪荡之人不免借行侠之名行奢侈享乐之实，如刘邦年轻时候就比较喜欢酒和女色。

总之由于以上诸种原因，再加上山东六国日渐衰落，统治松弛，不免助长了游侠的发展。到了战国晚期就达到了极致，各种各样的侠客遍及天下，而荆轲就是在这样的背景下走上历史的舞台的。

秦吞并六国后，在燕国捉拿那些追随太子丹和荆轲的游侠，然而由于这些人隐身到了东方庞大的尚武社会之中，结果一个也没抓到。不过，遭通缉的游侠虽逃得了性命，但随着大秦强势皇朝的建立，整个游侠群体却受到了沉重的打击。秦孝公时，商鞅因认为百姓用来谋取利益的门路有很多，但国家要想强盛，就应该使产生利益的门路归于一途，这样百姓如果不按这唯一的一条路走就不能使他的欲望得到满足，于是不得不集中到这里来追逐自己的利益。由于大家都做同一件事，就能把所有的力量都汇集到一起，而力量集中在一起就会使国家变得强大起来。于是对谈说之士、处士、勇士、技艺之士，以及商贾之士等进行一系列的限制，亦即关闭其牟取名利之门，只提倡能够富国强兵的耕战。在商鞅看来，由于名利出于土地和战争，则百姓就会尽力耕作，乐意打仗，并且即使是战死也不会后悔。

具体到包括游侠在内的游士来说，一方面对于他们的行为严加限制，他们出游都需要经过官府的许可，若没有官府的许可证明，百姓私自出游，是要受到惩罚的。如睡虎地秦简《游士律》称游士居留而无凭证，所在的县罚一甲；居留满一年的，应加责罚："游士在，亡符，居县赀一甲；卒岁，责之。"同时为避免富贵之家招揽游士，又加重对他们的税收："禄厚而税多，食口众者，败农者也。则以其食口之数，贱而重使之。则辟淫游惰之民无所于食。民无所于食则必农,农则草必垦矣。"①此外还禁止民间私斗。其结果是百姓勇于公战,而怯于私斗。通过这一系列的措施,遂使游侠失去了在关中存在的基础,因而虽然山东六国游侠风盛行,但是在关中地区,却甚少侠义之士,社会一直比较稳定。

  商鞅之后,其政策在秦一直保存了下来,并不断得到完善。始皇二十六年(前221年),随着"一法度"号令的推行,原来属于秦国的法律,推向了山东六国。山东游侠因之失去了在社会上活动的合法地位。于是那些原来仗剑游行四方的游侠只好四散回到了故里,如同蛰伏在洞穴之中冬眠的蛇一样静待时变。如刘邦初曾随张耳游,后来却做了亭长,只能在沛地做一无赖。韩信更是腰间挎了柄剑在街头来回转悠而出不了淮阴县。

  虽然游侠慑于法令暂时停止了活动,但由于游侠群体在东方有着深厚的文化背景,短期内秦统治者并不能将其彻底清除。事实上,东部地区那种重私义、轻公法的传统不仅没有被扑灭,反而深刻地影响了秦在关东地区的统治。如项伯曾杀人,而张良居然将他救了出来。再如刘邦后来逃入芒、砀之间为群盗,其间还公然回家探视,却安然无恙。究其原因,乃在于秦虽然在山东地区通过任命官吏,确立了自己的统治,但是大量的诸如吏掾、狱掾、亭长之类的具体办事的小官却仍需本地人担任,而这些人多是推崇豪侠以注重义气之人,如刘邦、萧何等,结果便形成了少数来自朝廷的代表国家利益的长吏与大量来自本土的以侠义相高的属官对立的局面,因而犯禁者逍遥法外就不可避免的了。

  不仅如此,这些以侠义为上的人还频出惊人之语。像韩信,穷得饭都没得吃,有一漂母见他可怜,管了他一阵儿饭,他不觉便把漂母引为知己,感激地说:"我一定会重重地报答您的。"显然若漂母肯听,他会有一番高论发表的。谁知那漂母听了,却怒气冲冲地说:"作为一个大丈夫却不能养活自己!我是可怜你才给你饭吃的,哪还会指望你报

---

① 《商君书·垦令》,《诸子集成》(第5册),第3页。

答!"其实不仅漂母不相信他能有啥出息,知道他的人都不看好他。在淮阴姓韩的就是一个笑料。原来他终日挎剑而行,淮阴屠户中有一个少年就看不惯说:"你虽然又高又大,好带刀挎剑的,实际上胆子却很小!"并当众侮辱韩信说:"你不怕死,就刺我一剑;怕死,就从我胯下钻过去。"韩信听了,就从他胯下爬了过去,满街的人为此都笑话韩信,认为他是个胆小鬼。

然而有些细节却被忽略了。却说韩信听了那人的话后,仔仔细细地打量了他一番,这才从容地俯下身,趴在地上,从他的胯下爬了过去。这份从容一般人是做不到的,只有胸襟开阔的人才知道小不忍则乱大谋的道理,苏轼不就说:"古之所谓豪杰之士者,必有过人之节。人情有所不能忍者,匹夫见辱,拔剑而起,挺身而斗,此不足为勇也。天下有大勇者,卒然临之而不惊,无故加之而不怒,此其所挟持者甚大,而其志甚远也。"①然而他是一个有远大抱负的人吗? 他没说,倒不是他不想说,实在是没有听众。

阳城人陈胜有听众,就说了。那时他正给人帮工种地,正耕作着,突然就生起气来,索性放下农具走到田垄上又是诉说又是叹息地折腾了好久,然后对同伴说:"以后如果谁富贵了,不要把大家忘了。"但同伴也不肯给他倾情表达的机会,同伴们笑道:"你不过是个种地的,哪来的富贵?"陈胜便说不下去了,只好叹息:"唉,燕雀怎么会知道鸿鹄的志向呢!"陈胜的远大志向后来一直憋到要闹事了才说出来。

倒是英布、刘邦和项羽干脆,一句话便了事,叫人想不听都不行。英布因犯法,被处以黥刑,他却高兴地说:"有人给我看过相,说我当在受刑之后做王,大概就是这种情形吧?"刘邦是有次去咸阳服役时,有幸目睹了始皇出行的壮观场面,于是大发感慨:"唉,大丈夫就应该是这个样子!"无独有偶,始皇南巡会稽,渡江时,项羽去看热闹,居然说了句:"这个人可以取而代之!"

这种话要是说在后世,只能是大逆不道之语中最为平常的话,发展到后来不是就有什么"皇帝轮流做,明年到我家"的日常琐语吗。然

---

① 苏轼著,孔凡礼点校:《苏轼文集》卷四《留侯论》,中华书局1986年版,第103页。

而在秦汉之际说这样的话，却绝对给人以石破天惊之感。因为这种话在当时近乎首创，先秦人是绝对说不来的。翻检史籍，先秦的普通人不仅平时不对王位想入非非，就是生气时也只发发牢骚而已，并且还不直接说，如《诗经·小雅·节南山》称苍天不公平仁慈："昊天不佣，降此鞠讻；昊天不惠，降此大戾！"《诗经·小雅·雨无正》叹息苍天不广大它的恩惠："浩浩昊天，不骏其德。"恨极了也不过是说要与自己的王同归于尽，像夏桀残暴，他的人民也从没想到推翻他，而是诅咒他说："这个太阳什么时间消亡？我宁愿与他一起死去。"纣王无道，其人民也不过是诅咒他死："上天为什么不降下灵威？大命为什么还不来到。"周厉王时虽有国人暴动，赶走了厉王，但大家接着也都散了，没见有闹事的人去做周天子。不仅天子地位普通人绝不觊觎，就是诸侯国君的位置，史策上也不见有普通人放言取代。

　　事实上，平民赶走国君或杀掉国君的例子层出不穷，然而也从没有一个普通人取而代之的。可是一进入秦朝，情况立马变了，原来在历史上默默无闻的百姓要干大事了，有的甚至要当皇帝了！

　　要知道秦为了做这个皇帝，自孝公起历惠文王、武王、昭王、孝文王、庄襄王、始皇帝等七个君主，一百四十余年，杀了六国150多万男子，方才取得成功。那是极不容易的！可是现在居然有一些近乎手无寸铁的人直接向皇帝叫阵，要取而代之！难道这些人疯了吗？

　　这些人没疯，他们很正常。

　　之所以出现这种情况，是因为他们生在一个激荡人心的时代，天子与庶民对垒的局面乃是春秋战国以来社会大变革的一个合乎逻辑的结果，他们是得风气之先者。检讨历史，可以发现在春秋以前，庶民们是生活在一个宗法社会之中，他们与最高统治者王或天子之间隔着诸侯、卿大夫和士等级别，而其间不用说天子，就是士或卿大夫的地位，对他们来说都是遥不可及的。因为这种等级秩序是以血缘关系为前提形成的，作为庶民，因与贵族血缘关系淡漠或根本就不存在血缘关系，他们如何能进入这个体系？由于先天不足，所以这种事情想也不会想。

　　同时庶民虽然人数众多，然而却分属于不同的贵族，而每一个贵族在如何统治小民上,制度各不相同,这就使庶民虽阶级属性相同,但却因缺乏共同的利益关联,彼此之间不免相当隔膜。故而从整体上看,数量庞大,但从个体而言,则孤独感相当强烈。所以纵是有这种想法也没有用处。

进入春秋时期,随着统治阶级内部纷争愈演愈烈,情况开始发生了变化。当时的基本情况是前期诸侯造天子的反,中期大国争霸,此后又出现了卿大夫与诸侯的斗争及卿大夫之间的斗争。就统治阶级而言,他们纷争的目的不过是为了争权夺利,然而在客观上却在日渐瓦解着他们赖以生存的等级秩序。因为就下一级制度上的贵族而言,他们只有铲除上一级的等级制度,才能为自己获得广阔的发展机会,而此贵族阶层要想取得成功,就必须取得下一阶层的支持。结果新贵得势的同时,其下面的阶层又获得了权力,斗争于是在新的层面上再次展开。如此往复循环,结果到战国时因兼并了大量的诸侯国,消灭了大批的宗法贵族,存在于诸国的宗法制度便不可避免地瓦解了。此时大批的民众已挣脱宗法采邑制的束缚,生活在了郡县制之下。

在此背景下,尚贤受到了学者的普遍推崇。其中墨家更是提出了匹夫天子之说,此说为儒家所发展,形成了完整的尧舜禹禅让的匹夫天子说。墨子认为任用贤士是为政之本,如果有没贤士,国家有危难就无人献策效力,国家就会灭亡。桀纣的灭亡、汤武的兴起,从正反两方面说明了尚贤对一国的重要性。对君主来说,没有比用贤更为紧迫的事情了。因此他极力反对传统的任人唯亲的宗法血缘用人制度,主张扩大选任范围,不分亲疏贵贱,任人唯贤。主张选贤任能,包括天子也是选举产生:"选天下之贤可者,立以为天子。"[1]并认为舜就是出身自平民而为天子者。在墨子眼中,舜就是一个农夫、陶工、渔人,被尧选中后,将天子之位传给了他:"古者舜耕历山,陶河濒,渔雷泽。尧得之服泽之阳,举以为天子,与接天下之政,治天下之民。"[2]儒家认为禹也是以平民身份做的天子,如孟子称:"昔者舜荐禹于天,十有七年,舜

---

[1] 孙诒让:《墨子间诂》卷三《尚同上》,《诸子集成(4)》,第34页。
[2] 孙诒让:《墨子间诂》卷二《尚贤中》,《诸子集成(4)》,第34页。

崩……匹夫而有天下者,德必若舜禹,而又有天子荐之者。"①由于儒墨为当世显学,因而其主张不免在社会上广泛传播。

在此过程中,宗法的残余势力,继续受到由士与君主结成的同盟的打击。当时由于宗法贵族的势力依然强大,因而出身低贱以才智见知于诸侯的士,往往与宗法贵族产生激烈冲突,因为宗法贵族要求国君用人以亲亲为标准,而士则要求以贤贤为标准。就国君而言,大多主观上比较倾向于任用自己的亲族做助手的,然而当时各国内部权贵间及列国间你死我活的斗争,又使他们为维护统治,不得不重用贤才,于是士便在维护国家统治这个前提下,与君主结成了联盟,开始不遗余力地打击起宗法贵族来。持续战国首尾的变法运动从某种角度看,实际上就是此同盟与宗法贵族斗争的运动,然而由于山东六国宗法势力过于强大,结果都不了了之。唯有秦国虽然也出现过短暂的反复,然而此联盟却基本上维持下去,二者以秦民为基本依靠力量,不仅在秦国取得了对宗法贵族的胜利,并且铲除了山东六国的宗法体制,从而彻底实现了士阶层的伟大理想。因而秦立国后,当博士淳于越攻击郡县制,要求实行分封制时,便遭到了士的代表人物李斯的强烈反对,于是秦最终实行了郡县制。

对始皇而言,废除等级制度,实行郡县制,法令一统,这是自上古以来未尝有的事情,值得他骄傲。而对那些长期生活在等级社会中的民众来说,自三代以来,他们这是第一次摆脱了宗法制度的束缚而作为一个真正的整体鲜活地存在,他们写同样的字,乘同样的车,用同样的度量衡,出同样的赋税,服同样的役,甚至受同样的刑,他们还有一个共同的名字叫"黔首"。这是有史以来的一个极其平等的时代,原来那套以束缚人灵魂为目的宗法思想、礼乐文化被整个帝国所抛弃,历史于是进入了一个可以让人大胆想象、激动人心的时代。

最先感受到这一时代特点的不是统治阶层,不是农民,不是商人,而是那些游离于主流社会之外的分属于不同阶层的游侠——不治生业的无赖、无业可作的流浪汉、触禁犯法的罪犯和怀念故国的逃亡贵

---

① 焦循著:《孟子正义》卷九《万章上》,《诸子集成》(第1册),第382~383页。

族,是那些近乎一无所有然而却试图在新的时代拥有一切的人,是那些非主流群体中的思想家,他们是来自战国蛰伏于草莽的英雄。因此当这个大时代到来时,一统天下的始皇固然陶醉不已,这些侠士们又何尝不是欣喜若狂,而所有这一切都是拜那个自称始皇帝的人所赐!他们抬头仰望,只见他高高在上,他说他是有史以来最伟大的人,他是人又是神,他是真人,更是仙真人。他说他的帝国是得了五德中的水德应运而生,是上帝的选民,是神圣不可侵犯的。但草莽英雄们看他家族的发家史,他自己的发迹史,就不肯认同,他不就是靠武力征服了一切吗!因而始终觉得他不过是个人而已。大秦帝国子民最可爱的一点是从不以始皇的是非为是非,他认为自己要成为仙真人,可老百姓偏说他要死;他说他的事业要传之万世,老百姓偏说他一死他的国家就分裂了。据说这人还是吕不韦的私生子呢。于是始皇成了刘邦的偶像,刘邦说大丈夫就应该像始皇这样,俨然要与始皇比肩而立;项羽更是发誓要取而代之。

然而这未免也太荒唐,刘邦不过是一个小亭长,项羽不过是一个流亡贵族子弟,陈胜不过是一个佣工,韩信不过是一个流浪汉,英布不过是一个刑徒,他们既无权又无势,既不富又不贵,用汉武帝时徐乐的话说是"没有王侯之尊,尺土之地;不是王公大人等名族的后代,在社会上没有一点名声;没有像孔子、墨子和曾子那样的贤德;没有像陶朱公和猗顿这种人的财富"。可以说是什么也没有,他们凭什么实现自己的人生理想?凭什么取代始皇?

其实这种推理是儒生的路数,儒生推来推去,就逆来顺受了。但侠士们从不这样想,他们只是说我提了命去拼!陈胜说:"壮士不死则已,死就要死得惊天动地,那些王侯将相,难道是天生的贵种吗!"就这么简单。儒墨希望通过禅让的方式,将平民中的圣人推上天子之位,而草莽英雄却要用暴力手段直接将天子拉下马。应该说是时代解放了人们的思想,开启了人们的智慧。

当时运未至之时,这些游侠,这些大秦帝国的边缘人或徘徊于淮阴,或游荡于吴中,或蛰伏于丰沛,或怅恨于陈地,或浪迹于江上;吃蹭饭、喝闲酒、调戏女人、打架、杀人、抢劫,干着一些为主流社会所厌恶的事情，其间时不时叹息两句，那话语听起来如梦魇、似痴语，于是陈胜、英布同遭人们嘲笑，萧何对人说刘季这人爱说大话，项羽则被他叔父项梁捂住了嘴。却不知这正是来自社会底层的颤音，这是一个动荡的时代。

　　汉文帝时贾谊说："秦并海内，百姓们希望得以过上安定的生活，因此没有不对其充满拥戴之情的。"汉武帝时严安也说："秦始皇并吞六国，使广大的黎民百姓得以从战国的征战中摆脱出来，每个人都以为重新获得了新生，对新王朝充满了感恩之情。"现在看来这话说得过于绝对了。就侠士们而论，是唯恐天下不乱的。

第八章
兼併諸侯不是一個人在戰鬥
是文化毀掉了秦朝

第九章

第九章 是文化毁掉了秦朝

对于秦朝的暴政,汉人认为主要是其统治思想中缺乏仁义造成的。如陆贾就曾不客气地对刘邦说秦一直任用刑法,最终招致了灭亡,如果秦在吞并天下后,推行仁政,效法古圣先王,刘邦是无论如何也得不到天下的。贾谊也认为秦是亡在不用儒术,当秦并吞天下,由攻势变为守势后,形势已发生了变化,正需施行仁义,然而秦却没有实行,结果亡了国。

确实,如果秦能实行仁政,那么即使出现了所谓的南北拓边、刑法苛暴、大肆求仙、横征暴敛等种种暴政,统治者也可能在仁政思想的指导下,进行必要的纠偏。汉武帝时就是如此,当时汉武帝由于穷兵黩武,结果导致用度严重不足,于是搜括之法大起。诸如榷酒沽、管盐铁、铸白金、算舟船、租及六畜,致使天下骚动。武帝于是又密织法网,亲信法术之士,强化暴力统治。因此到其统治后期,社会矛盾已相当尖锐,百姓不堪重负,多次掀起暴动,俨然又要重蹈秦之覆辙。然而由于武帝定儒术于一尊,给变革留有一定余地,使得臣下得以以儒家的仁政思想为依据,在危急关头,反复进谏,武帝亦能下罪己之诏,主动承认错误,由之皇朝遂转危为安。

如果秦朝能把仁政思想纳入统治思路,它的政策肯定不会如此暴虐,即便是出现一些比较过头的政策,也很有可能在仁政思想指导下予以纠正,从而把皇朝引向坦途。可见汉儒的批评不为无理。所以说如果要用一句话来总结秦朝灭亡的原因,本人要说是文化上的重大缺陷导致了秦朝的毁灭。但同时本人也想说,我们不能因此假设,即秦朝若是采用儒家思想就好了。检讨历史可以发现,尽管儒家为战国的一大显学,但秦无论如何是不会以它为统治思想的。

应该说秦的统治思想中缺乏儒家思想,大儒荀子早在秦昭王时就已把它作为秦的短处给指出来了。不过在当时的许多精英人士看来,这恰是秦之所长。当时的儒者开口即道尧舜,倡导以仁义治国,故而在战国常被勇于进取的人认为是保守政治,即"文德"政治的代表而大加挞伐,如《商君书·去强》断言国家如果有礼、乐、诗、书、善、修、孝、悌、廉、辩等,那么国君就没有能力驱使百姓去打仗,国家因此必将日渐消亡。反之如果没有这十种东西,国君就能驱使百姓去打仗,国家必将兴旺发达而最终取得像夏禹、商汤、周武王等三王那样的成就："国有礼、有乐、有《诗》、有《书》、有善、有修、有孝、有弟、有廉、有辩。国有十者,上无使战,必削至亡;国无十者,上有使战,必兴至王。"苏秦抨击"文德"政治,认为正是因为"文德"政治,导致了"战攻不息"、"天下不治"、"天下不亲",主张抛弃无用的"文德"政治而用功利性的实用政治,亦即废文任武,厚养死士,加强战备,在战场上决定敌我双方的胜负,这样才可能建立大的功业。①《庄子·天运》中借抨击孔子以批驳儒术,称孔子的仁义主张就像先王祭祀时所摆设的"刍狗",是一种看似有用实际无用的东西。韩非子认为"文德"政治迂远曲折,是不可以用来治理国家的,断言儒者常常以文扰乱国家的法令,因而称儒家为五蠹之一。认为有贤明君主的国家没有书简之文,而是用法令来教导百姓。韩非子又从理论上对此进行了论证,他指出"文"不过是对"质"的一种文饰,纯属无用之物,只要本质是至美的,例如像和氏之璧、隋侯之珠等就根本用不着去纹饰。需要纹饰的质是有缺陷的,并且也是有害的:"和氏之璧,不饰以五采,隋侯之珠,不饰以银黄,其质至美,物不足以饰之。夫物之待饰而后行者,其质不美也。"②因此说礼对忠实诚信而言是虚假刻薄的,并且是召乱的祸首。《吕氏春秋》也认为战国之世是一个实用之学大行其道的时代,所谓"当今之世,巧谋并行,诈术递用,攻战不休"③。

其实不仅战国时儒学备遭学者诟病,还是在儒学创立之初,许多人就不看好它。如老子就对孔子说你所讲的,其人与其骨都已腐朽了,只有他的话还存在罢了:"子所言者,其人与骨皆已朽矣,独其言在耳。"④很显然认为孔子以古圣先王为鹄的,陈义过高,不切于用。春秋时期鲁国一个看守城门的人在谈到孔子时也说:"是知其不可而为之者。"⑤

春秋战国是一个学术相对自由的时代,各种学派间充满了辩论与

---

① 刘向集录:《战国策》卷三《苏秦始将连横》,第 81 页。
② 陈其猷校注:《韩非子集释》卷六《解老》,第 334～335 页。
③ 王利器:《吕氏春秋注疏》卷三《先己》,第 325 页。
④ 司马迁:《史记》卷六十三《老子列传》,第 2140 页。
⑤ 杨树达:《论语疏证》卷十四《宪问》,第 366 页。

第九章 是文化毁掉了秦朝

争鸣,并且往往借抨击他人而彰显自己的学术。儒学作为当世显学,不免成为众矢之的,而对于其他学术,儒者也常常反唇相讥。如孟子就认为杨朱宣扬为我,提出拔一毛而利天下而不为,因而是目无君主;墨子主张无差别的爱,视自己的亲人如路人,那是无父,无父无君,那是禽兽:"杨氏为我,是无君也;墨氏兼爱,是无父也;无父无君,是禽兽也。"①荀子说它嚣、魏牟、陈仲、史䲡、墨翟、宋钘、慎到、田骈、惠施、邓析等当世著名的道、法、名、墨等家诸子,借着战国的乱世,文饰邪说奸言,祸乱天下,欺骗迷惑众人,其行为诡诈放荡,使天下混然分不清是非治乱:"假今之世,饰邪说,文奸言,以枭乱天下,矞宇嵬琐,使天下混然不知是非治乱之所存者,有人矣!"②

单从诸子的争论看,是难以分出高下的。因此最好的办法还是让事实出来说话。揆诸事实,儒术的高下马上就分辨了出来。说起来,自儒家的创始者孔子起,儒术就一直不受统治者重视,孔子不过在五十多岁时在鲁国做过短暂的司寇,此后弃国离鲁,为实现自己的政治抱负,率门徒周游列国,辗转于卫、曹、宋、郑、陈、蔡、楚等国之间,长达十四年之久。不仅没有一个国家肯重用他,且常常搞得如丧家之犬一样狼狈。孟子也是常带数十辆车,数百从者,周游于诸侯之间。齐、魏之君虽对其甚为礼重,却始终不肯用他。荀子游学稷下,三为祭酒,又游秦、赴楚,也没有君主肯给他施展才能的机会。

当然战国时期也并不是没有国家推行文德政治,只不过效果都不理想。如三晋倒是推崇过仁义,然而韩非子指出其结果却是"慕仁义而弱乱"③。而更成笑柄的是中山国,说来就话长了。当年已将君位交给儿子而自称主父的赵武灵王想攻打中山,就派大臣李疵去刺探敌情。李疵回来对主父说:"中山可以攻打,如果您不抓紧行动,就可能落在齐国和燕国的后面。"主父问原因,李疵回答说是因为中山国的君主所尊礼的穷间隘巷的贤士有七十家。主父听了觉得奇怪说:"这是贤君呀,怎么可以攻打呢?"李疵说:"不然。如果君主尊崇贤士,那么

---

① 焦循著:《孟子正义》卷六《滕文公下》,《诸子集成》(第1册),第269页。
② 王先谦:《荀子集解》卷三《非十二子篇》,《诸子集成》(第2册),第57页。
③ 陈其猷校注:《韩非子集释》卷十一《外储说左上》,第638页。

百姓就会务名不务本,亲自去见贤士就会使农夫不愿认真种田,战士不乐于打仗。农夫不认真种田,则国家就会贫穷;战士不愿打仗,其兵就会懦弱;一个国家既军力不振,又贫困不堪,没有不灭亡的。"主父大喜,于是举兵攻打中山,并最终灭掉了中山。显然这是文德政治害了中山国。

很显然儒家的"仁政"思想与时代的发展是有一定距离的,儒者要想受到世主的赏识,就必须发展改造儒学,使其适应时代的需要。因此孔子还在世时,其弟子中就出现了标新立异的人物,如冉求为季氏宰,不是实践孔子的仁政,而是为季氏聚敛财富,以至于孔子对其他弟子们说:"冉求不是我的弟子,你们可以鸣鼓而攻击他!"此事既可见孔门异端之生,又可见孔子约束弟子之严,因此终孔子之世,其弟子鲜有仕途显达者。

然而孔子死后,其弟子失去了约束,于是散游于诸侯,各以所学干世主,大者如子夏居然为诸侯师,小者也多与士大夫游,可谓显赫一时。与之相呼应,儒遂分化而为子张氏、子思氏、颜氏、孟氏、漆雕氏、仲良氏、公孙氏、乐正氏等八家,这很显然是分化与分异的结果。此后儒门弟子各执儒术之一端,不约而同地走了发展改造儒学的道路,如思孟学派的重要代表孟子已不再像孔子那样要求尊崇周天子,而是主张由有德行的君主统一全国,这显然会受到诸侯的欢迎。另外此派又好谈"机祥",如《中庸》中称道德修养如果达到最高境界,就能够提前知道要发生的事情。国家将要兴起,必定会有祥瑞之兆出现;国家将要灭亡,必定会有祸患之兆出现。此可见于卜筮和人的动作威仪之间。祸福如果要出现,善,必定会先知道它;不善,必定会先知道它。故极其忠诚会如神灵一般预先知道事情发展的状况:"至诚之道,可以前知。国家将兴,必有祯祥;国家将亡,必有妖孽;见乎蓍龟,动乎四体。祸福将至:善,必先知之;不善,必先知之。故至诚如神。"《荀子·非十二子》中也说思孟一派根据以前的观念,创立学说,称之为五行:"案往旧造说,谓之五行。"这应该说也是在投时人之所好。但思孟一派并没有放弃孔子的以仁政王道来实现统一、反对暴力兼并战争的主张,并且还对孔子的学说予以发展,如《孟子·尽心下》不仅赞同孔子

"仁"的学说,认为政在得民,又提出了"民为贵,社稷次之,君为轻"的主张,认为君主有过,臣下谏而不听,可以易其位。这就有点不合时宜了。

荀子之学重法,认为法治也是治国的必要手段。如他在《君道》一文中说"法者,治之端也"。这可谓是儒学的一大变革。然而他又隆礼,强调用礼义教化来维护统治阶级的等级秩序,通过礼义教化,使人们都能够确定自己在社会中所处的位置,各尽职责,共同构建良好的社会秩序。就礼与法的关系而言,荀子虽然重法,但同时认为法必须根据礼来治定,其《天论》一文所谓"礼者,表也",其意是认为礼乃待人处事的基本准则。其《劝学》一文所谓:"礼者法之大分,类之纲纪也。"其意是讲礼为法的纲领,类似于法的条例纲纪。这显然与世主的观念相左。

据称传自子夏的《春秋》公羊学与谷梁学,因原本研究的就是儒学中与政治联系最为紧密的学术,因此其追赶时代的步伐更大。其中公羊学尤其突出,如它讲大一统、尊君抑臣、讨伐乱臣贼子、维护等级秩序,以及讥世卿等适应当世专制主义君主集权政治需要的内容,然而它同时又倡导尊周天子、讥变古、大复仇等不受世主欢迎的东西。很显然,自孔子去世以后,儒门弟子一直在努力对儒学进行发展与改造,以期能够适应时代的变迁,进而发扬光大。他们确实也取得了相当大的成绩,但其变革从整体看仍是部分的、零碎的。因此在战国之世,很难得到世主的赏识。这就使许多曾经受业儒门的人如墨子、吴起、邹衍、韩非子、李斯等,纷纷从儒学中出走,成为当时各大学派的代表人物。

墨子原是一个学儒者之业、受孔子之术的儒生,但由于觉得儒家的礼制过于繁复不便使用,所提倡的厚葬浪费钱财、伤生害民,所推崇的仁爱是有等差的仁爱没有达到爱的最高境界,因而反其道而用之,倡兼爱也就是无等差的爱,反对厚葬,从而创立了与儒家学说并峙的墨家学说,成为当世两大显学之一。吴起原就教于孔子弟子曾子,后以善用兵显,在魏创武卒制,在楚佐楚悼王变法,名重一时。邹衍原为儒家弟子,后见儒术无以成名,因而改为从事阴阳五行之学,创五德终始说。此说一出,即引起轰动。在齐,备受尊崇;至魏,与惠王分庭抗礼;至赵,平原君侧身陪行;到燕,燕昭王执弟子之礼。韩非子、李斯皆为大儒荀子的高弟,然而二人一者著书立说,集法家思想之大成;一者佐命始皇恭行法家之术,皆为当世名流。可以说,出去的大都发达了。

从儒学的发展看,战国中后期,它正处于一个新的变革期,然而由于没有形成质变,近乎一盘散沙,因而不免一副破落像,成为世人奚落的对象,不仅处于上层的李斯称其徒众为"愚儒",处于下层的刘邦更是对其极尽污辱之能事。据说刘邦起事后,看见儒生就讨厌,有宾客若戴着儒冠来见他,他就把人家的儒冠取下来朝里面撒尿,并且一提起儒生就破口大骂。

而与此同时,秦以法立国,内则百年大治,外则愈战愈强,最终并吞了山东六国,从而雄辩地昭示法家的思想才是最理想的治国思想。因此面对新兴的皇朝,秦的统治者最明智的行为,只能是把法家思想作为皇朝治国的核心理念予以坚持和弘扬,而要它于成功之日改弦易辙,推行甚为时人所诟病的儒术仁政,实无异于痴人说梦。

事实也正是如此,由于由秦统一全国的趋势已日渐明朗,并且在李斯的主持下攻灭六国的策略正在有条不紊地展开,因此嬴政亲政后便开始思考统一之后如何治理这个庞大的帝国。于是当他读到韩非子的《孤愤》、《五蠹》等文章时,不由叹息说:"嗟乎,寡人得见此人与之游,死不恨矣!"①韩非子为法家之集大成者,以性恶论为前提提出了一整套治理臣民的权谋理论,正与秦政相契合,因而嬴政一见之下便毫不犹豫地采其学说为治国的理论依据。

当然法家思想也并非十全十美,秦始皇也需要对其他诸家思想有所借鉴。但由于最核心的内容已为法家所占据,其他思想即使能被采纳,起到的往往是文饰政权的作用而已,如阴阳家的五德终始说的被采纳即是如此。

虽然韩非子解决了如何治国这一理论问题,但对于这个政权是如何发展而来,它们存在有什么合理性,或者说这个继周而起的政权与

---

① 司马迁:《史记》卷六十三《韩非列传》,第2155页。

神秘的天是一种什么样的关系,他没能解决。相反他还设置了障碍,因为对于新兴政权的缔造者,他往往视之为篡弑之君,如舜、禹、商汤、周武王在儒、墨看来都是历史上有名的贤君,然而他却说因为舜逼尧禅让、禹逼舜禅让、商汤流放夏桀、周武王伐商纣,所以这四个王都是以臣下的身份弑其君的篡弑之君,认为此四人是破坏君臣之义,扰乱后世社会秩序的罪魁祸首。尧为人君却以其臣为君,舜为人臣却以其君为臣,商汤、周武王则是以人臣而弑其君、惩伐其君的尸体,天下却称赞他们,这就是天下到今天仍不能实现大治的原因所在:"尧为人君而君其臣,舜为人臣而臣其君,汤武为人臣而弑其主、刑其尸,而天下誉之,此天下所以至今不治者也。"①

韩非子的观点本是要肯定今王存在的合法性,然而此举却无疑否定了继周而兴的皇朝的合理性。为解决此问题,齐国人邹衍用五行相胜说来解释朝代变化的五德终始说便走进了秦统治者的视野。前已讲过,此说认为宇宙万物皆由五行构成,这五种元素又与历史上的朝代相对应,相生相克,循环不息,称为五德。按这种说法,朝代的更替是必然的,并且每一个朝代都有一个元素与之对照,具体而言,黄帝为土德,夏禹是木德,商汤是金德,周文王是火德,根据水克火的原则,继周而起的皇朝应是水德。若秦采此说则其皇朝存在的合理性问题便迎刃而解,于是始皇君臣遂采水德之说以文饰其政治。按照五德学说,与水德相对应的季节是冬,数字是六,颜色为黑,并且水德主阴。于是为了与水德相适应,秦统治者便根据水德的特点采取了一系列的措施,诸如更改一年的开始,群臣朝贺都在十月初一;衣服、符节及旗帜的装饰,都崇尚黑色;数以六为终极,故而符节、法冠都规定为六寸,车宽为六尺,一步为六尺,一辆车至多用六匹马;改黄河名为"德水",以此表示水德的开始;又由于刻薄而不讲仁德、恩惠、和洽、情义,才合乎五德之中水主阴的命数,便把法令搞得极其严酷,犯了法的人久久得不到宽赦。

又如对儒家所鼓吹的封禅大典,也颇让好大喜功的始皇心动不

---

① 陈其猷校注:《韩非子集释》卷二十《忠孝》,第1107页。

已。关于"封禅",《大戴礼记·保傅》记载:"封泰山而禅梁甫。"意谓在泰山顶上和泰山支脉的一个小山梁甫即梁父之上各筑一坛祭祀天地。之所以要在泰山顶上筑坛,是因为当时的人们认为泰山是东方最高的地方,或者说是离上天最近的地方,在其上筑坛祭祀,可以比较容易地向上天表达自己对其授命于己的感激与恭顺。之所以在梁父之上修坛祭祀,其意为通过增培大地之基,来报答后土的哺育之恩。

而有资格封禅的只能是帝王,并且还是那些受命之君,据说孔子曾称春秋以前前来泰山封禅的受命帝王有70余人,而周成王曾封禅泰山是人所共知之事。既然封禅是受命而王皆为之事,则始皇封禅泰山也就顺理成章了。关于封禅之说,儒、墨、道诸家皆有论述,儒家于此尤其有心得,如讲述先秦封禅思想的《古封禅群祀》等书即被《汉书·艺文志》列于《六艺略》中儒家礼类书籍之中。始皇行封禅大典前曾与鲁地儒生论封禅礼,应该说此虽非儒家的核心思想,但分明是儒生参与到秦政治当中的一次绝好机会,然而诸儒却议论纷纷无有定见。故后来始皇虽行封禅,但其礼却不是儒礼,或者说虽借鉴儒学也仅是皮毛而已。于此亦可见,始皇为治理好新的帝国,颇有以法家为主兼采百家之意。

其实秦对学术的整合早在吕不韦当政时就已开始了。当时吕不韦招集天下之士,聚之咸阳,著书立说,而成《吕氏春秋》。该书并不专主法家学说,而是兼采诸家思想成一家之言,颇有整齐众家,开一代新风之意。然而尽管此书虽也宣扬君主专制,如其《执一》一文称:"王者执一,而为万物正。军必有将,所以一之也;国必有君,所以一之也;天下必有天子,所以一之也;天子必执一,所以搏之也。一则治,两则乱。"但又对君主专制啧有烦言,如其《贵公》一文称:"天下非一人之天下也,天下之天下也。"《恃君》一文认为:"置君非以阿君也,置天子非以阿天子也,置官长非以阿官长也。"若君主不行君道,则臣下有权"废其非君,而立其行君道者"。反对君主过多地直接干预国家大事,如其《任数》一文认为古代帝王所做甚少,顺其自然的多。顺其自然,是君术,做事,是臣道。君主有所作为会受到扰攘,顺其自然就能安静,就如同顺应冬的寒冷,顺应夏的炎热,君主有什么事要做呀!因此说,君道无知无为要贤于有知有为,这才算得了为君之理:"古之王者,其所为少,其所因多。因者,君术也;为者,臣道也。为则扰矣,因则静矣。因冬为寒,因夏为暑,君奚事哉? 故曰君道无知无为,而贤于有知有为,则得之矣。"这种言论颇有吕不韦为自己专权辩护之嫌,始皇不喜也就在情理之中了。因而后来随着吕不韦的失势,此书自然就难以受到权力欲极强的始皇的重视,秦统治思想中的缺陷也就无可弥补了。

咸阳宫之争

第十章

第十章 咸阳宫之争

始皇三十四年(前213年),始皇置酒咸阳宫与群臣欢会,席间70位职司议政及典掌教育事业的文化官员——博士上前献酒祝寿,其中博士仆射周青臣代表博士们向始皇敬献了颂辞。在颂辞中,周青臣从两个方面对始皇的成就予以高度评价。其一是高度赞扬了始皇在开拓疆土方面的丰功伟绩,所谓:"以前秦的土地不过才方圆千里,靠着陛下的神灵明圣,平定海内,放逐蛮夷,从而使得日月所照的地方,无不臣服于大秦帝国。"从前面一些章节的分析即可以看出把秦的声威推向四极,乃是始皇梦寐以求的事情,而到了三十四年(前213年)的时候,秦军基本在南北两极站稳了脚跟,可以说已经实现了始皇的梦想,周青臣的话可谓正挠到了始皇的痒处;其二是高度评价了郡县制的作用。所谓:"皇帝在诸侯国的旧地上设置郡县,使每一个人都感到安定快乐,没有战争的祸患,这样一种局面将会传承到万世而不变。"废封建设郡县,一直被始皇、李斯等认为是一项划时代的创举,因而一有机会就拿出来炫耀。所以周青臣此语听在始皇耳中,那自是相当受用。最后,周青臣又总结说:"所以自上古以来,所有贤明的帝王都赶不上陛下您的威望与仁德。"这自然更是使始皇心花怒放。

不想博士淳于越听后立即反驳说:"我听说殷周两个王朝之所以能够存在了千余年,是由于大封子弟、功臣作为辅助的缘故。现在陛下拥有天下,可是却以子弟为匹夫,如果一旦有像春秋时期齐国的田常、晋国的六卿那样的臣下,可是却没有辅弼之臣,那么到时候用什么来救助朝廷的危难呢?凡事不效法古圣先王而能长久的,我还没听说过。现在周青臣又当面阿谀以加重陛下的过错,因此不是忠臣。"

显然淳于越不仅不看好郡县制,更是对始皇勇于变革的行为予以全盘否定,同时又在大庭广众之下公然指责始皇犯了错误。对于周青臣对始皇拓边的评价,淳于越未置可否。但不表态实际上就是一种态度。儒家主张以德服人,孔子曰:"远人不服,则修文德以来之。"① 孟子称:"以力假仁者霸,霸必有大国;以德行仁者王,王不待大。汤以七十里,文王以百里。以力服人者,非心服也,力不赡也;以德服人者,中

---

① 杨树达:《论语疏证》卷十六《季氏》,第421页。

心悦而诚服也,如七十子之服孔子也。"①反对通过暴力来征服不服从的人。所以淳于越对始皇引以为豪的拓边行为应该是不以为然的。

总之,淳于越通过抨击周青臣,明确地表达了自己对这个新兴皇朝的前途的担忧,具体而言,由于它不法古,因此它也就难以长久地存在下去!可见周淳之争亦从对具体事情的歧见上升为路线之争,而这显然不是一两句话能表达清楚的。始皇要求臣下对淳于越的言论进行讨论。

于是时任丞相的李斯对此问题进行了深入的探讨。应该说郡县与封建之优劣早在八年前就已辩明了。始皇二十六年(前221年),丞相王绾等在如何治理新征服的地方这一问题上,认为诸侯刚刚被灭掉,燕、齐、楚等国的故地距离咸阳过远,如果不在那些地方设置宗王,就没法有效地行使国家的权力,于是向始皇建议,请立诸位公子为王。始皇便让大臣们就这个问题进行探讨,当时大臣们都认为王绾等的建议相当好,时任廷尉的李斯却指出:"周文王、周武王所分封的子弟相当多,后来由于血缘关系日渐疏远,彼此相互攻击起来,如同仇敌一般。诸侯又相互诛伐,周天子也不能禁止。现在靠始皇的力量,使天下一统,皆为郡县。对于诸子和功臣们,都以国家的赋税重加赏赐,这样就容易对他们进行控制,自然也就不会再有人打国家的歪主意,故而这是安宁之术,如果置诸侯就会不便利。"

李斯的话是有道理的。西周初年所施行的分封制由于允许诸侯在尊天子为共主的前提下,拥有相当大的自主权,如诸侯可以如周天子一样设官分职,建立军队,自主地开展各种政治军事经济外交活动;在诸侯的治下,官员的任免权一统于诸侯国的国君,天子不能干预,臣下也只听君主的指挥。这就使得各地形成一个又一个的权力中心。结果到了春秋时期由于各诸侯国贵族之间及其与周王室之间的血缘关系日渐疏远,各国人口数量的增加与经济的发展,以及周王室由于日渐衰微而丧失制衡诸侯的能力,遂使各诸侯公然置周天子的权威于不顾,为了人口、土地和财宝展开了激烈的争夺。如齐、晋、楚、秦等当

---

① 焦循著:《孟子正义》卷三《公孙丑上》,《诸子集成》(第1册),第130~131页。

第十章 咸阳宫之争

西周封国之初,地皆百里见方,然而春秋时期,通过争霸活动,齐桓公并国三十,启地三千里。晋献公并国十七,服国三十八。秦穆公时并国二十,称霸西戎。楚文王兼国三十九,楚庄王并国二十六,开地三千里。

当时不仅国与国之间斗争不休,在每一个诸侯国内部的卿大夫与诸侯之间,以及卿大夫之间的斗争也非常激烈。诸侯从周天子那里获得了自己的封地后,也仿效周天子在自己的封地内对自己的亲族进行分封,这在春秋时期尤其显著,特别是那些通过兼并战争拥有了广大领土的诸侯,更是大肆分封。相对于诸侯,卿大夫的采邑称私、私家、私室,可以世袭。据统计,春秋时期在九世以上的世族:楚国一家,卫国一家,宋国一家,鲁国两家,晋国四家;五世以上的世族:陈国一家,卫国三家,郑国四家,齐国五家,宋国五家,楚国七家,晋国八家,鲁国八家。其他三至四世的世族就更多了。与诸侯的公朝相似,卿大夫的家设有家朝,有成套官僚机构,泛称为大夫、家大夫、宰、相、守臣等。在分封制和宗法制下,如同诸侯之于周天子那样,这些官吏的任免权一统于卿大夫,诸侯不能干预,臣下也只听其指挥。卿大夫要服从国君,但其采邑上的臣民却无须服从国君,对他们而言,他的君主就是卿大夫,卿大夫就是他们效忠的对象。于是就出现了我的附庸的附庸不是我的附庸的悖论。如果谁敢越过卿大夫而维护君主的利益,就会被视为一种不道德的行为而受到舆论的批判。鲁昭公十二年(前530年),鲁国季氏家臣南蒯欲驱逐季平子,将他的采邑交给昭公,且"以费为公臣",便遭到乡人的讽刺,说他作为卿大夫的家臣却为国君着想,是"深思而浅谋,迩身而远志"。① 两年后他败逃至齐国,齐景公还当众骂他"叛夫"。齐大夫子韩晳说他作为家臣却想张大公室,没有比这更大的罪过:"家臣而欲张公室,罪莫大焉。"② 由于卿大夫有着坚强的后盾,所以得以与国君及其他卿大夫展开角逐,如三桓长期专权于鲁国,齐国则常有弑君的现象发生,如崔杼令家臣弑齐庄公而立景公;田嘻子杀公子荼而立悼公;鲍牧杀悼公;田完又杀简公立平公;晋国的晋

---

① 杨伯峻编著:《春秋左传注》,第1335~1336页。
② 杨伯峻编著:《春秋左传注》,第1364页。

灵公则为正卿赵盾之族弟赵穿杀死。春秋时有据可查的君主死于臣下之手的案例就有三十六位之多。

很显然，分封制乃国之乱源。要想维护统治的稳定，就必须对这一古老的传统加以变革。实际上当时的统治者也一直在摸索着解决这一问题，如驱逐或诛杀卿大夫并没收其采邑，然而被没收的采邑一转手又到了其他贵族手中，治标不治本，问题还是解决不了。在此情况下，县、郡出现了。

就县而言，其义有二。

其一，分封制意义上的县。据学者考证，县在西周时期业已存在，当时之意为"县鄙"之县，即指王畿以内国都以外地区或城邑四周地区。考《周礼·地官·小司徒》有所谓"九夫为井，四井为邑，四邑为丘，四丘为甸，四甸为县，四县为都"之说，又《周礼·地官·遂人》有所谓"五家为邻，五邻为里，四里为酂，五酂为鄙，五鄙为县，五县为遂"之说。《周礼》虽有理想化成分，但县大体指郊野地区则无误。《国语》在这方面也给我们提供了一个实证，据《国语·周语中》载周定王使单襄公聘于宋，假道于陈国，看到陈的情况是"国无寄寓，县无施舍"，认为应是"国有班事，县有序民"，才合乎"先王之法制"，这里以国与县对举，显见是以县代替了鄙野。然而《逸周书·作雒解》中县的范围又很大，所谓周公"及将致政，乃作大邑成周于土中。城方千七百二十丈，郛方七百里。……制郊甸方六百里，国西土为方千里。分以百县，县有四郡，郡有四鄙。大县城，方王城三之一；小县立城，方王城九之一。都鄙不过百室，以便野事。"诸说显然不同，但都反映一个事实，即县很显然是分封制体系中的一个单位。

其二，就政治意义而言，县还有管辖之义。"县"之本意，《说文解字》称"县，系也。"段注称"引申之，则为所系之称。"甲骨文之字🙰，学者释为県（悬），象系角于树，应为县之初意。从郭沫若《两周金文辞大系》及徐文镜《古籀汇编》中县字之形看，是作在根杪倒悬人首之形，🙰，从结构看，又是枭首示众，含有征服镇压之意。而悬之于树，乃因古人常以封树为界，此意为军事占领范围之意，引而伸之则有管辖范围之意。如《礼记·王制》："天子之县内"，东汉郑玄注云:"县内,夏时天子所居州界名也。殷曰畿,《诗·殷颂》曰:'邦畿千里,维民所止。'周亦曰畿。"以至到汉代仍有此说。如《史记·周勃世家》有"庸知其盗买县官器"之话,唐人司马贞《史记索隐》:"县官谓天子也。"由于县有军事占领之义,因而随着时代发展,到了春秋时期一些诸侯国便开始把新征服的国家改称为县,而置于自己的统治之下,吕思勉说"秦汉时之县,多古国名。盖沿自春秋战国之世,灭国而以为县也。"①县于是开始突破原来的意义而发生重大变化。

春秋时期最先设县的是楚、晋两国。楚由于不断开边,遂使疆域变得极其广大,国君为加强对边地的统治,遂设县以治之。楚国设县始于楚武王,楚武王灭掉权国后,"使斗缗尹之。以叛,围而杀之。迁权于那处,使阎敖尹之"②。尹为楚治县之官,故权当为楚县。楚文王时攻灭申、息等国,又有"实县申、息"之举③。晋国掌县之臣称大夫,晋献公十六年(前661年),晋灭耿、霍、魏等国,晋献公"为太子城曲沃,赐赵夙耿,赐毕万魏,以为大夫"④。

就楚国而言,对于所设之县,由于地处边陲,有捍卫国家之重任,因此为了维护国之安全,国君一般不将其作为采邑赏赐给贵族,而是由自己直接掌握,在主观上并无以此手段削弱贵族权力之意,但在客观上却削弱了贵族的实力。据称楚庄王曾想把征服的申国、吕国故地赐给子重,但被申公巫臣所反对,巫臣的理由是"申、吕之所以设为县邑,是为了征收军赋,用来抵御来自北方的进攻。如果把它们赏赐给子重,就会使国家失去对申、吕的控制。这样晋国、郑国的势力一定会延伸到汉水地区"。楚庄王因此打消了把申、吕作为采邑赏赐给子重的念头。

与楚国相比,晋国县制比较复杂。晋国之县有数种,有扩张得来的,如晋献公时灭耿、霍、魏三国而设县,晋文公时获周襄王所赐的樊、温、原、攒四邑之地以为县。有由旧族采邑发展来的,如晋顷公十二年

---

① 吕思勉:《中国制度史》,上海教育出版社2005年版,第243页。
② 杨伯峻编著:《春秋左传注》,第208~209页。
③ 杨伯峻编著:《春秋左传注》,第1708页。
④ 杨伯峻编著:《春秋左传注》,第258页。

(前514年),祁氏和羊舌氏被灭,祁氏之田被分为七县,羊舌氏之田被分为三县。再有一种县就是从西周时发展下来的属于采邑的县,如楚灵王四年(前537年),楚大夫蒍启疆之言:"韩赋七邑,皆成县也。"①"成县"就是大县的意思,指韩氏征赋的七个邑,实力都相当雄厚,这是一种基于分封制形成的传统体制。从史料上看,晋国县制的突破发生在前两种而不是后一种,不过晋国县制的突破是在采邑制的基础上实现的。

晋在其发展过程中,对于所取得的土地一般采用两种方式进行分配,一种是赐之以采邑,如晋献公以新取的耿、魏赐赵夙和毕万以为大夫,以所得的南阳四邑中的攒邑赏胥臣,晋景公赏给桓子、狄臣千室,又赏给士伯以瓜衍之县。再就是委之以官职,如晋文公以赵衰为所取之原的大夫,以狐溱为温大夫。不过虽是由国君委任,但随着形势的发展,这些县后来却渐脱离公室而成采邑。如赵衰的原县,赵衰死后其子赵同也为原大夫,称原同,其后竟成采邑,后来赵襄子也曾居于原,则直至春秋末原仍为其采邑。很显然晋国的新得土地呈现出采邑化倾向,然而渐掌晋国之政的采邑化的最大受益者晋之六卿,却在他们主政时采取了有利于他们的集权的措施。晋顷公十二年(前514年),魏献子将祁氏、羊舌氏之邑分为十县后,不是再作为采邑分配,而是任命了贾辛、司马乌、知徐吾、赵朝、韩固、魏戊等10人为大夫,之所以任命他们,是因为贾辛、司马乌对周王室有功,故而举荐他们;知徐吾、赵朝等4人则是由于能守业不失职,属于贤人,故举荐他们。这些被任命的官员显然是直接对中央负责的,如魏戊被派到梗阳做大夫后,梗阳人有案件,魏戊不能处理,就把它上报国家,由主持晋国事务的魏献子来决断。

楚国与晋国所置的县至少给当时社会带来了如下几点启示:其一,官员由国君直接任免,打破了以世卿世官制度对官职的垄断,可以使国君选拔贤人治国。其二,官员的俸禄由国家以实物的形式支付,而不是赐封土地给予世禄,这使官员失去了稳固的经济基础,在一定

---

① 杨伯峻编著:《春秋左传注》,第1269页。

第十章　咸阳宫之争

程度上丧失了独立性，强化了对君主的依附性。其三，官员以代理人的身份治理地方，不再与治下人民形成臣属关系，于是在宗法制下那种我的附庸的附庸不是我的附庸的现象彻底改变，官员因而丧失了与中央对抗的人力支持。

总之，新的县制可以有效地实现中央集权从而加强君主的权威，而加强君主的权威正是君主们梦寐以求的事情。从春秋中后期起，各国竞相发展县制，使县开始在各国迅速成长起来，大凡有城的都邑基本都立为县，在形式上取代了过去的封邑。春秋末年，各国又在边地置郡，性质与县基本相同，但因地处荒僻，故地位在县之下。

战国时期县的建制逐渐完备起来。县令是一县之长，下设丞、尉，丞管民政，尉管军事。有的国家还在县令下设置具有秘书兼监察性质的御史。在县以下已有乡、里等基层组织。乡设三老、廷掾等，里有里正，县城及乡里都有伍什编制。此时又已在郡下设县，产生了郡、县两级的地方组织。郡县制主要流行于各国的边境地区，在春秋时设于边地的郡由于日渐繁荣，且面积较大，到了战国时开始在治下设县。最初行于三晋。如魏的上郡有十五县，赵的上党郡有二十四县，代郡有三十六县，韩的上党郡有十七县。秦、楚、燕三国郡县制度是效法三晋的，如燕昭王时所设的上谷郡有三十六县，秦庄襄王二年（前248年），秦攻取赵的榆次、新城、狼孟等三十七城，设置太原郡。当时只有齐没有设郡，却有类似的都的制度。郡的长官叫守，或太守。都以武官充任，掌管边地军政民政，有征发壮丁出兵的权力。

由于郡县制尤其是县制的推行，到战国初期各国的国君基本上都已牢牢地掌握住了国家的政权，像那种通过采邑的力量与中央对抗的行为已成历史的陈迹。国君得以主导国家局势，对阻碍社会发展的旧势力进行一定程度的清算。如魏国即在李悝的主持下，进行改革，剥夺旧贵族的特权，授予有功者以一定的官职和爵位。吴起在楚国取消贵族世卿世禄的特权，废除公族中与楚王血缘关系疏远的人的爵禄，如果封君的子孙无功于国，那么到封君的爵禄传至三世就要收回，并令贵族中人到远离国都荒无人烟的边地去生活。另外又明法审令，裁汰冗员。申不害在韩国指导国君根据需要而授予官职，并考察官员的政绩,且以生杀之权威慑他们。齐威王时赏为官贤良的即墨大夫而烹以阿谀奉承为能事的阿大夫,谨慎地修订法律制度,监督奸邪的官吏。商鞅则在秦孝公的支持下,进行改革,贵族无军功者要降低待遇,不得再享受过去的特权,并一度严厉处置秦国的贵族,如太子傅公子虔和太子师公孙贾因教唆太子反对新法,商鞅遂处公子虔以劓刑,公子贾以黥刑,也就是一个被割了鼻子,一个脸上被刻上了字。

显然,郡县制不仅能有效地遏止因为分封制而产生的种种弊病,而且也体现着历史发展的大趋势,当然李斯并没有对此加以论述,而之所以对此略而不述,不过是为了凸显推行郡县制乃始皇的"天才构想"罢了。因此当时始皇听过李斯的话后就说:"天下之所以苦于战争不休,是因为有诸侯国的缘故。靠着祖宗的保佑,天下现在刚刚安定了下来。如果再设立诸侯,这等于是在树立敌国呀,在这样的情况下希望国家会太平无事,岂不是太难了!廷尉说得很对。"于是有了在全国范围内全面推行郡县制之举。

就王绾和李斯的两种观点看,王绾指出了对新征服地区应加强统治,李斯则强调了郡县制的优越性,应该皆有其可取之处,不同之处在于王绾的观点比较保守,李斯的观点则相当激进。保守与激进相比,保守的主张,因强调循序渐进,故一般不用担心出什么大的差错,但常常是新旧相因,不免有点拖泥带水;激进的主张,因喜欢一步到位,虽风险甚高,但由于与前事泾渭分明,故极易显示成功。一般而言,迭遭挫折的人,行事往往比较保守,而一帆风顺的人,则喜欢推行激进的政策。嬴政自亲政以来,一直走的是顺风顺水的路子,故选择李斯的主张,应该是很正常的。而且以海内为郡县,也最能显示与前代之不同,这对好大喜功的嬴政而言,诱惑之大自不待言。

但从后来事态的发展看,嬴政、李斯之流显然过于乐观了。因为以郡县制这种形式,大秦帝国根本无法在新征服的边远地区建立起有效的统治秩序,尤其令他最为忧心的楚地,简直是一盘散沙。却说在新征服的土地上实行郡县制,由于力量有限,秦只能向东方的郡县派遣守、尉、御史、令、长等主要长吏,低级官吏还是需由原六国的臣民来担任,这就免不了使秦的地方统治为原六国臣民所左右。同时由于秦实行的是战国以来的兵农合一制,士兵只有在战时才集结起来,平时则在家务农,因为以当时的经济实力,国家无力在全国范围内派驻常备军。这使秦在山东六国故地的基本军事力量仍以当地的百姓为主,这种力量在关键时刻是难以指望的,换句话说,秦在山东六国故地尤其是齐、楚两地推行的郡县制缺乏有效的军事保障。再者由于距离咸阳过远,而齐、楚等地又缺乏权力中心,一旦发生非常之事,郡县的处境就会非常窘迫。由于存在诸多的缺点,宜乎后来陈胜振臂一呼,秦在楚地的统治便转瞬瓦解。因此,为了国家长治久安考虑,即使在燕、齐、楚等地不实行分封制,嬴政确实也应该对这些地方区别对待。

却说从李斯的观点看,他对郡县与分封之优劣已经分析得够全面了,且已在朝廷上加以宣示,并为始皇所首肯,看来已成定论。不想时隔八年之后,淳于越竟又拿这个问题说事儿,说什么不实行分封制担心一旦出现田常、六卿之事,皇帝会无所依靠。必须承认春秋时期是出现过许多异姓贵族取代诸侯之位的现象,但同样也出现过许多公族专权甚或取代诸侯大宗之位的现象,如三桓长期专权于鲁国(三桓指孟孙、叔孙、季孙三家,因出于桓公的三个儿子庆父、叔牙、季友,故名),其中季孙氏最强。成公时季孙氏操纵政权,此后在鲁襄公十一年(前562年),三桓扩军为三军,各领一军,三分公室。鲁昭公五年(前537年),四分公室,季孙氏独得两份并执掌大权,叔、孟各一。季孙氏私属甲士达到7 000人。国君费用靠三家和一些旧贵族纳贡维持。国家的大权和国君的废立基本上由三桓操纵,鲁大夫子家羁曾说:"如果立国君,则有卿士、大夫和守龟在,我不敢胡乱说话。"鲁昭公二十五年(前517年)乐祁在谈到鲁国的情况称:"鲁国的权力被季氏掌握,已经三世了,鲁国丧失权力的国君已经有四公。"再如晋之曲沃代翼。晋昭侯元年(前745年),晋昭侯封桓叔于曲沃,此后历桓叔、庄伯、武公,遂攻灭大宗翼,晋武公三十八年(前678年),周王室正式承认武公为诸侯。因此在李斯看来,淳于越的话显然有点颠倒黑白。至于淳于越所担心的权臣干政,在李斯看来根本就不是问题,因为经过长期的探索,皇帝已拥有一套相当完整的驾驭臣下的理论可以运用,通过灵活运用法家的术与势,皇帝完全可以避免此类问题的出现。却不知这是以君主必须具有卓越的个人品性为前提的,用在始皇身上可以并吞六国,用在胡亥身上却是身死国灭,为天下笑。

因此,李斯便不屑于与淳于越在分封郡县优劣问题上多费口舌,而是直接对他的法古之论展开批判。李斯道:"五帝不相重复,三代不相因袭,各有各的治法,这并非是故意要与前代相反,而是由于时代的变化要求不同的治法与之相适应。"这段话听起来,仿佛时光又倒流到了一百多年前的秦孝公初年,淳于越就如同质疑商鞅变法的甘龙、杜挚,因为甘龙称:"圣人不通过变易民俗而施以教化,智者不靠改变成法来治理国家。顺应民俗而施以教化,不用费很大的力气就能获得成功;沿袭已有的治法而治理国家,不仅官吏熟于其事,而且百姓也觉得安心。"杜挚称:"仿效古圣的成法没有过失,遵循旧有的礼仪不会出现偏差。"而李斯则如同商鞅一般。因为商鞅回答是:"夏、商、周三代因为推行了不同的礼制而称王,春秋五霸因为推行了不同的法制而称霸。"又称:"治世不一道,便国不法古。因此商汤、周武王不沿袭旧法而王天下,夏、殷不更换已经过时的礼制而灭亡。反对旧法的人不应该被非难,而遵循旧礼的人则不值得赞扬。"

不过虽然咸阳宫的这场论争俨然是一百多年前那场争论的翻版,但李斯的口气显然比商鞅有底气得多。因为当时商鞅的观点不过是理论层面的东西,还有待接受时间的检验。而一百余年后的始皇三十四年(前213年),法家的代表李斯再次与儒家对垒时,已可以拿出充分的论据来批驳儒家。检讨秦的发展史可以发现,秦的历史就是一部不断突破成法的历史:废除分封制,推行郡县制;废除井田制,推行新的亩制;制定军功爵制,剥夺旧贵族的特权;凡此种种,不胜枚举。而秦国也正是在持续的变革中走向强大,并最终吞并了山东六国,混一天下。显然历史已经雄辩地证明只有法家的理论才是最符合社会发展的。在这种情况下,淳于越居然仍在宣扬儒家那套陈腐的法古理论,这就不能不让人觉得迂腐可笑。在始皇、李斯之流看来,由于他们已经掌握了左右历史发展的利器,这意味着解决了困扰三代发展的瓶颈问题,秦朝便可以由一世而万世永远发展下去。对于儒家盛称的五帝三代,始皇、李斯并不认为他们是什么伟大的时代,因此也就不值得效法。故而李斯又说："现在陛下您开创了伟大的基业,建起了万世不朽之功,这本就不是愚儒所能理解的。况且淳于越所说的是夏、商、周三代的事,哪里值得取法呢?"所以说单就淳于越的法古之论而言,是不足以引起李斯重视的,让李斯担心的是从淳于越的言论中所表现出来的知识阶层的思想混乱。

却说战国时期,由于各诸侯国为了在激烈的竞争中脱颖而出,纷纷招揽才学之士,又由于多元政治的存在,使得君主难以对学术进行有效控制,于是不免百家并峙,异端纷呈。亦即李斯所说："古代天下散乱,无人能够统一,因此诸侯并起,游士们为了得到诸侯的赏识,说话都是称引古代为害当时,矫饰虚言以扰乱名实,人们都是推崇自己的学识,而指责君主所建立的制度。"然而到了秦朝,由于天下已经归于一统,因此士阶层已不需再为此殚精竭虑。始皇、李斯之流认为作为社会精英的士阶层就应该为国家的巩固与发展作贡献,顺应时代潮流转而去学习国家的法令制度,并在社会上广泛地宣讲,做新政权的拥护者而非反对者。

实际上始皇对士阶层确实是寄予了厚望的。统一六国后,他不仅未对私学予以限制,而且还仿效齐国设稷下先生之制,设七十博士,以延揽天下之士。对于这些社会精英,始皇曾表示要和他们一起共建太平盛世。然而这些士阶层的代表在进入新的皇朝后,仍然抱着战国游士的心态参与政治,对于朝廷的法令不是认真宣传、贯彻,而是如淳于越一样根据各自的学说对之妄加解读,混淆视听。此即李斯所说："现在始皇已经统一天下,分辨是非黑白,一切决定于始皇一人。然而那些私学之士却一起非议朝廷的法令教化,人们一听说有命令下达,就根据各自所学的知识加以议论,入朝就在心中非难,出朝就去街巷议论,向君主夸耀自己以求取名声,追求奇异的说法以抬高自己,并在民众中带头制造谤言。"

显然,对于新政权而言,士阶层并非合作者,而是添乱者。因此李斯认为,为着国家的长治久安考虑,这种现象应引起高度的重视,并予以严厉禁止。因为:"像这样却不予以禁止,则在上君主威势就会下降,在下就会形成朋党势力。所以对之予以禁止是合适的。"进而李斯提出了具体建议,请求始皇"让史官把不是记述秦国历史的典籍全部焚烧掉。除博士官署所掌管的典籍外,天下有收藏《诗》、《书》、诸子百家著作的,全都送到当地官府那里一起烧掉。有敢聚在一起谈论《诗》、《书》的处以死刑,借古非今的族诛。官吏如果知道而不检举以同罪论处。命令下达三十天仍不烧书的,处以脸上刺字的黥刑和白天防寇、夜晚筑城的城旦之刑。所不焚烧的,只有医药、占卜、种植之类的书。如果有人想要学习法令,就以官吏为师"。对于李斯的长篇大论,始皇阅后批了一个字:"可!"针对始皇此举,唐人章碣曾作《焚书坑诗》以讽之,诗曰:"竹帛烟销帝业虚,昔年曾是祖龙居。坑灰未冷关东乱,刘项从来不读书。"

对于咸阳宫之争的结局,从大历史的角度看,这应该是战国时期百家争鸣结束的标志。而就秦朝的历史看,它则意味着国家的政策从此在法律上成为人们讨论的禁区,从此以后,无论是官员或是百姓,对国家的政令只能无条件地执行,而不能发表自己的看法。谏诤之路由此断绝。

第十章
咸陽宮业第

一个关系秦朝国运的神秘预言：今年祖龙死

第十一章

第十一章 一个关系秦朝国运的神秘预言：今年祖龙死

据《史记·秦始皇本纪》称始皇三十六年（前211年）秋，一个出使关东的朝廷使者回咸阳复命。当他夜行至华阴县平舒道时，有人手持玉璧上前拦住了他的车驾说："为吾遗滈池君。"又说"今年祖龙死"。惊讶不已的使者正要问是何缘故时，来人却突然不见了，只有那块玉璧还留在他的面前。

这件事到了《汉书·五行志》中，使者就有了一个叫"郑客"的名字。到了晋人乐资那里就更被演绎得神乎其神了，据乐资的《春秋后传》讲，使者郑客走到平舒时，一个乘素车白马的人对郑客说自己是华山君，想把一个书牍送给居住在咸阳城边的滈池君。郑客去咸阳，路过滈池时，会见到一棵大梓树，树旁有一块有纹理的石头，请郑客取了它来敲打大梓树，就会有人出来接待郑客，这时把书交给那人就行了："吾华山君，愿以一牍致滈池君。子之咸阳，过滈池见一大梓树，有文石取以扣树，当有应者，以书与之。"郑客到那里后看到的情景一如车中人所言，于是便用石头敲树，结果敲过后就看见面前宫阙璀巍，恍如王者之居，然后就见有谒者出来取过书牍就回去了，过了一会儿谒者又出来说："今年祖龙死。"①

郑客的名字在干宝《搜神记》那里又变成了"郑容"，"容"与"客"当是形近而误。在《搜神记》里，郑容也就是郑客所见到的人不是华山君而是华山君的使者。郑容看到他时，他正乘素车白马从险峻的华山上徐徐而下。

此前，秦统一六国后，见于史策诅咒始皇的记载出现过两次。一次是百姓修阿房宫修得心烦，于是有童谣说："阿房，阿房，亡始皇。"②至于如何处理，因史无明言，不敢枉论。一次是始皇三十六年（前211年），在东郡有陨石落地，有人趁机在其上刻了"始皇帝死而地分"七个字诅咒始皇③。那么是谁在上面刻的字呢？司马迁认为可能是普通百姓干的，但又不一定。其时赋税之繁苛、力役之沉重、刑罚之严酷正将人们逼向死亡的深渊，因此要是普通民众在上面刻字骂始皇，那真

---

① 范晔：《后汉书》卷三十下《襄楷列传》，第1079页。
② 任昉：《述异记》卷下，中华书局1991年版，第17页。
③ 司马迁：《史记》卷六《秦始皇本纪》，第259页。

一点也不稀奇。不过这也只能是可能性大一点而已,因为恨始皇的还有许多失去了往日荣华富贵的原六国既得利益者,尤其是六国贵族及其后裔,他们是秦的重点打击对象,谁敢保证他们不会干这事呢?此事被始皇知道后,当即派御史去当地逐个严加查问,然而却没有一个人承认是自己干的。以秦法之酷烈,谁都明白后果之严重,所以宁肯自己被折磨而死,也是不会说的。大概当时都心存侥幸,想着法不责众,只要大家都不招,朝廷就没办法,他们总不会为这事就把所有的人都杀了吧。断案的御史要是也这么想,估计他要作难了。因为将这些人都杀了他于心不忍,如果不了了之,又无法向皇帝交代!不知道断案御史当时心情如何,但他最终还是对此案做了个决断,把居住在发现那块陨石的地方的所有人都抓住杀掉,把那块石头烧毁。以当时的社会发展程度而言,烧掉石头怕是要比杀人难多了。

总之,这是一个愚蠢而残酷的决断,但却是一个绝对为皇帝负责的决断。对于臣下如此草菅人命,始皇若有恻隐之心,他当愤怒;反之,他当满意,因为臣下已把此案处理得毫无纰漏了。然而始皇得到消息后既不愤怒也不满意,却说虽然方士们对长生不老之术言之凿凿,但民间显然并不相信始皇能得到这种方术而永远活下去,这就不由地又使他的心忐忑不安起来,为了驱散百姓心中的怀疑,也为了排遣自己心中的郁闷,始皇便让博士作了一首《仙真人诗》,等到他巡行天下的时候,每走到一处就传令乐人弹奏唱歌。

由于始皇对关于自己死亡的信息非常重视,因此华阴道上遇到蹊跷事的使者也不敢怠慢,一到咸阳就捧着路上捡来的那块玉璧向始皇汇报。始皇听后,坐在朝堂上沉默良久说:"山鬼也不过才知道一年的事罢了。"退朝后又说:"祖龙,指人的祖先。"不肯承认这是说自己的。然而这种说法有点自欺欺人,因为他既然自称始皇,则"祖龙"自非他莫属。南朝人裴骃的《史记集解》引东汉人服虔语:"龙,人之先象也,言王亦人之先也。"应劭也说:"祖,人之先。龙,君之象。"而曹魏人苏林则说得更为明白:"祖,始也。龙者,人君象。谓始皇也。"而在此前不久,上天曾出现了"荧惑守心"的现象,不免更加重了始皇的忧愁①。

所谓"心"即心宿,属二十八宿之一,所谓"二十八宿"是古代的一种恒星群系统,由二十八组恒星构成。原是古人用来观测日、月、五星运行的坐标的,但由于古人认为人的命运受着上天的主宰,因而又赋予了这些星宿很多神秘的内涵。如心宿,古人认为相当于天王的明堂,乃天王布政之所,其位置相当于人世间帝王的朝堂,因而心宿遂为天子之象,在它那里发生的一切都与天子有关。荧惑,即火星,因其荧荧如火,隐现不定,令人迷惑,故名"荧惑"。时人认为该星在上天属于执法之官,它常在十月入太微,受制而出行列宿,主司无道,出入无常,所至之处,一旦发现有失礼之处,即施以惩罚,其表现形式为勃乱、残贼、疾、丧、饥、兵等,所以荧惑又称灾星。而荧惑守心,就是指荧惑居于心宿之中,喻示着天子将有灾殃出现,并且常常是指天子将要死亡。荧惑守心,已让始皇心中很是不爽,哪想到上天居然又再次示警!难道自己真的是大难临头了吗?为了澄清自己的疑虑,忧心忡忡的始皇于是又让主管玉璧的官员去检查玉璧,试图从上面找到一些世人作伪的蛛丝马迹来。然而奉命检查玉璧的官员却惊奇地发现,这块玉璧居然是始皇二十八年(前219年)南巡时沉在长江中的那块,而能把一块沉入江底的小小玉璧打捞上来,除了神仙之外怕是没有其他人了。事情发展到这般地步,始皇想不信都不能了。

从今天我们已掌握的科学知识看,所谓的山鬼纯属无稽之谈,这件事从头至尾都是一个骗局。那么问题就出来了,是谁导演了这个骗局呢?对此问题,普通民众、失势的原六国统治阶层,以及现掌权的秦朝统治阶层都在怀疑之列。但普通民众基本可以排除,因为这件事情物资消耗过大,以他们的经济实力,这种游戏他们玩不起。原六国统治阶层中的一些人倒是具备这个能力,但他们也不可能做这种事,因为这动机不仅可笑,代价也太大,投入与产出根本不成比例,很难想象有人会耗费大量人力物力去江里打捞出玉璧,然后长途跋涉来到华山脚下等待时机献上玉璧,而其目的仅是为了吓始皇一跳。基本排除了

---

① 司马迁:《史记》卷六《秦始皇本纪》,第259~260页。

普通民众和原六国统治阶层,现在就只剩下秦统治阶层了。

这个骗局是他们设的吗?有可能!因为他们是具备这样的实力的。如果是,那么动机是什么?为了说明这一问题,我们不妨先分析一下这个事件。首先,设局者将玉璧作为预言的信物,这起码意味玉璧与预言是等值的。而该玉璧属登记在册的皇家珍宝,故不妨认为设局者对自己的预言视同珍宝。其次,与前两次预言相比,此次预言既不像童谣那样有前因,也不像东郡那样有后果,它只是莫名其妙的七个字。并且这次还设定了始皇的死期,就是"今年"。再次,本次预言出现在秋季。由于秦以建亥之月即夏历十月为岁首,所以此预言的时间跨度至多可以涵盖三个月,因为过了九月,新的一年就开始了。

从以上分析可以看出,设局者是郑重其事的,他隆重而神秘地宣布:始皇要死了!然而不可思议的是他把始皇的死期定在了当年,确切地说定在了不足三个月的时间内。这很值得玩味,如果三个月后始皇没死这个预言不就失验了吗?事实也是始皇后来顽强地活过了三十六年(前211年)而死在了三十七年(前210年)。因此我们可以断定,此预言的目的似乎不在于诅咒始皇,而是想通过它向始皇表达一种焦虑不安的心情。

这是一种什么样的心情呢?我们不妨顺着设局者的预言想一下,如果始皇死了,国家最迫切需要解决的问题是什么?毫无疑问是新君继位,然而始皇的嗣君之位却长期虚悬!始皇若一旦出现不测,后果将不堪设想。不过当时始皇不过四十九岁,按常理说离死还远着哩,这种担心虽不能说多余,是不是有点大惊小怪?有这种想法,是由于不了解当时的情况。就秦汉时期的帝王而言,这个年纪已经离死不远了。

由于自秦孝公起秦国诸位君主的生卒年史书都有记载,同时西汉十位君主的生卒年我们也可得到,我们不妨以这些君主为例,类似于做个抽象调查,看一看自战国以至秦汉时人的寿命特征。除了秦始皇外,秦国自孝公至二世皇帝共有七位君主,西汉自高祖至平帝共有十一位君主,一共是十八位君主,他们的年龄分布情况如下:六十岁以上的二人:秦昭王74岁;汉武帝70岁。五十至六十岁二人:秦孝文王53

岁;汉高祖53岁(一说62岁)①;四十至五十岁的有八人:秦孝公44岁,秦惠文王46岁,秦庄襄王34岁、汉文帝46岁,汉景帝48岁,汉宣帝43岁,汉元帝43岁,汉成帝46岁。三十岁以下的有六人:秦武王22岁,秦二世15岁,汉惠帝23岁,汉昭帝21岁,汉哀帝26岁,汉平帝14岁。

所以说,对于战国秦汉时期的人而言,一进入四十岁,已经是走在人生的边上了。具体到始皇本人,情况可能更严峻。

始皇二十六年(前221年),肩负秦国"包举宇内,并吞八荒"的远大政治抱负的始皇并吞了六国,那一年始皇达到了他人生的巅峰,这使他高兴得有点忘乎所以,他居然认为自己是"德高三皇,名过五帝",并毫不客气地自称"皇帝",一副功成名就的样子,因此纵情声色也就很正常了。当时始皇宫中女子甚盛,据说秦国每攻破诸侯,都要按照该国君主宫室的样子,在咸阳北面的山坡上面进行仿造,然后把从诸侯那里虏得的美人和钟鼓乐器之类的东西放里面。当时宫中女子的数量据称有万余人,阴柔之气上冲于天。其中受其宠幸者相当多,后来他死后,在如何处理这批女子时,二世曾称:"先帝后宫中受到临御却没有孩子的女子,遣送出皇宫是不合适的。"于是下令把这些人全部处死,为此死了很多人。而要知道当他吞灭六国之时,他已三十九岁,人生正在走过盛年,身体可供挥霍的本钱已不多。而与此同时,他还事必躬亲,用衡石来称量书写公文件的简册的重量,白天和晚上都有定额,批阅的数量达不到定额,就不休息。这又是多大一笔支出!因此始皇的身体一进入中年就开始走下坡路,这应是毫无疑问的。

并吞六国后,从二十七年(前220年)起至二十九年(前218年),始皇连年出巡。然而从三十年(前217年)到三十六年(前211年),他

---

①关于刘邦的年龄,《史记集解》引皇甫谧语称刘邦生于秦昭王五十一年,即公元前256年:"高祖以秦昭王五十一年生,至汉十二年,年六十二。"《史记·高祖本纪》称刘邦"及壮,试为吏,为泗水亭长"。《礼记·曲礼上》:"三十曰壮","及壮"意为刚满三十岁。据此则刘邦为亭长在始皇二十年即公元前227年前后,然据《水经注》:"秦始皇二十三年,以为泗水郡。"时为公元前224年,刘邦已33岁。故皇甫谧所语与史实不甚相合。而颜师古注《汉书·高帝纪》,引臣瓒语:"帝年四十二即位,在位十二年,寿五十三。"据此刘邦出生于前247年,其为亭长在始皇二十九年即公元前218年前后。而从刘邦曾与项羽约为兄弟一事看,二人年龄相差也不甚悬殊,故此说较为符合实际。

只出巡过一次,也只是到了碣石后就又从北边转回了咸阳。个中原因当与始皇身体状况每况愈下关系甚大,可是太子的人选却仍然没有确定。太子是国之储君,无太子则国本不立,就不能维持稳定,于是一个预言就诞生了。因此华阴道上的山鬼必是秦皇朝的统治阶层所为,并且很可能属于以李斯、赵高、蒙毅、冯去疾、冯劫等一批重臣为核心的最高统治集团中人所为,因为只有这个群体才真正与大秦皇朝的命运休戚相关。分析至此,在华山道上装神弄鬼的那个人,或者说指使人在华山道上装神弄鬼的那个人似乎已呼之欲出了,然而很遗憾,我们怕是永远都无法确切地指出那人是谁。

不过李斯与赵高肯定可以排除嫌疑。从这个事件看,嫌疑人很显然是一个对秦皇朝、对始皇忠心耿耿的贤臣。由于当时始皇已听不进忠言,又忌讳说死,所以为了感悟始皇,他不得不通过恐吓的办法来表达自己的想法,然而因知道始皇怕死,怕真的把他给吓着了,就只敢把始皇的死期定在当年,就这还怕承受不住,又选在了秋季,满打满算也不过是三个月时才予以实行,于此可见嫌疑人用心之细致、缜密、周到。而李斯始终抱着投机心理参与秦的统治,与秦之安危相比,他更关心自己的荣华富贵。据司马迁讲,此人一生的志业不过是拜几只老鼠之赐。原来李斯在发迹之前,是楚国的一个郡小吏,在官府工作期间他注意到所住公房的厕所内的老鼠不仅吃的东西不干净,而且由于离人和狗近,还常常受到惊吓,生活得很是恓惶;后来他去仓库,见仓库中的老鼠吃的是库中的粮食,住的是宽大的房子,还不受人和狗的打扰,过得悠然自得。两相对照,使他不由慨叹:"人是否有出息,就像这些老鼠一样,是由自己所处的环境决定的。"于是便想改变自己所处的有类于厕中鼠的环境,而无数的例子已经证明,飞黄腾达的终南捷径就是做游士干诸侯!他马上去找荀子学习帝王之学。学成之后,见秦国在诸国中最有发展前途,因而欲西入秦国游说秦王,走前在跟荀子辞行时,他向荀子解释了自己要西行入秦的原因,他说:"我听说一个人若遇到机遇,就不要因懈怠而错过。如今正是诸强国争斗之时,而游说之士左右着时局的发展。现在秦王想吞并天下,称帝而治,这正是布衣之士奔走四方、施展抱负的大好时机。处于卑贱的位置,却不考虑改变现状,就如同看见肉才知道去吃的禽兽一般,不过是个白长了副人的面孔而勉强直立行走罢了。我认为没有比卑贱更大的耻辱,没有比贫困更甚的悲哀。长期处于卑贱的地位和贫困的处境之中,却还要非难世道、厌恶名利,标榜自己与世无争,这不是士的本愿。所以我要去西方游说秦王。"显然李斯一生的追求就是荣华富贵。

赵高此人心术不正。考其出身,乃赵国贵族的疏远族人。由于他的父亲犯宫刑,使他的母亲受到株连而被官府没为奴婢,他的母亲与人野合而生下他和他的兄弟数人,后被施以宫刑,而为宦者。此人精通权谋之术,行事也以个人利益至上,因此无论是李斯还是赵高,都做不出这种费尽心机的事。

另一方面,册立太子对李斯和赵高都没有什么好处。因为始皇的长子扶苏此时已成长为颇受朝野推戴的青年政治家。从始皇死后,李斯等矫诏逼扶苏死时所称:"扶苏与将军蒙恬率数十万大军驻守边疆,已经有十余年了。"可以看出,扶苏在并吞六国之初就已参与到国家的重要军事活动中;从扶苏数次直谏始皇看,始皇也已让他参与到国家的政治生活中来,显见是已在把他作为自己的继承人来培养。而亲身经历了血与火洗礼的扶苏显然已具备了一个政治家的素质,因为当时无论是在朝还是在野,扶苏都享有崇高的威望。如赵高就称他是刚毅而勇武,信任人而又善于激励人。在民间,陈胜起义时居然以扶苏的名义纵横天下,可见其影响之大。因此,始皇三十五年(前212年)时,始皇虽愤而将扶苏重又赶回北方监军,然父子之争不在权力而在国是,其出发点都是为了使这个国家长治久安。因此若选太子,以始皇之雄才大略,是不会斤斤计较父子间的小小过节的。并且因为扶苏是长子,以他为太子也可以避免诸公子的纷争。当时唯一可能对扶苏储君之位构成威胁的,是最受始皇爱幸的少子胡亥。

在谈论胡亥时首先要确认一下他的年龄。关于胡亥的年龄,《史记》的记载相当模糊。如在《秦始皇本纪》中叙述胡亥登基时,司马迁称"二世皇帝元年,年二十一"。然而在该卷的结尾处却又称"二世生十二年而立"。又《李斯列传》称胡亥为始皇"二十余子"中的"少子",也就是最小的儿子。然而南朝人裴骃的《史记集解》又称章邯在关东领兵打仗时,有辩士隐姓名,"遗秦将章邯书曰:'李斯为秦王死,废十七兄而立今王也。'然则二世是秦始皇第十八子。"再有《史记》中多处强调胡亥年少,然《秦始皇本纪》中又称二世临死言:"愿与妻子为黔首,比诸公子。"因此胡亥登极时,是二十一岁还是十二岁确实有点说不清楚。学界主流看法是支持二十一岁说,如张荫麟称"胡亥即二世皇帝位时,才二十一岁。"①邹贤俊称始皇暴死沙丘之后,赵高劝胡亥夺嫡,"二十岁的胡亥果然采纳了他废兄而立弟的计谋。"②

但本人却赞同十二岁说。理由有三:其一,十二岁即位说当源自《秦纪》。唐人司马贞的《史记索隐》指出:"襄公立,享国十二年。……二世生十二年而立"这段文字重新序列秦朝的先代君主即位之年以及埋葬之处,"皆当据《秦纪》为说,与正史小有不同"。《秦纪》为秦官方史书,属第一手资料,且所载为国君年龄,不涉事实褒贬,作伪的可能性极小,因此此处所载几可视为铁证。至于清人梁玉绳称:"《纪》云'二十一立',此云'十二',盖讹倒耳。《纪》言二十一者,以踰年改元言之。此言二十者,以始皇崩年言之。"③乃是在于他将《秦始皇本纪》整卷文字视为一体而进行本校,殊不知"襄公立享国十二年"以下这段文字实自成体系,与前面的文字颇相歧异,以至于南朝人裴骃《史纪集解》将其与前面的文字相区别,引徐广语称二十一岁说为"本纪云二十一"。故而用校勘四法中的本校法来校定这两种说法,是不恰当的。自然也是不正确的。

其二,说胡亥二十一岁即位,与常理不合。因为胡亥是始皇最小的儿子。关于这点也须略作说明。秦汉及其以前的典籍中皆称最小的儿子为"少子"。史书称胡亥为始皇"少子",则胡亥自应为始皇最小的儿子。况且赵高还对胡亥说过诸公子尽帝兄的话,更可证明胡亥为始皇最小的儿子。然而史书又有所谓的李斯为胡亥"死废十七兄"之说,于是又有胡亥是始皇的第十八子之说。其实尽管胡亥杀死了他

---

① 张荫麟:《中国史纲》,湖南人民出版社2010年版,第125页。
② 白寿彝、高敏、安作璋主编:《中国史(修订本)》(第四卷),上海人民出版社2004年版,第237页。
③ 梁玉绳:《史记志疑》卷五《秦始皇本纪》,中华书局1981年版,第197页。

的十七位兄长，但这并非就是杀死了他所有的兄长，最起码李斯的女儿们所嫁的那几个公子将会保住性命。因此遂有后来项羽入咸阳杀子婴及秦诸公子宗族之举，显见二世之时，他的兄长们中仍有幸存者。由于胡亥为始皇少子，如果胡亥是二十一岁即位，则据此上推，胡亥当生在始皇十八年（前229年），即始皇三十一岁的时候，如果是这样，这也就是说在始皇三十一岁时有了胡亥后直到他死去的近二十年中，他后宫的女子们就再也没给他生其他的儿子了。这就有点不可思议了，因为三十一岁不过是人生刚刚进入盛年，并且这时始皇也已进入人生的巅峰状态，伴随着他事业的发达，他的后宫也日渐充盈起来，而且前面已经提到始皇在男女关系方面是很荒淫的，这就不可能不生孩子，因此胡亥若是始皇最小的儿子，年龄就一定不大，所以他被立那年也就是始皇三十七年（前210年），他年方十二，当是他的真实年龄。

其三，从二世君臣的言行也可看出其即位时年龄尚幼。如二世二年（前208年）冬赵高劝二世说："先帝由于统治天下的时间长，因此大臣们不敢为非作歹，进邪说。现在陛下这么年轻，又刚刚即位，为什么要与公卿大臣一起在朝廷上处理事情呢？因为如果处理事情有失误，就会把自己的短处暴露在群臣们的面前。"此语显见是认为二世年幼不足以处理国事，若二世二十一岁即位，此年为二十二岁，正是如他父亲一样行冠礼，掌朝政，大展宏图的时候，则赵高此番言论无异于给一直以乃父为榜样的胡亥兜头泼了一盆子冷水，然而胡亥听后却觉得赵高说得很好。这很显然只能用胡亥确实年岁尚幼才能解释得通。胡亥自己也曾说："我年纪轻轻就失去了父亲，因此对治理国家没什么经验，不知道该怎样治理百姓。"

当然有人可能会说当年始皇初立时比胡亥还大，还因年少而委国政于大臣，如果胡亥是年方十二岁，就更不可能亲自处理国事。但事实是他一直在亲自处理国事。因此他自称自己年幼只能理解为故作谦虚。这个看法初听颇有道理，但却同样经不起推敲。想当年始皇初立时之所以委国政于大臣，是因为吕不韦在感情上与其甚厚，在身份上乃丞相，非常尊贵，故他代掌国政不仅庄襄王放心，同时也能得到朝廷大臣们的支持。而胡亥初立时的情势则大为不同，他是赵高一手扶上马的,但赵高由于是一宦者,又是宫中的中级官员中车府令,身份卑微,若由他主政,则很难服众,若要大臣代掌国政,则非李斯莫属,而这是赵高万难答应的。所以胡亥虽少,但必须主持国政,只有这样赵高才能操持国家。然有人认为二世未立时已习法律,及立后恣行不义,应当已在成人之年了。《史记》中称二世"生十二年而立",这不是实情。持这种说法是把辅佐二世的人给忘记了,有赵高在,二世什么事情做不出来呢!并且这孩子又是天资聪颖!总此诸点,本人认为胡亥生于始皇二十六年(前221年),始皇三十七年(前210年)他被立时年方十二岁。

胡亥曾跟赵高学习律令,能言善辩,故而深得始皇的欢心,但是说到继承皇位,却需另当别论。由于他当时年龄幼小,没有实际从政的经验,因此在始皇面前不过是一个会讨父亲欢心的黄口小儿而已。如果选他做太子,势必会给国家带来动荡,对此始皇自己是有亲身体验的。他十三岁继位,因年幼而无法执掌大权,只好委国事于大臣,结果使吕不韦、嫪毐专权,险些酿成大祸。故以始皇之雄才大略,他是不会重蹈覆辙的。扶苏虽不很理想,但已长大成人,由他继任最起码大权不会旁落。因而胡亥做太子的可能性不是没有,至少是在当时是极小的。

在此情况下,赵高肯定不愿意策立扶苏为太子,因为与扶苏关系甚密的武将世家蒙氏与他有仇,原来赵高曾犯重罪,被蒙氏家族中的蒙毅判以死刑,并取消了他的官籍,后来由于始皇爱惜他的才能缘故,才又赦免了他,并恢复了他的官爵,赵高也因此与蒙氏仇根深种。如果扶苏被立为太子,那么蒙氏就要得势,而这是赵高所不愿意见到的,因此他宁愿维持现状。虽然李斯的儿子们娶的都是秦的公主,闺女们嫁的都是秦的公子,但从后来赵高与他的谈话看,他的儿子们所娶的公主与扶苏关系并不大,他的女儿们所嫁的诸公子中也没有扶苏的名字。因此他虽与扶苏集团无甚过节,但也无什么密切的联系,这不能不使他担心一旦扶苏真的掌权,自己还能不能保有眼下的荣华富贵,以至于慨叹:"事物如果极盛就会转衰,我不知道能让自己安息的地方在哪里。"对未来充满了迷茫与不确定感。

第十一章 一个关系秦朝国运的神秘预言:今年祖龙死

那么设局的人会是蒙毅么?蒙氏自蒙骜从齐国来到秦国为秦统兵征战起,至蒙恬、蒙毅兄弟时,已是三世为秦重臣,当时始皇外以蒙恬典兵,威震匈奴;内以蒙毅为上卿,出宫即让其与己同车护驾,回殿则命其侍立跟前,可谓备受始皇的宠幸,其权势之重,几乎没人敢与他争胜。蒙氏与秦皇朝的关系可谓深矣。因此如果是蒙毅搞的鬼那真一点也不稀奇,但是如果是蒙毅搞的鬼,那么当始皇病重,让他去祷祭山川时,他应该及时把这消息快马加鞭报告给北方的扶苏与蒙恬才对,可是他却没有吭声。

是右丞相冯去疾、将军冯劫么?这两个人后来在劝谏二世不成反被二世训斥之后,不肯受辱而自杀,很显然他们对自己名声的重视超过了对国家的忠诚。说实在的,我们不知道那个在华阴道装扮山鬼的人是受谁指使,但他一定是一个忠于秦皇朝的人。

不管是谁设的局,也不管是出于什么动机,这些都不重要,重要的是能不能让始皇信以为真,并认真考虑身后之事。

应该说设局者的良苦用心没有白费,始皇是确确实实信以为真了,按照常理,他应该考虑该如何安排他的后事了。但是很遗憾,由于这个人太自私,或者说这个人对死亡太恐惧了,以至于他不能冷静地与之面对,结果他考虑的全部是如何活下来而不是自己死了后国家怎么办。这大概就是人性的弱点。始皇通过占卜,得到了出游、迁徙吉利的卦辞。作为皇帝,他自然是不能搬家的,那么他就让人代他迁徙,于是他选了三万家人迁到了黄河大拐弯处靠近匈奴的北河榆中,至于这些人能否经受得住长途的跋涉,能否适应当地苦寒的气候,估计他是不会考虑的。至于出游,他的行为也颇值得推敲。按山鬼说,他当死在三十六年(前211年),然而他出游却是在三十七年(前210年)的岁首十月,现在考虑,很有可能始皇担心山鬼用的历法与秦的不同,如果是这样,那就有点麻烦了。因为夏、殷、周、秦四代历法各不相同,夏以建寅为正、商以建丑为正、周以建子为正,也就是说夏的岁首在夏历一月,殷的岁首在夏历的十二月,周的岁首在夏历的十一月,因此如果山鬼按夏、殷或周的历法,则当在秦的一年过完后,按另三种历法,还有一到三个月留在当年内。于是为慎重起见,始皇于三十七年(前

210年）十月癸丑出了咸阳。

然而这一去就再也没能回来。

此次出行的主要成员有李斯、赵高、胡亥、蒙毅等，由于怕冷，他们选择了自南而北这样一个行程，游云梦，过丹阳，上会稽，至琅邪，到之罘，一路行来，已是夏季。当始皇一行沿着海边走到山东黄河岸边的一个渡口平原津的时候，终于病倒了。然而到了这个时候，他仍不肯相信自己要死了，他派他最为信任的侍卫官蒙毅外出，去名山大川为他祷告祭祀祈福，殊不知蒙毅一身实系大秦帝国之国运，他这一走，大秦中兴的希望也如风中之烛，几度摇曳之后，终于熄灭了。

却说蒙毅走后，始皇一行继续向西进发，在此过程中，始皇的病情愈来愈重，到了这个时候，他才不得不承认自己真的要死了，才开始着手安排后事，下诏要扶苏回咸阳参加葬礼。然而诏书却被赵高压在手中迟迟不肯发出，他在观望！这个时候蒙毅的重要性就显现出来了，作为负责整个巡行队伍安全的侍卫长，蒙毅手握生杀之实权，他若在，赵高必不敢如此胆大妄为，赵高纵敢抗命不从，也必将受到蒙毅的强力反制，因为这不仅关系到国运的兴衰，也与他们蒙氏家族休戚相关，其结果是诏书自必当在最短的时间内传达出去，可惜的是在最需要他的时候他却仍没有回来。如果他在始皇死前赶回，事情可能还会出现转机，然而直到车驾走到河北，始皇病死在沙丘宫时，蒙毅还没有回来，大秦皇朝因之也就失去了最后一次实现转机的机会！赵高与胡亥、李斯阴谋篡改诏书，以始皇的名义立胡亥为太子，令扶苏自杀！等到赵高和李斯等把这些事情做完后，蒙毅终于回来了，可是一切都来不及了。不过，我们还是不要再谈论蒙毅了吧，将如此沉重的责任加在他的身上，他确实承担不起！

此后过了没多久，先是扶苏自杀，接着蒙氏兄弟被处死，紧跟着十二位公子被杀戮于咸阳，十名公主被车裂于杜！又有六公子被杀戮于杜，三公子自杀，一公子自愿为始皇殉葬！大秦帝国的统治核心终于崩溃！而此后没多久，秦朝就灭亡了。

第十一章
一箇關系秦帝國興亡的秘密預言：今秦祖龍死
反秦力量在楚地的集结

第十二章

第十二章 反秦力量在楚地的集结

却说胡亥继位之后,为了确立自己的权威,他行事处处模仿始皇,如对外继续遵循始皇时的策略,镇抚四夷;对内在修好骊山陵墓后,恢复修建已经停建的阿房宫。并继续以严刑苛法治国,一继任就出巡示威,弹压人民。始皇一切事情都依法律决定,刻薄而不讲仁义,把法令搞得极为严酷,人们犯了法久久不能得到宽赦,胡亥在此基础上施法更加严酷。在坚持始皇的政策的同时,胡亥又对他的兄弟姐妹和始皇时的重臣极尽打击之能事。结果整个国家很快便笼罩在一片恐怖气氛之中,而秦的统治也在这极度的恐怖之中一步步走向万劫不复的深渊。

不过虽然说秦末爆发起义是迟早的事,但二世元年(前209年)七月发生在大泽乡的那档子事,却有点像个偶发事件,因为如果那阵儿不下雨,说不定他们就去渔阳了。并且从深处说,秦对楚地的统治也不像对其他地区那样严酷。就秦统治者对百姓造成的残暴程度,本人认为是因地而异的。具体而言,因是征服者,故秦故地最轻,而山东六国当属燕、韩、赵、魏故地,燕、赵故地边胡,秦在该处布有重兵,且三晋离秦统治中心最近的缘故,所受压迫程度最重。由于远离秦统治中心,楚、齐故地所受的压迫相应要轻些。其中楚国尤其轻,因此这里按理说是不应该率先起事的。不过这样想虽然有道理,却不全面。不要忘了,在山东诸国中,只有楚地是最具有反抗精神的,在秦灭掉的六国中,只有他们在楚国灭亡后又聚众反秦,图谋恢复楚国。更何况在这里秦的统治又相当薄弱,正好给草莽英雄们以可乘之机。所以大泽乡起义,偶然性确实很大,但即使起义不在此时此地由此人掀起,也极有可能在楚地的另外一个地方、另外一个时间,由刘邦、英布、项梁抑或是其他人掀起!秦的大限已到,逃是逃不掉的。

所谓楚地,即是楚国的故地,大致包括淮河南北及长江中下游地区。秦并吞六国后,对于这片土地的统治,始终都不很自信。还是在并吞之初,有大臣就忧心忡忡地指出,有三个地方需要重点加强统治,其中之一即为楚地,后来望气者又说东南有天子之气。为此始皇曾多次南巡,宣示武力。

对于楚地,秦统治者确实不能掉以轻心,因为这里的情况有点特殊。就山东六国的情况看,韩、赵、魏与齐和秦一样皆属黄河文明圈,燕国则因国力虚弱,虽远处边陲,实属黄河文明之附庸。但楚则不同,地处南方的楚地,自古就有一脉相承的吴楚文化传统,虽然受到了黄河文明的强烈影响,但长期以来却在很大程度上保持着自己的文化独立性。如北方有所谓的《三坟》、《五典》,楚地则有《九丘》、《八索》;北方有儒、墨之学,楚地则有道家之学;北方有《诗》三百,楚地则有富有地域色彩的《楚辞》。在民俗方面,楚地信奉鬼神,重视那些不合礼制的祭祀。在民风方面,其人一方面受不得委屈,好生气发怒,不服管教。另一方面,又热爱自己的君长,楚怀王客死秦国,楚人知道后都很怜惜他,心情如同失去了亲人一样悲伤。由于楚人有着非常深厚的家国情怀,因此秦征服淮南后,楚将项燕居然又发动楚人,反秦于淮南,并一度搞得秦统治者相当紧张,而像这种死复燃的现象,也只有在楚地才出现过。

不仅如此,此后人们仍然怀念故国,如范增就说:"由于怀王被骗入秦国后再没能返回,楚人一直到现在每每提起还倍感怜惜,因此楚南公预言说楚国即使只剩下几户人家,然而灭亡秦国的却一定是楚人。"很显然,与北方相比,楚地文化具有极强的异质性,故而秦对楚地的统治从某种意义上看,不啻为一个民族对另一个民族的征服,则其地存在离心倾向也就很自然了。因此还是在秦未完全并吞楚之前,已对楚地有点无可奈何了。秦昭王二十八年(前279年),秦昭王派白起攻楚,下鄢、邓等五城。次年取郢,又东攻竟陵,南攻到洞庭湖和沿洞庭湖的江南地区,建立南郡,对所取得的地区行使有效统治。然而时隔数十年后的始皇二十年(前227年),南郡守腾下达的文件《语书》中却说当时法律令已经具备了,仍有一些官吏、百姓不加遵守,习俗淫侈放恣的人未能收敛:"今法律令已具矣,而吏民莫用,乡俗淫失(泆)之民不止",腾为此把法令整理出来公之于众,以便使官吏、百姓都清楚了解,不要违法犯罪。然而过了没多久,腾却又说现在法令已经公布,听说官吏、百姓犯法有奸私行为的尚未敛迹,私自的爱好和旧有习俗仍不改变,从县令、丞以下的官员明明知道而不加检举处罪,这是公然违背君上的大法,包庇邪恶的行为。显然效果相当不好:"今法律令已布,闻吏民犯法为间私者不止,私好、乡俗之心不变,自从令、丞以下智(知)而弗举论。"①

从这些话中可以看出,秦在南郡统治的结果,不是秦将南郡消化在自己的政治体制之中,而是秦的统治体制在楚地文化的影响下被扭曲变形了。

应该说,在强化对楚地的统治方面,秦统治者是不遗余力的。诸如施行于其他地区的严刑峻法、迁其豪民、坏其城防、销其兵器等活动在楚地一样不少。同时在巡幸六国故地以示强威的活动中,又把楚地作为重点。还用厌胜之术对东南显现出来的天子之气进行消解,所谓厌胜,是古代的一种以诅咒、方术制胜、压服人或物的巫术。如秣陵原名金陵,因为望气者称东南有天子气,于是凿地断冈改金陵为秣陵。丹徒在战国时原名朱方,由于秦以为其地有王者之气,于是始皇遣身着红色衣服的刑徒3 000人将该地的长陇凿破,故名丹徒。由拳原名长水,由于始皇东巡时,望气者称五百年后江东有天子气,始皇于是令囚徒10万人掘污其地,表以恶名,故改名为由拳。曲阿秦时名云阳,也是由于秦太史称东南有天子气在云阳之间,因此凿此岗令其更名曲阿。丰县又有厌气台,也是因被疑有天子气而筑以镇之。

应该说要想真正对征服地实现有效的统治,向该地派驻军队不失为明智之举,但在当时却难度甚大。因为国家的财力还不足以拥有庞大的常备军,只能实行兵农合一的郡县征兵制,也就是战时打仗,战罢归田。所以被征服地的主要军事力量仍需从当地民众中选取,但这种军事力量的可靠程度是有限的。不过从统治者的一系列作为看,有这么个军事力量也就够用了。因为那里有号召力的富贵之家已被迁走,武器大部分已被收归国家并铸以金人,城池已被拆除,又有严刑苛法的残酷镇压及皇帝的巡视和厌胜,可以说各种乱源都已被解决或正在解决,故而决策者实想不出那些无知的小民还能闹腾出什么名堂。

然而很不幸,尽管为了加强对楚地的统治,秦统治者可谓煞费苦心。遗憾的是,楚地的局势不仅没有沿着他们的思路发展,反而变得更加混乱。造成这种后果的直接原因为秦的表面文章虽然做得相当

---

① 睡虎地秦墓竹简整理小组:《语书》,《睡虎地秦墓竹简》,文物出版社1990年版,第13页。

华丽,但是它的统治体制却无法在楚地真正确立起来,而其深层原因仍与南郡一样,乃是楚地的异质文化在作祟。其具体表现就是地方属吏与令长的对立。

我们知道秦的郡之守尉,以及县之令丞等高级官吏皆为朝廷派遣,但为数众多的属吏却只能由当地选拔。从理论上分析,属吏直接与民接触,必须熟悉当地民情,若由异地调派,则难以辨其情伪,此其一;属吏级别低下、俸禄微薄,若由异地调遣,则属吏由于要拖家带口,生活成本势必大增,故给以原俸,则其实难维持生活,增俸国家又承受不起,此其二;楚地的生存条件也相当恶劣,楚地不仅丘峦起伏,河汉纵横,湖泊众多,又由于地广人稀,故开发程度有限,许多地区过的是以稻为饭,以鱼为羹,耕作方法是火耕水耨,就是在种植水稻前先将田里的草放火烧掉,然后朝田中注水种稻,在稻子长出之初,草与稻并生,等到高七八寸时,将草与稻全部割去,然后再将水注入,于是草死而稻谷独自长了起来,这种方式无疑是相当原始的。所食之物不外是瓜、果、螺、蛤,也都是当地野生的东西。由于开发程度不高,因此生活在那里的人们大多为贫穷人家,有点苟且偷生的意思。此外由于该地天气终年湿热,故又盛行血吸虫病,如 1975 年考古人员在湖北东陵凤凰山 168 号汉墓中出土的一具西汉初年男尸肝脏中发现有许多血吸虫、肝吸虫等寄生虫虫卵。1979 年在长沙马王堆汉墓出土的一具西汉初年女尸的肝脏、直肠,以及乙状结肠组织中发现了血吸虫、肝吸虫等寄生虫的成堆虫卵,每堆虫卵的数量从几个到数十个不等。1982 年在湖北江陵发现一战国中期女尸,其身上也发现了肝脏血吸虫的痕迹。因此史书有江南地势低洼湿热,男子往往过早死去之说:"江南卑湿,丈夫早夭。"①总此诸点,可以看出当时楚地的生存条件相当恶劣,此其三。故而属吏只能由本地人担任。这可以找到许多例子佐证。如沛县的泗水亭长刘邦是沛丰邑中阳里人,主吏掾萧何是沛丰人,狱掾曹参和县吏夏侯婴也都是沛人也。事实上不仅是古代,即使是今天,在许多地方政府中的职员也以当地人居多。秦在楚故地所设之郡有

---

① 司马迁:《史记》卷一百二十九《货殖列传》,第 3268 页。

汉中郡、黔中郡、南郡、南阳郡、陈郡、长沙郡、泗水郡、九江郡、衡山郡等,其中除汉中、黔中、南郡、南阳郡外,余下诸郡皆为始皇二十三年(前224年)以后所建。这意味着秦所利用之基本力量也就是那些属吏,皆是在楚的统治下成长起来的,因此这些人不免将楚人的遗风带入政权之中,从而改变其作风。如秦的统治等级森严,下级官员要见上级时如临大敌,往往要郑重其事地选好日子时辰,如秦简《日书》称子日,早晨去面见上司,报告汇报有关事宜,上司会认真听从。晚上去面见上司,报告汇报有关事宜,上司不会听从。白天去面见上司汇报工作,将得到上司的夸奖称赞。太阳西斜的时候去面见上司,上司会让你再去见一次。夜晚去面见上司,将受到上司的称赞鼓励:"子,朝见,有告诉,听。晏见,有告,不听。昼见,有美言。日虒见,令复见之。夕见,有美言。"①

但楚人却拿官府不当回事。刘邦为泗水亭长,这个职位大致相当于今天的乡派出所所长,然而他对沛县的官吏们却一点也不尊重,见了就戏弄人家。如有一次官员聚会,他以一亭长身份竟颠倒了官员间的等级秩序,居然先把赴宴的官员们戏耍了一番,又大模大样地坐在了上坐。秦的官员不讲私交,据曾去秦国考察的荀子讲,他在秦国曾看到该国的官员们,从自家门中出来,径直进入公家的大门去办公。然后又从公门中走出来,径直回到自己的家中,彼此间没有什么私事相请托,官员之间从不结党营私。而被秦征服的楚地则不然,官员之间私下交往甚为频繁,朋党比周现象极其严重。如刘邦与萧何、曹参、夏侯婴等便私交甚笃,刘邦为亭长,萧何常暗地里庇护他,后来刘邦去咸阳服役,官吏们送给刘邦的钱都没有萧何多。夏侯婴为沛厩司御时就与刘邦过从甚密,后试补为县吏后又与刘邦关系甚好,刘邦曾因开玩笑误伤夏侯婴,被人告发。由于当时刘邦身为亭长,按律伤了人是要严惩的,因此为了给刘邦开脱,夏侯婴主动证明自己没被刘邦伤害。然而后来这个案子又被翻出,夏侯婴因受刘邦的牵连被关押了年余,其间多次遭到严刑拷打,备受折磨,但因始终坚持没被刘邦伤害,最终

---

① 吴小强:《秦简日书集释》,第111页。

使刘邦免于刑罚。

　　由于属吏间沆瀣一气,就不免舞文弄法,作奸犯科,有利于自己的便极力争取,有害的则百般推脱。不可否认秦残暴的刑法、沉重的赋役给楚地百姓带来的危害,但也应该看到,遭到沉重压迫的往往是那些贫贱之人,而非地方豪民。如刘邦为布衣时,萧何便多次保护过他。项梁叔侄流亡会稽,按说秦是极力反对百姓私下流亡的,然而因其家族势力庞大,与会稽郡官吏关系密切,因此始终没受到惩罚。并且对于豪民而言,即使犯了罪,遭到追捕,也能安然无恙。如刘邦因没完成送徒骊山的任务,不得已而丢官逃亡,然看他后来的情况,应该是在家待了一段时间,后来只是听说始皇认为东南有天子气,要加强对东南的统治,他私下认为这是在说自己,所以才逃到了邙、砀山泽之间的。对于他的去向,在沛县属吏们中间应该属于一个公开的秘密,但就是没人去抓他。又如会稽郡郡守始终想抓着逃亡的通缉犯桓楚,项梁他们也知道桓楚的去向,但郡守就是抓不到。

　　正是在这样一种背景下,一些地方反抗力量开始悄悄崛起。在会稽郡,由于现政权的不作为,该郡每有大的徭役及丧葬活动,都要由项梁来主持,隐然为当地豪强之魁首,项梁又暗地里以兵法约束他的宾客和子弟,显然是有着不可告人之目的。在沛地,刘邦则逐渐成长为一地的强梁。他经常到王媪、武负这两个卖酒的老妪那里赊酒喝,然而到了年终两家都把记账的简札折断,不再向高祖讨要。他去吕公那里赴宴,吕公见了他一面,就把女儿送给了他。对此,史书解释为他有贵人之相,故而人们都对他好,让着他。实际上,王、武两家就是想问他要酒钱,怕是要不来不说,弄不好惹恼了他,说不定会招来不测之祸,倒不如破财消灾,落个平安的好。吕公来沛地投靠沛令,沛令就是他的保护伞,但作为国家官员,沛令不可能永远在沛地为官,他终究是要走的,而吕公拖家带口的也不可能沛令走一处他跟一处,那么他要想在沛县长住下来,就应该与沛县的实力派人物结交,而刘邦来赴宴,他看到几乎所有的官员都为刘邦所戏弄,则这人分明是一地的豪杰,靠上了他就等于在沛县站稳了脚跟。所以,说白了刘邦就是沛县一个不务正业、游手好闲、好酒及色、且喜欢讲哥们义气、出手大方的出了名的无赖,王、武两家不收他的酒钱,吕公把女儿嫁给他,不过是要获得他的保护而已。与此同时他们也开始有意识地利用鬼神之事来神化刘邦,如王、武两家老妪就声称经常看到有龙盘踞在醉卧店内的刘邦身上,吕公认为刘邦有贵人之相,吕雉声称刘邦所居住的地方常有云气笼罩于天上,以及刘邦自己制造的老妪夜哭声称什么赤帝子斩白帝子的闹剧等等皆是。通过这一系列的运作,遂使刘邦在沛县的声望日隆,以至于许多人都想去追随他。

正是由于楚地统治薄弱,因此不仅当地的强人在发展势力,同时异地的豪杰们也纷纷朝这里聚拢。如张耳、陈余被秦重金求购,无法在中原立足,于是改变姓名,一起来到了陈,并在那里谋得了一个里监门的职务住了下来。所谓里监门,有点类似于今天城市中住宅小区的保安。韩人张良与刺客一起在黄河岸边一个叫博浪的地方趁着风沙狙击始皇,把始皇惹得大怒,下令在全国范围内对刺客严加追捕,张良在北方无处容身,于是也改名换姓,偷偷地跑到下邳躲藏了起来。尤其耐人寻味的是,他到那里后,经常在下邳街头走动,犹如闲庭信步一般从容,居然还照样行侠仗义,项伯曾经因杀人无处躲藏,张良还让他住在自己那里。还有原来在骊山服役的恶人黥布则率领他的手下,一起逃到了长江中做起了盗贼,也开始发展自己的势力。此外在当时的楚地,还活跃着一批预言家。如一老父相刘邦贵不可言;下邳一老父送给张良一部兵书,并告诉他说读这本书就可以为王者之师,十年后就会发迹。黥布年轻时,有客人相他说当在受到刑罚惩处之后称王。这显然是在鼓动那些有能力的人们去推翻秦皇朝。其中尤以为陈胜吴广占卜的卜者表现得最为露骨。却说两人在起事前,去找卜者占卜,卜者于是鼓励他们说他们要做的事情全都能成,并且能建功立业。

凡此种种,显见楚地已成为秦的一个矛盾集中地,因此当秦二世元年(前209年)七月,陈胜、吴广在大泽乡揭竿而起后,消息所到之处,当地豪杰无不群起响应,以数千人为单位聚在一起造反的,不可胜数。比如陵人秦嘉、铚人董绁、符离人朱鸡石、取虑人郑布、徐人丁疾等都是独立举事。会稽之项梁叔侄则斩郡守而响应,沛人则共杀沛令而推举刘邦为首领。英布也聚兵数千人以叛。楚地大乱!

第十二章
反秦力量在楚地的集结

六国亡秦：山东终于也爽了一把
第十三章

第十三章 六国亡秦:山东终于也爽了一把

二世元年(前209年)七月,戍卒陈胜率众于大泽乡揭竿而起,并很快进据陈。当时陈胜的力量已发展到车六七百乘,骑千余,卒数万。而诸郡县饱受秦吏之苦者,又皆杀其长吏以应陈胜。显现出一派生机勃勃的景象。于是陈中豪杰们纷纷劝陈胜称楚王,理由有二:一是陈胜身披坚执锐,率士卒诛杀暴虐的秦朝,重新建立楚的社稷,存亡继绝,按功德应该称王。二是从监临天下将领考虑,不称王也不行。陈胜就此事询问名士张耳、陈余,张耳、陈余却认为陈胜应该做的是复立六国之后而不是称王。理由也有二:一是从道义上看称王于陈胜不利。在他们看来,秦为无道之行,对诸侯而言是破灭其国家社稷,灭绝其后世;对百姓而言是疲弊其力,竭尽其财。陈胜在这种情况下挺身而出,置生死于度外,为天下驱除残贼,这是大公的表现。如果刚到陈就称王,追求自己的利益,这是向天下昭示自己的私心,因而陈胜要做的不是称王,而是应引兵西向并立六国之后,恢复六国的国家社稷。如果能这样,陈胜就会占据道义的制高点,而为天下所景仰。二是复立六国也有现实的好处,那就是为自己树立同党,为秦增加敌人。敌人多了力量就会被分散,和众人搞好关系兵力就会强大,这样就会很容易击败秦朝,而得以据咸阳以令诸侯,最终成就帝业。总此二点,陈胜若不立六国后,而独王于陈,张耳、陈余说:"我们害怕天下的民心离散啊。"

尽管张耳、陈余说得头头是道,但陈胜还是称了王。考其原因,亦不外两点:其一,陈胜并不认为诸侯后代就仍然应该是诸侯,这一点在他起事时就已表述得相当清楚。其二,立六国后,弊大于利。因为若立六国后,陈胜就会陷入无土无民的尴尬境地,并且由于树立起了六个权力中心,那么原来追随陈胜的人就很有可能回到各自的家乡,各事其主。若如此,陈胜的力量不仅不会强大,反而会有土崩瓦解之虞。

有鉴于此,陈胜称王后,非常忌讳复立六国之后。当时陈胜派符离人葛婴率兵招抚蕲以东的地区,葛婴到东城后,便擅立襄强为楚王,后来听说陈胜已自立为王,忙杀了襄强,然后回去向陈胜报告。然而即便这样,陈胜也不肯原谅他。他一回到陈,马上便被陈胜诛杀。

尽管陈胜不愿立六国之后,但历史却不肯以他的意志为转移。他派武臣去招抚赵地,结果武臣一到邯郸就自立为赵王。武臣派韩广去招抚燕地,结果韩广一到燕地就被燕人立为燕王。陈胜派周市北上招抚齐地,而齐地的田儋已自立为王。周市后来至魏地,欲立在陈胜那里的魏国王室后裔魏咎为王,先后派了五拨使者去陈胜那里迎魏咎,陈胜最后被迫立魏咎为王而送他回国。那是在复立已成事实,而自己还没有能力制约之的情况下,最好的选择只能是对其存在予以认可。如陈胜在得知武臣称王之初,非常生气,便把武臣等人的家人抓起来,打算杀掉。这时身边的人劝他说:"秦朝还未被灭亡而诛杀赵王及其将相的家属,这是自己又制造了一个秦,不如顺势立他为王。"陈胜听了也觉无奈,竟答应了。

考当时山东地区的复国势头之所以如此强劲,乃在于秦此时所统之民,原为六国之臣庶。六国无罪而被灭,使他们对故国充满了深切的同情。如范增就说:"秦灭六国,楚最无罪。自从怀王入秦不返,楚人直到今天还在哀怜他。"齐王建投降后,秦把他置于共,让他活活饿死在荒凉的松柏之间。齐人听说后,既怨恨他任用奸佞,招致覆国灭宗,又哀伤他悲惨的境遇,因而歌道:"松耶、柏耶!使建被流放到共的人是那些唯利是图的宾客啊!"

同时由于秦的残暴统治,使山东民众在对秦的统治深恶痛绝的同时,对刚刚逝去的六国充满了怀念,希望能够恢复故国,摆脱秦的暴政。所以说山东地区的复国浪潮之出现,既有情感的原因,更有现实的需求。或者说在秦末,复国的思想就是一个大篮子,它可以装下几乎所有反秦者的梦想。贵族可以复国,英雄可以成名,普通人则可以摆脱秦的残暴统治,因而复国就成了当时最有吸引力的旗帜。故起事之初,群雄皆举诸侯之名号。如陈胜起事之初,令吴广夜间于丛祠之中作狐鸣道:"大楚兴,陈胜王。"后自立为王,又号为"张楚",意即张大楚国的意思。

项梁起事后,范增在劝说他立楚王的后人时说:"您在江东起事之后,楚地的造反者都跑来追随您的原因,是由于大家都认为您的家族世世为楚将,因此能够重新立楚王的后人为君的缘故呀。"于是项梁虽然拥有六七万大军,且为楚地名族之后,却仍不敢自立为王,而是拥立

第十三章 六国亡秦:山东终于也爽了一把

了楚怀王的孙子心。并且为了顺从民意,仍以楚怀王为号。又如当时魏地的人想立魏人周市为王,然而周市却自许为魏之忠臣而迎立魏王之后魏咎为王,所谓:"天下昏乱之时,忠臣才会出现。现在天下都背叛了秦朝,从道义上看必须立魏王之后才行。"而武臣、韩广等虽非诸侯之后,田儋虽为齐王的族人,据地称王皆借赵、燕、齐之名号,则借重诸侯之意更著。

陈胜起事六个月后,为御者庄贾所杀。然而由于他派吴广、周文(一名周章)引兵西上,独力抗秦,在客观上给了武臣、韩广、田儋、魏咎等以复国的机会。结果后来两路大军虽相继败亡于章邯之手,而他自己也身死城父,但由于山东复国势力羽翼已成,因而灭秦的大业不仅没中辍,反而愈演愈烈,并最终并力西向,卒亡秦朝。

当然诸侯亡秦的过程也并非是一帆风顺,其间的波折之多真是一言难尽。在反秦之初,由于事起仓促,秦统治者不免手忙脚乱,结果一时之间,竟被打得只有招架之功,而无还手之力。直到元年(前209年)九月周文等打到离咸阳百多里的戏时,二世方才大惊失色,急令少府章邯赦免骊山刑徒和人奴产子,将他们全部组织起来向义军发动进攻。

就骊山刑徒而言,由于生活恶劣,劳役沉重,故在骊山服刑,不啻被置于烈火之上炙烤。而所谓的人奴产子,即是奴婢的后代,其身份亦属奴婢。在时人看来,奴婢与马牛等畜产无疑,同属主人的私有财产。故而秦简《日书》中常将奴婢与其他财产并称,如所谓"可以入人民、马牛、禾粟"、"出入臣妾、马牛"、"出入人民、畜生"等。秦简《法律答问》明确显示臣妾即属主人之私有财产。如若丈夫有罪,妻子先告发,其妻将不被收为官婢,其妻陪嫁的奴婢、衣物属于其妻的财产,也不应没收:"'夫有罪,妻先告,不收。'妻賸(媵)臣妾、衣器当收不当?不当收。"若妻子有罪被收监,妻子陪嫁的奴婢、衣物当给其丈夫:"妻有罪以收,妻賸(媵)臣妾、衣器当收,且畀夫?畀夫。"①由于奴婢为主人之私有财产,故而主人有权役使其从事各种工作,当主人有罪应赀

---

① 睡虎地秦墓竹简整理小组:《法律答问》,《睡虎地秦墓竹简》,第134页。

赎,以及欠官府债务无法按期赔偿,需要以劳役抵偿时,还可以用他们来代替。秦简《司空律》规定百姓有赀赎债务而有一个男的或女的奴隶,有一头马或牛,想用其劳役来抵债的,可以允许:"百姓有赀责(债)而有一臣若一妾,有一马若一牛,而欲居者,许。"①如果臣妾不听使唤,主人可以请求官府对其进行惩罚,如秦简《封诊式》中有一案例说的就是某里五大夫乙认为自己的妾丙强悍,而向官府请求对其处以黥劓之刑。若奴婢实在不服管教,主人还可以请求卖给官府,让其承受更大的惩罚。另一案例说的是某里士伍甲将其骄横强悍的臣丙捆送到官府,请求卖给官府做修筑城墙的刑徒城旦,并请求官府给价钱。甚者还可以谒杀奴婢,也就是在杀害奴婢前到官府那里先备个案就行了。如秦末田儋欲杀狄令以谋反,遂设计将其家奴捆起来,让人家押着去见狄令报告自己要杀死这个家奴,狄令没有防备,竟被田儋击杀。凡此种种可见奴婢的地位之低下。

因此赦免刑徒和人奴产子为良民,对他们而言真可谓是天翻地覆的变化,故而其愿意在阵前与义军生死相搏也就很正常了。由于士卒用命,结果秦军大败义军,而将战争的主动权抓到了秦的手中。不过需要指出的是,此次战役中征发刑徒与人奴产子乃是应急之举,此役之后,秦的主力就变成了关中的士卒。

自秦朝建立之后,原来的虎狼之师大都已解甲归田回到了关中,及至此时,秦统治者忙又将他们组织起来,一批批地发往前线,于是秦军虎威再发。而秦关中士卒之所以解甲归田乃在于其强烈的厌战情绪,究其原因,主要有二。

首先,军功基本不再受到奖励。主要是因为土地有限。我们知道,秦人打仗立了军功,是要授予爵位、奖励田宅的。据不完全统计,一百多年间,秦共斩获山东六国甲士首级150余万颗,由于得一敌首即可得田一顷,宅九亩,则所赏赐田宅当在150万顷以上。于此可见秦赏赐数额之大。这势必会使一些地区出现土地紧张现象。为解决此问题,同时也为了对新征服地区实现有效统治,秦统治者百多年间

---

① 睡虎地秦墓竹简整理小组:《秦律十八种》,《睡虎地秦墓竹简》,第51页。

一直有意识地采取迁民活动,如秦惠王后九年(前316年),置巴郡,移民万家实之。秦昭王二十一年(前286年),司马错攻魏河内,魏献上安邑求和,秦于是将安邑的人赶走,然后向前往安邑定居的人赐爵,又把罪人迁往那里。二十六年(前281年)赦免罪人,将他们迁往穰。二十七年(前280年)司马错攻楚,然后赦免罪人迁往南阳。二十八年(前279年),大良造白起攻楚,取鄢、邓,然后赦免罪人迁往那里。不断地从秦故地迁民,在一定程度上缓解了关中地区的土地问题。然而随着统一的结束,史书便很少再见从关中迁民了。不仅如此,秦还从山东六国迁入咸阳十万富户。始皇二十七年(前220年),又对天下赐爵一级。因而统一之后,秦故地可赏赐的土地数额已非常有限,再想如过去那样按爵赐田怕是不可能了。纵或能勉强实施,怕也要大打折扣。另外此期国家的用度又大增。秦自孝公起,历代君主皆以攻城略地为己任,努力克制自己的私欲,故而境内劳作不多。然而并吞六国后,一方面国家版图空前广大,有加强统治之必要;另一方面始皇大功告成,私欲膨胀,无所节制,遂诸役并举,大事兴作。表现之一,修筑大量宫室。如仿造六国宫室,建造骊山陵墓,修建阿房宫,以及大建离宫别馆于全国各地。表现之二,整顿修建防御建筑。其一是铲除山东六国遗留下来的防御工程。包括战国时各国在边境和交通要道上利用山川之险修筑的关塞亭障、在内地所修建的长城、各郡县的城郭,以及堤防;其二是在赵、燕、秦三国在北部边境修建的长城的基础上,修建西起临洮东至辽东的万里长城。表现之三,大搞交通建设。在原有基础上,修筑以咸阳为起点,向东南伸展,遍布六国各地的驰道。另外又有寻求神仙奇药之行为。凡此种种皆为大兴作,不仅给人民带来了极大的痛苦,也给秦的统治造成了沉重的压力,因为即使国家可以使用人民的无偿劳动,但服役者最起码的生活费用还是要国家来提供的,而以上诸种兴作动辄便是数万人,甚至数十万人,旷日持久,并且常常数役并举,给国家财政带来的压力之大可想而知。所以这时的士兵立功之后,或为国战死之后,要想如以前的将士那样得到国家优厚的赏赐及抚恤,无异于痴人说梦。

其次,如今的战争也不再能勾起秦人的兴趣。以前的对手为山东六国之人,其俗以农耕为业,故颇有积蓄,兵锋所及,军队即可因粮于敌,《商君书·徕民》论及惩罚不服从秦国的国家的策略时,认为应该在这年春天将该国的农田包围起来,夏天食用该国的粮食,秋天取走该国收割的东西,冬天则陈放该国的宝物:"天下有不服之国,则王春围其农,夏食其食,秋取其刈,冬陈其宝。"事实上秦军也确实是这样做的,楚昭王时,白起统军攻楚,引兵深入楚境之后,大军常常行走于楚国的城池之间,为了鼓舞士兵的斗志,白起下令拆断桥梁烧掉船只以坚定士兵必死的决心,通过在郊野掠夺来解决军队衣食的问题:"发梁焚舟以专民,以掠于郊野,以足军食。"①《墨子·非攻下》也称当时王公大人、天下之诸侯发兵攻伐他国,一入其境,就收割人家的庄稼,砍伐人家的树木,毁坏人家的城郭,攘杀人家祭祀用的牺牲,迁走人家的重器:"入其国家边境,芟刈其禾稼,斩其树木,堕其城郭以湮其沟池,攘杀其牲牷,燔溃其祖庙,劲杀其万民,覆其老弱,迁其重器。"同时将士亦可借此大发横财。晁错就称秦在并吞六国前士卒打了胜仗就能得到国家的赏赐,攻打屠杀城邑,还可以得到他们的财物来使自己的家庭富足:"战胜守固则有拜爵之赏,攻城屠邑则得其财卤以富家室。"②然而到了秦朝建立后,虽然仍有敌人存在,但此时的对手与以前的已大不相同,北边的匈奴为游牧民族,所有者不过是马、牛、羊而已,他们视为珍奇的东西是橐驰(驼)、驴等,也还是动物;南边的南越地区如楚越地区一样是饭稻羹鱼、煮食蠃蛤,甚至还不如楚越之地。总之无论是匈奴还是南越,都没有什么可以称得上是珍宝的东西。因而秦人即使在与他们作战时取得了胜利,也得不到什么好处,更何况想在这些地方取得胜利殊非易事。

总此两点,秦人在并吞六国后,渐渐地就不愿意当兵打仗了,而秦统治者因已无力维持奖励军功的政策,便顺应形势改由主要从新征服的山东地区谪发特殊的群体从军,如秦统治者在始皇三十三年(前214年)"发诸尝逋亡人、赘婿、贾人略取陆梁地"③。所谓的"尝逋亡

---

① 刘向集录:《战国策》卷三十三《昭王既息民缮兵》,第1188页。
② 班固:《汉书》卷四十九《晁错传》,第2284页。
③ 司马迁:《史记》卷六《秦始皇本纪》,第253页。

人",也就是曾经逃亡的人。这些人的出逃主要应是经济原因,或无以自存,或无力承担国家赋役。当时关中地区土地辽阔,土壤肥沃,号称"陆海",若田分九等,当属上上之田,所以此处贫穷不堪而逃亡之人虽有,但数量有限。而三晋就不一样了。尤其是韩、魏,土地狭小,人口众多,战国时就被人认为这些国家的土地不足养育他们的百姓。至于赵国,虽然土地较韩、魏广阔,然而土质却相当差,在九州中属于第五等。由于地狭人众,且土地多贫瘠,因此三晋之人普遍生活水平较低。如韩国地势险恶,民多山居,所种植的五谷不是麦就是豆,所吃的食物大抵就是豆饭藿羹等粗糙的食物,如果有一年收成不好,百姓就是吃糟糠也觉得很幸福。入秦后又由于秦赋役沉重,因此抛弃土地流亡到地广人稀的燕、楚就成了一个不错的选择。这种情况肯定对国家的统治造成了影响,不然始皇三十一年(前216年)就不会出现让天下百姓主动申报自己耕地数量的命令了。此一方面是对百姓所拥有土地所有权的认可,另一方面则是对那些没有申报土地的人的所有权的剥夺,因而引发大量"逋亡人"的回归。结果一回到故乡,就受到了官府的控制。

再看"贾人"。这个群体在始皇三十三年(前214年)也以罪人身份被谪发攻打南越。就战国七雄而论,秦以农战立国,还是在商鞅变法时,从事工商业者因无利可图,于是纷纷停业,改从事农业,因此工商业一直受到有效限制。而山东六国中,三晋由于地狭人众,经商者不在少数,《商君书·徕民》所谓"其寡萌贾息民,上无通名,下无田宅,而恃奸务末作以处"。所谓"末作"即工商业。然又皆不如齐多,齐地山海相连,膏壤千里,境内多文彩布帛鱼盐,自春秋以来,工商业一直相当发达,因此齐可称是商人之渊薮。秦统治者在谪发商人后,又继而将曾经有市籍者、祖父母、父母曾经有市籍者,皆纳入征发的范围之中。则山东地区因此被征发者当不在少数。由于是以谪从军,带有赎罪的性质,因而原来的军功赏赐也就随之取消了,即晁错所谓:"今秦之发卒也,有万死之害,而亡铢两之报,死事之后不得一算之复。"①死于国家战事之后连国家的一算之复都得不到,当兵遂成为一件极其痛苦的事情。

　　却说周文在戏被打败后,退出关中,在函谷关外的曹阳休整了两三个月,但显见仍不是秦军的对手,因为随后章邯率关中士卒追来又把他打得大败。周文只好率部逃往渑池,而章邯则乘胜追击。追上后,两军交锋,周文又被打得溃不成军,周文自杀。章邯于是挥师朝荥阳进发,在荥阳的楚军主将田臧率精兵西上迎击章邯于敖仓,两军交锋,田臧战死,军队大败。章邯遂进击荥阳的楚军并攻破之,楚将李归等战死。楚将邓说将兵居郯,章邯遣将将他击破,邓说的部下四散逃向陈。楚将伍徐(一作伍逢)将兵居许,章邯进军击破之,伍徐的溃军也逃向陈。此时二世又派长史司马欣、都尉董翳辅佐章邯,学者普遍认为这两个官员是带领大批的关中士卒加入战斗的。而军力得到补充的章邯实力大增,遂进击陈,陈胜的柱国房君战死。章邯又进兵攻打驻扎在陈西的楚军,陈胜出城监战,但军队仍被秦军击破,主将张贺战死。

　　二世二年(前208年)十二月陈胜退往汝阴,还至下城父时被御者庄贾所杀。一月,进兵击魏王咎,围之于临济。四月魏王派周市赴楚、齐请救兵。六月,齐王田儋亲率军来援,楚也派项它来救,章邯夜衔枚突袭之,遂大破齐、楚军,杀田儋及周市于临济城下,魏王咎自杀,临济降秦。七月围齐田儋的弟弟田荣于东阿。八月初次被项梁及田荣的部队打得大败。章邯遂引军而西,在濮阳东又被项梁击破,章邯于是收兵入濮阳城。楚军遂转而攻定陶。面对严峻的形势,二世紧急调动所有的兵力赶赴定陶,增援章邯,这其中包括驻守上郡的王离率领的边防军,据学者分析,单是王离的军队就应该有10万之众,章邯因而声威大振,遂于九月夜衔枚破杀项梁于定陶。是年后九月围赵王歇于巨鹿,赵国危在旦夕!

　　可以说截至二世二年(前208年)后九月以前,章邯所率领的秦军主力就如同一只出笼的猛虎,所到之处,覆军杀将,追亡逐北,端地是

---

①班固:《汉书》卷四十九《晁错传》,第2284页。

虎虎生风、所向披靡。在此过程中,虽然也时有败绩,但很快就又恢复了元气。而反观山东诸侯之卒,大多却如同羔羊一般,不堪一击。细考起来,其中原因甚多,而最重要的仍是犯了战国时的老毛病,即各国从自身利益出发,虽然都主张对抗秦,但是在参与的程度上却有轻重之别。有的是尽力西向,有的却只是口头响应,结果由于人心不齐,总难成事。还是在起事之初,陈胜在祝贺武臣自立为赵王的同时,又要求他速发兵入关助周文攻秦,然而赵王群臣却认为:"武臣在赵称王,并非陈胜所愿,因此如果楚攻灭了秦,就一定会加兵于赵。为了赵的安危考虑不如不向西发兵,而是派人招抚燕的故地以拓展赵的疆土。这样赵就南临大河,北有燕、代,楚虽然胜了秦,也不敢对赵轻举妄动。"赵王以为这种看法有道理,于是派人北上徇抚燕地。项梁在东阿大破章邯后,又领兵追击章邯,然而项梁却愈追愈紧张,却是章邯在撤退的过程中,不断有新的士卒加入到部队中,结果越追章邯的人马越盛。于是项梁派使者去齐、赵求援。田荣这时刚又立田儋的儿子田市为齐王,原齐王田假逃到了楚国,原齐相田角,田角的弟弟田间逃到了赵,田荣就要求楚和赵把这三个人杀掉,不然不发兵。楚、赵都没有答应他的要求,而他最终也没发兵。后来项梁被章邯败杀,一个很重要的因素就是兵力太少。所以项羽后来对此事一直耿耿于怀。二世二年(前208年)后九月章邯围巨鹿后,诸侯派来的救兵虽在巨鹿附近扎下了十余所营寨,却都不肯向秦军进击。楚的救兵则行至安阳卿子冠军宋义就下令驻扎了下来,并且一直待了46天也不见有进军的迹象。项羽问其缘故,宋义于是又重弹武臣的臣下老调:"现在秦攻打赵,战胜,则士卒就会疲惫,楚军可以利用他们的这种弊端攻打他们;不胜,楚军可以引兵西向攻秦,就一定会拿下秦了,因此不如先让秦与赵斗一斗。"这种观点实际也是其他作壁上观的救兵的观点。

很显然,以秦兵之强,如果任这种观点流行,则诸侯们将会重蹈战国时期山东诸国的覆辙,不仅灭秦遥遥无期,而且还有被秦逐个消灭之虞。好在此问题在巨鹿被满腔愤怒的项羽不经意间一战解决。项羽来前怀王决定兵分两路,一路来救赵,一路进击关中。项羽因怨恨秦人破杀其叔父军,故主动要求西向击秦。但是怀王身边的大臣们认为项羽为人剽悍残暴,难以控制,竟不肯答应他,这本就让他不满,不想又让他以宋义副将的身份北上救赵。怀王本是项羽叔侄所立,项梁死后,怀王就应该把军权交给项羽才是正理,如今却让他居于宋义之下,项羽心中之愤怒可想而知。不过如果宋义真的率军救赵也就算了,因为毕竟项羽可以有机会在战场上为死去的叔父报仇雪恨,可是却想不到宋义居然会有如此龌龊的想法,结果愤怒之下,项羽遂乘早晨见宋义的机会,在他的帐中把他的头给斩了下来,然后出来号令军中说:"宋义想与齐谋划反楚,是楚王暗中令我把他杀掉!"由于项羽勇冠三军,诸将本就对他比较忌惮,如今又见他发威,都不敢反对,说:"最先拥立楚王的是将军您的家族,现在将军您又诛除了叛乱。"于是共同推举项羽为假上将军。楚怀王得知消息后,见生米已做成熟饭,只好顺水推舟,使项羽为上将军,大军统帅。

二世三年(前207年)十二月,项羽派英布、蒲将军率2万士卒渡漳水救巨鹿,断绝了章邯向王离输送粮草的粮道。在取得一定胜利后,项羽遂下令全军渡河,渡过河后下令把所有的船只都沉入水中,打破做饭用的釜、甑,烧掉住宿用的庐舍,每个士卒都只带三天的干粮,以示士卒必死之心!于是一到战场就把王离的军队给包围起来,遂与秦军相搏击,结果九战而大破秦军,杀苏角、俘王离,涉间自焚而死。当楚军与秦军拼杀之时,前来救赵的其他诸侯军队都立在营寨里观看,见楚之战士打起仗来无不以一当十,呼声震天,诸侯军队中端的是人人恐慌。及到已破秦军,项羽召见诸侯的将领们,这些将领们进入辕门后,无不膝行而前,莫敢仰视。显见项羽不仅把秦军打得落花流水,也把诸侯的将领们吓破了胆,这大概是项羽未想到的。项羽从此才开始为诸侯上将军,诸侯的将领都归他来统领。于是以前那种各自为战、一盘散沙的局面彻底改观,山东诸侯的力量因而也变得空前强大起来,遂合力乘胜进攻章邯。秦军于是进入艰难时期。

不过从秦军的战史看,像这样的处境他们不止一次地遇到过,可是每一次他们都能通过运筹而成功地化险为夷,此次他们是否也能逢凶化吉呢?

然而很不幸,这一次他们确实是大限已到,在劫难逃了。因为今非昔比！当年君臣和睦，军心稳定，胜则弹冠相庆，负则倾力扶持，故而屡屡遇难呈祥，转危为安。而如今却是君臣疏离，军心浮动。如果胜利的话，还能暂时内外相安，而一旦失利，便互相猜忌起来，用通俗的话说，这时的秦人已变得能打不能挨了。

当时秦军因为新败，为避楚军的锋芒，故数次退却，这应该是很正常的事，然而二世知道后，就派人来责备章邯。章邯恐惧之下，忙派人赴咸阳解释，可是在那里待了三天，赵高却不肯接见，显然也是有不相信章邯之心。而章邯的反应先是狐疑不安，继而便阴谋叛秦以脱困，由此可见内外隔膜到何种程度。由于章邯首鼠两端，全无斗志。而项羽却使蒲将军日夜引兵渡三户，军于漳南，与秦军战，再次将其击破，项羽又引兵击秦军于汙水上，大破秦军。章邯使人请求与项羽立约以降，却不知此时项羽之师亦近乎强弩之末，因为他快没粮食吃了。于是双方盟于洹水南的殷墟之上，20余万秦军遂降于项羽。这是二世三年（前207年）七月的事。而这时刘邦的西征军才刚降下南阳，然而由于秦军主力已被项羽悉数歼灭，此后刘邦军遂势如破竹，八月军屠武关，二世、赵高遂大难临头，于是矛盾激化。赵高因杀二世于望夷之宫而立子婴为王，九月子婴又设计诛杀赵高，并诛其三族无遗类！

却说当秦廷一片大乱之时，刘邦正挥师西进，一路上屡战屡胜，终于在汉元年（前206年）十月率军来到了霸上。秦王子婴得知消息后，遂乘素车、白马，系颈以组，封皇帝的玺、符、节等，来到轵道边投降楚军，一个强大的皇朝终于走到了尽头。

唐人韦楚老因赋《祖龙行》诗以感叹之，诗云："黑云兵气射天裂，壮士朝眠梦冤结。祖龙一夜死沙丘，胡亥空随鲍鱼辙。腐肉偷生三千里，伪书先赐扶苏死。墓接骊山土未干，瑞光已向芒砀起。陈胜城中鼓三下，秦家天地如崩瓦。龙蛇撩乱入咸阳，少帝空随汉家马。"

第十三章

亡国三巨头：胡亥、赵高和李斯

第十四章

第十四章 亡国三巨头:胡亥、赵高和李斯

论及秦亡于二世胡亥,后世往往为之扼腕叹息,说要是让扶苏做皇帝就好了。扶苏智勇双全且不提,尤其值得欣赏的是他的仁爱之心,而后来始皇临终遗命传位于扶苏,也未始不可视为他对自己暴政的修正。设若扶苏继位,秦的暴政肯定会得到修正,只是大乱仍十有八九会发生,究其原因乃在于受时代强大的裂土分封思潮影响,扶苏势必会大封诸侯,但由于时势已发生重大变化,分封诸侯必然会带来动荡不安。不过从扶苏在朝野的威望看,未始不可以挽狂澜于既倒,所以说在扶苏在位期间皇朝虽有动荡,但稳定局面大体还是能够维持住的。

事实上秦朝就缺这几十年的缓冲期,只要这几十年过去了,那么来自战国的那些不安分分子就会老的老,死的死,原来困扰秦统治的复国思潮也就自然消解了。待到此时,秦帝国的权威已经深入民心,普天之下尽是秦之子民,则诸侯即使出现纷争,也应该处在中央的掌控之下。若如此,亦即秦度过其瓶颈期后,其统治会不止四世五世的。

但历史由不得假设,事实是,扶苏被赐死于上郡,胡亥则登极于咸阳。而说起来,这一切都导源于三十五年(前212年)的坑杀术士。在那次事件中,本已被从北部边疆招回的扶苏因替术士们求情,犯了始皇的忌讳,结果被再次赶回北方。朝中忠臣忧心国事,遂有三十六年(前211年)秋山鬼传话之典故,其意即在劝始皇从速招回扶苏。若扶苏在咸阳,纵使始皇不正式立他为太子,始皇一旦病危,也会把皇位传给他的。因为在始皇二十余个儿子中,他实际是最受看重的一个。可惜的是始皇过于看重自己的性命,竟出都以避灾殃,结果病死沙丘,给一直在等待时机的赵高以可乘之机。赵高遂鼓动起他的如簧之舌,将他与蒙氏的家族之争演化为扶苏与胡亥的夺嫡之变,我们不妨通过《史记·李斯列传》所载史事,看一看赵高是如何以一区区中车府令的身份在秦廷掀起惊天大浪的。

赵高的策反工作先从胡亥做起。

胡亥这孩子起初并无夺嫡之心。这从始皇死后,赵高找他说想篡改立扶苏的诏书而立他为太子时的言行中可以看出来,如他先是说:"我听说贤明的君主知道他的臣下,贤明的父亲了解他的孩子。父亲

去世了,只封长子而没封其他儿子,这有什么可说的呢!"指出自己父亲就认为自己不行,接着又自己承认自己没本事:"自己没有什么才能,依靠别人的力量勉强做了皇帝,这是无能。"

但赵高因与蒙氏有仇,深恐扶苏做皇帝后,蒙氏得势,而自己死无葬身之地,因而早视胡亥为奇货,定要利用这孩子扭转乾坤,转危为安。所以无论如何都要把胡亥拉下水的!他故意把夺嫡之事说得十分简单:"事情不是你说的这样。现在天下之大权就掌握在你、我和丞相李斯手中,希望你好好考虑考虑。"继而又指出这样做的好处是如何之大:"况且让别人做自己的臣下与自己做别人的臣下,驾驭别人与被别人所驾驭,又岂可同日而语呀!"并鼓励胡亥要当机立断痛下决心:"顾忌小节而忘记了大事,日后必有祸害;犹豫不决,日后必会后悔;果敢地去做,就是鬼神也要回避,并且将来一定会取得成功。希望你能按我的话去做。"最后又加了一把火:"时光啊时光,你短暂得竟让人来不及谋划!我就像带着干粮骑着快马朝前急走一样,唯恐耽误了大好时机!"在赵高的威胁利诱下,年仅十二岁的胡亥于是改变了主意。

赵高说服胡亥之后,自知以自己中车府令的身份和胡亥少子的地位是难以服众的,要想做成此事,就必须得到位高权重、深孚众望的丞相李斯的支持,于是赵高又去找李斯商议。但这在常人看来无异于痴人说梦。因为众所周知,李斯对嬴政的忠诚那是出了名的。嬴政有一统天下之志,他就竭尽全力帮助他实现这个梦想;大功告成之后,嬴政想称帝,他就鼓动他做"泰皇";嬴政想周游天下,他便主持修驰道,兴游观;嬴政想开拓疆域,他便支持北逐匈奴南定百越的策略;有人攻击郡县制,他更是坚决予以反击。当然他也有与嬴政政见不合的地方,如对于嬴政欲伐匈奴一事,他初以为匈奴迁徙不定,难以控制,而不赞成攻打匈奴,后来见嬴政不高兴,他不仅不再坚持,反而积极主持该项事务。此人尤其有一个他人所不及的长处,那就是勇于揽过,当时但凡有美誉,他都推给嬴政,但凡有过错,他都揽到自己怀里,对他而言,别人如何评价都是小事,只要嬴政喜欢就行。从李斯的种种言行可以看出,他对嬴政的忠诚简直到愚忠的地步。而说实在的,嬴政待他也确实不薄,先是委之以客卿,并吞六国后即任命其为廷尉,最终擢升其为位极人臣的丞相。并且嬴政还与其结为儿女亲家,李斯的儿子们都娶了嬴政的女儿,女儿们则都嫁给了嬴政的儿子。于此可见君臣二人相知之深,俨然一千古佳话。在这种情况下,想要李斯在嬴政刚刚晏驾的当儿,劝他背叛嬴政,现实吗?

但赵高显然是看透了李斯的心思,因此找到李斯,一席话下来就把他给搞定了。

却说赵高见着李斯就说:"皇帝去世,临死前赐给长子扶苏诏书,命他到咸阳参加丧礼,并立为继承人。诏书现在还没送出,如今皇帝去世,还没人知道这件事情。皇帝赐给长子的诏书和符玺都在胡亥处,因此立谁为太子只在于你我的口中罢了。你看这事该怎么办?"

李斯见始皇刚刚去世,赵高就说出如此大逆不道的话,当时便惊得心惊肉跳:"你怎么能说出这种亡国的话呢!这可不是作为臣子该议论的事!"

但赵高却答非所问:"您自己衡量一下,和蒙恬相比,谁更有才能?和蒙恬相比,谁的功劳更高?和蒙恬相比,谁更深谋远虑而没有疏失?和蒙恬相比,谁更受天下百姓的喜爱?和蒙恬相比,谁与长子扶苏有故旧之谊且更受扶苏的信任?"

见赵高如此说,李斯不由叹息道:"这五个方面我都不如蒙恬,然而您为何要如此苛求于我呢?"

赵高答道:"我原来不过是一个宦官的奴仆,后来有幸凭着熟悉狱法文书进入秦宫,负责管理宫廷之事二十多年,其间从没见过被秦王罢免的丞相、功臣们有封爵而又传给下一代的,最后都是以被杀而告终。皇帝有二十多个儿子,都是您所知道的。长子扶苏刚毅而且勇武,信任人而又善于激励人,即位后一定会用蒙恬为丞相,因此您最终不能怀揣通侯之印退职还乡,这是明摆着的事。我受皇帝之诏命教育胡亥,让他学习法事律令已有好几年了,还从没见过他有什么过失。此人慈善仁爱,诚实敦厚,轻视钱财,尊重贤士,心里聪明但言谈中却往往显得相当迟钝,竭尽礼节,敬重贤士,在始皇的儿子中,没人能比得上他,可以立为继承人。您认真考虑一下然后再做决定吧。"

赵高的一席话无疑说到了李斯的痛处。扶苏继位之日很可能就是他政治生命结束之时,说不准还会把始皇当政时造成的恶果推在自己身上,严惩自己以泄民愤。而若以胡亥为皇帝,情况就会大为不同。一者胡亥年纪幼小,容易把握;再者胡亥本不该做皇帝,而自己推戴之为皇帝,则于胡亥即有拥立之大功,胡亥能不对自己感激有加?但这样做风险也极大,若夺嫡不成,自己就会被覆宗灭族死无葬身之地,两相权衡,不免让李斯左右为难。再说始皇一向对自己恩宠有加,而自己待他一死就背叛了他,这岂不是势利小人的行径!

因此思来想去难下决断,就对赵高说:"您还是去干您分内的事去吧!李斯我应该做的就是奉行皇帝的遗诏,听从上天的安排,有什么可考虑决定的呢?"显然是有点听天由命的意思。

赵高听了不以为然地说:"看似平安却可能是危险的,看似危险又可能是平安的。在安危面前不早做决定,又怎能算是圣明的人呢?"

见赵高这样说,李斯便说出了自己的第一个不安。他说:"想我李斯本是上蔡闾巷里的平民百姓,承蒙皇帝的提拔,让我担任了丞相,并封为通侯,子孙都得到尊贵的地位和优厚的俸禄的原因,是想把国家安危存亡的重任交给我,我怎么能辜负他的重托呢?"

对于李斯的这个心结,赵高以顺时而变加以开导。他劝李斯不要拘泥固执:"圣人之所以为圣人就在于其善变而不循常规,服从变化顺从潮流,见到苗头就能推知根本,看见动向就能预知归宿。事实上,事物本来就是这样,哪有什么一成不变的道理呢!现在国家的权力和命运都掌握在胡亥手中,我能猜出他的心思所想。再说从外部来制服内部才称为逆乱,从下面来制服上面才称为反叛。因此我们的行为既不是逆乱,也不是反叛,属于堂堂正正的正当行为,就如同秋霜一降花草便随之凋落,冰雪消融就万物更生一样,是世间必然的结果,您怎么连这些都没看到呢?"

但李斯仍是下不了决心,他说出自己的第二个不安,他担心因此会招致天下大乱。因为历史已一再证明统治核心的不正常变动,往往会给国家造成极大的消极影响,而潜在的意思则是这有可能使自己招致杀身之祸。他说:"我听说春秋时期晋国由于变易太子,结果导致三代不得安宁;齐桓公兄弟争夺君位,兄长被杀死;商纣王杀死亲戚,不听臣下的劝谏,结果都城被夷为废墟,并危及社稷。这三件事都是由于违背天意,才落得宗庙无人祭祀。"

见李斯如此说,赵高以齐心协力解之。赵高说:"上下齐心协力,事业就可以长久;内外配合如一,就不会有什么差错。"进而又威胁说:"您若听从我的计谋,就能长保封侯且世世相传,并一定会有仙人王子乔、赤松子那样的寿命,孔丘、墨翟那样的才智。而如果舍弃这个机会,不听从我的意见,一定会祸及您的子孙,这足以令人寒心。善于为人处世的人是能够转祸为福的,您将如何处置当前的事呢!"

话说到这个地步,李斯若再不答应,显然会有血光之灾,于是李斯听后又是仰天长叹,又是泪流满面地折腾了一番:"唉!偏偏遭逢这样的乱世,既然已不能以死尽忠,将向什么地方寄托我的命运呀!"李斯同意了。

于是赵高马上以始皇的名义诏告天下,以胡亥为太子并赐扶苏死!

从沙丘之变胡亥夺嫡的过程看,此事完全是在仓促之下由赵高运作而成,不仅胡亥、李斯事前并不知情,怕就是赵高也不过是临时起意,下了一着险棋而已,因此胡亥得位具有极大的偶然性。不过话虽如此,但深究起来,胡亥也颇有得位之理,或者说这一切也都是拜始皇,以及秦长期推行的以法治国策略之赐。

却说尽管始皇拥有无上的权威,但他的权力的行使却是靠符玺来实现的,因此从理论上讲只要掌握了符玺,就可以以始皇的名义号令天下,当然前提是首先要控制住始皇,而这并非难事。始皇以圣人自居,推行极权统治,无形中拉开了他与臣民的距离。晚年为了成仙,行动神秘诡异,只允许少数亲近之人知道他的行踪。由于他的无上权威,此令一出,端的是令行禁止。然而从另一方面看,这也意味着只要控制住了始皇身边的这几个近臣,始皇纵是有天大的本事,也只能任由他人摆布了。所以尽管始皇生前没有发生祸患,却在死后为宦者赵高所制,竟致封锁消息,篡改诏令,以庶夺嫡。

不过篡改遗诏,只能说是在争夺皇位的过程中,他们占得了先机。因为远在边陲的扶苏手中握有30余万重兵,并且又有名将蒙恬的辅佐，如果扶苏不奉诏自尽，而是一边上书论辩己之罪，一边拥兵观望，则赵高之流很可能就白忙活了一场，因为始皇的死讯是无法长期隐瞒下去的。一旦奸情泄露，他们很可能死无葬身之地。

这也是诏令发出之后，李斯、赵高、胡亥三人心中一直忐忑不安的原因。无罪而杀扶苏，扶苏会服从吗？但扶苏还是死了！消息传来，李斯们大喜！

而检讨导致扶苏明知无罪仍自杀身亡的原因，应该说与扶苏极具仁心关系甚大。从扶苏的言行看，此人显然是始皇家族中的一个带有古烈士风范的极具仁心的人，诏书对他而言既是父亲的训斥，也是君主的诏命，他若不遵从，既是不孝又是不忠，这对于一个有着严谨道德操守的人来说，是无法承受的。再说诏书突降，他也没有心理准备，骤然之间方寸大乱，不免就选择了自杀。但主要原因还是在于始皇专断和秦的法治传统。就此事而论，其一，始皇常有许多匪夷所思的想法，这些想法基本上都得到了贯彻执行，故此诏书虽不合理，但因是最高指示，扶苏只能执行。其二，秦素以严刑治国，不讲私情，赐死在各种死刑中实际上属于轻刑，故赐扶苏死，而不是夷其妻子，已属宽典。又由于长期以法治国，使秦人逐渐形成了不问是非曲直，一以法令为准的传统，更何况始皇时对法之重视比之前代更是有过之而无不及。因此扶苏依命自杀也就是很正常的事了。对此苏轼曾感慨地说："自商鞅变法，以殊死为轻典，以参夷为常法，人臣狼顾胁息，以得死为幸，何暇复请。"①其三，发兵打回去不是不可，但问题是在当时的情况下发兵师出无名，何况秦对叛军的惩罚极其严厉，故而即使传令发兵，也很难保证将领们遵从。总此诸点，收到赵高等伪造的玺书后，扶苏哭泣了一阵儿，就自杀了。胡亥遂堂而皇之地登上了皇位。

当二世继位之初，社会矛盾已相当尖锐，后世的史家论及此时，都认为胡亥应该改弦易辙，推行仁政，让百姓休养生息。

然而他不仅对始皇的政策沿而不改，更变本加厉地统治百姓，同时又在统治阶层内部大肆诛杀异己势力，因此史家提起胡亥时都认为

---

① 苏轼著，孔凡礼点校：《苏轼文集》卷五《论始皇汉宣李斯》，第160页。

第十四章 亡国三巨头：胡亥、赵高和李斯

他是一个极其愚蠢的人。但站在胡亥、赵高的角度看，他们这样做，是有着不得已的苦衷的。就胡亥而论，由于皇位是抢来的，并且自己又在数十个弟兄中年龄最小，又兼在朝野毫无威望可言，因而甚觉底气不足。赵高乃为人所不齿的刑余之人，且此前官职也不过才做到太仆的属官中车府令这个位置上，所以在百官面前也觉得挺不直腰杆。

如二世曾对赵高说："我年纪轻，刚即位，百姓还不顺从。"又说："大臣们都不服从，官吏们还很有力量，还有皇子们肯定要跟我争权，对此我该怎么办呢？"赵高对此深表赞同，同时也说出了自己的不安，他说："我本来早就想说却没敢说这些话。先帝在位时任用的大臣们，都是一连数代为知名当世的贵人，他们建功立业，世代相传，已经相当久远了。现在我出身卑贱，幸蒙陛下您的抬举，今我身居高位，管理宫中事务。大臣们并不满意，只是表面上服从我，他们的内心实际上并不服从。"在此情况下，他们要想确立自己的权威，所能做的也就是两件事。

首先，祈灵于始皇的余威，通过强调始皇的英明而彰显胡亥继位的合法性和权威性。其逻辑是若始皇所做的一切决定都是正确的，那么胡亥被始皇选为继承人也是正确的，否则胡亥继位的正当性就会受到天下的质疑，因此无论如何不能承认始皇有过错。为此他们极度尊崇始皇帝，具体表现为扩建骊山陵墓，凡后宫无子者皆殉葬，为保过墓中机密，将参加安置、填埋墓葬的工匠皆闭死墓中。又下诏增始皇寝庙牺牲及山川百祀之礼，以始皇为极庙，四海之内皆献贡职。二世元年（前209）春，率丞相李斯、冯去疾等巡行郡县，东到碣石南至会稽。尽刻始皇所立刻石，以彰显始皇的功德。同时继续推行始皇之政且过之。如复修阿房宫。阿房宫本是始皇在世时，嫌咸阳朝廷狭小而建的大型宫室，但还没有建成，始皇就死了。就暂停营建阿房宫，将服役者都调到骊山为始皇修筑陵墓，等到陵墓修成，将始皇下葬后，胡亥认为："若不再修建阿房宫，那就是有意向世人显示先帝行事有过错。"于是重新建筑阿房宫。对外镇抚四夷，一切遵行始皇时所采取的方针。征发闾左贫民戍边。法令的施行更严苛。

其次，杜绝始皇其余的子女对皇位的觊觎之心和在始皇的旧臣们

中确立权威地位。由于他们长于法家之学,将诛戮视为解决问题的良策,因而一掌权便在统治集团内展开大规模的清除异己的血腥恐怖活动。于是六公子被杀戮于杜,十二位公子被杀戮于咸阳,公子将闾兄弟三人流涕拔剑自杀,公子高想逃又怕家属被族,只好上书,请求为始皇殉葬,得到二世的允许,赏钱十万,葬于骊山。十名公主被车裂于杜。许多大臣被诛,始皇原来的亲近侍臣被处死。右丞相冯去疾、将军冯劫自杀。

与此同时,胡亥还极尽穷奢极欲之事。如他大兴徭役,豢养狗马禽兽,供其享乐。尽征其材士五万人为屯卫咸阳,令教射狗马禽兽。为满足军队口粮及狗马饲料需要,又下令调发郡县粮草输往咸阳,皆令自带粮食,以咸阳为中心,三百里内不得食其谷。

就胡亥的所作所为看,他可说是有史以来第一个真正无所顾忌、随心所欲的人。事实上,每一个人在骨子里都想挣脱各种束缚,做一个自由自在的人,但从胡亥的表现看,这样的人生不要也罢,太招人嫌了。总之,二世之夺嫡及施政,皆拜始皇之赐,故二世之治实乃始皇统治之延续,故可称为后始皇时代。

应该说始皇晚年的暴政已让百姓苦不堪言,但没有暴发大规模的起义,一方面在于秦始皇长期形成的权威的震慑,另一方面也是因为百姓知道就他这个年龄,已是时日无多,而若他去世,继位的极有可能是关心民生疾苦、刚毅而且勇武、信任人而又善于激励人的他的长子扶苏,如果这样,始皇帝的暴政很可能会被中止,如此,人们自然会过上舒心的日子了,所以人们一直都在观望。但没想到始皇一死,继位的却是胡亥,并且胡亥还继续推行暴政,且与乃父相比有过之而无不及,考虑到这个皇帝也不过是十二三岁,这也就意味着在以后的数十年中百姓都将处在水深火热之中,这不免让百姓们断了念想。于是距秦始皇去世刚一年,二世元年(前209)七月,陈胜便在大泽乡揭竿而起。而他振臂一呼,更是响者云集,不半年便瓦解了秦在关东地区的统治。

认真说起来,秦亡的责任并不能全部推在二世一个人头上。通过前面的分析可知,此人还算有点自知之明,他最初对皇位并无觊觎之心,后来稀里糊涂地被赵高和李斯扶上皇位,他的内心始终忐忑不安。哪知道做了皇帝后,话一出口便得到李斯和赵高这两个重臣的赞扬。下面我们不妨通过《史记》欣赏一下这三个人的语录:

胡亥语录:

1. 凡是贵有天下的人,他就有资格纵欲而为,尽情享受。

2. 至于治国,做君主只要重视修明法制,则臣下就不敢为非作歹,如此就能够统治天下了。

3. 人生在世,就像驾驭着六匹骏马从缝隙前飞过一般短暂。我既然已经君临天下了,就想悉数满足耳目方面的一切喜好,穷尽心中所能想到的一切乐趣,使国家安宁,百姓欢欣,永保江山,以享天年。

4. 那些贤明的人拥有天下,只是以天下来满足自己的欲望罢了,这正是为什么把统治天下看得无上尊贵的原因。所谓贤明之人,定能安定天下、治理万民,其前提是首先要自己的幸福有保证,倘若自身都不能得到好处,又怎么能治理天下呢!所以我希望放纵我的志向、扩展我的欲望,长久地享有天下而没有祸患。

如此荒诞不经的话居然出自帝王之口,难怪班固说他是"极愚"。然而考虑到这不过是一个十余岁的孩子的话,其实理解为贪玩大概更准确一些。这个年龄段的孩子,三观还未确立,正是需要父母师长谆谆教导和循循善诱的时候。然而此时其父已死,与他最亲近的只有赵高与李斯两人,用现在的话说,对于胡亥这个还没有民事行为能力的人,他们俩共同承担了他的监护人的义务。那么这两个监护人是怎样督导胡亥的呢?我们不妨也看看两巨头的"语录"。

赵高语录:

1. 这是贤明的君主所能做到的,而昏乱君主所应禁忌的(评胡亥语录3)。

2. 实行严酷的刑罚,将有罪者和受到牵连者全部杀死,直至灭族;杀死朝中的大臣并疏远您的亲人;让穷人富起来,让贱人高贵起来;全部除去先帝的旧臣,重新在您的身边安置下您的亲信;这就会使他们从心底感激您,不仅根除了祸害而且还杜绝了奸谋,群臣没有人不受到您的恩泽的滋润,承受您的大德。如果能够这样,您就可以高枕无忧，纵情享乐了。

李斯语录：

1. 贤明的君主，必将是能够全面掌握为君之道并进而对臣下行使督责之术的人。对他们严加督责，则臣下们就不敢不竭尽所能为君主效劳。君臣的名分得以确定，上下贵贱之义得以分明，则天下之人不论是贤或是不肖没有人不敢竭尽全力为其君主效劳。因此君主才能独步天下而不受任何权力的制约，从而能穷尽快乐的极致。

2. 唯有贤明的君主才能够严厉地惩治轻罪。轻罪尚且严厉惩治，更何况犯了重罪！所以百姓就不敢犯法了。

3. 明主圣王之所以能久处尊位，长久地执掌大权，独自专擅天下之利，不是因为他们有什么特殊的办法，而在于他们能独揽大权并精于督责，对犯法者一定要严惩，因此人们就不敢冒犯君主的权威。

4. 节俭仁义的人立于朝堂，荒淫放荡的乐趣就得中止；劝谏论理的臣子在身边干预，荒诞不经的想法就得收敛；烈士死节的行为彰显于世人，沉湎于声色之中的娱乐就要放弃。贤明的君主能排斥这三种人，而独掌君人之术以驾驭言听计从的臣子，建立严明的法度，故而自身尊贵而势重。

5. 故而督责之术一设立，则君主的任何欲望就没有不能被满足的。群臣百姓们想补救自己的过错都来不及，哪还敢图谋生变？如果能够这样，神圣的帝道就完备了，也可说是能够明白驾驭群臣的方法了。

胡亥一个小孩子见自己不过说了一些不知深浅的浑话，居然备受左膀右臂的推崇，自是高兴。此后政令一道道地传达了下去，整个国家很快便笼罩在一遍恐怖气氛之中。

赵高和李斯之所以把话讲得如此无耻，不过是为了讨得二世的欢心，从而大权独揽，专制天下。尽管赵高在游说李斯时许诺要团结一心，治理天下，但事实上这个联盟结成不久彼此之间就展开了权力的争夺，焦点就是对二世的争取。

相对来说，由于赵高乃二世之师，在二世称帝之前，彼此已相处数年。李斯在二世称帝前恐怕与这孩子话都没说上几次，因此二世对赵

第十四章 亡国三巨头：胡亥、赵高和李斯

高的感情是李斯所不能相比的；二者赵高乃二世夺嫡之谋的首倡者及谋划者，而李斯只是胁从者，二世之所以能够登上皇位，主要是赵高运作的结果，故二世对赵高的感激要超过李斯；最后，由于赵高生活在宫中，经常随侍在二世左右，在对二世动态的把握方面有着得天独厚的优势，故而赵高在争夺二世支持这方面一直占据上风，这也就是为什么李斯会把阿谀二世的话讲得比赵高还无耻的原因，他是在奋起直追，他心里急呀。不过尽管他拼了老命来博取二世的欢心，但由于二世早已被赵高玩弄于股掌之上，所以最终还是毫无悬念地败下阵来。

却说赵高在大权在握之后，起初与李斯之间无甚大的利害冲突，但他却因凭着手中的权势肆意打击报复他人，结下了很多仇怨。时间长了，他就担心这些坏事传到二世耳朵里去，便对二世说："由于始皇治理天下的时间长久，所以群臣不敢为非作歹，进献异端邪说。现在陛下这么年轻，又刚即位，缺乏治国经验，如果在朝堂上和公卿们一起处理事情，就很容易让群臣看出您的弱点。再说天子称'朕'，本来就是有不让别人听到他的声音的意思。"

二世由于年龄幼小，又兼长于深宫之中，养于宦者之手，也确实没什么实际的从政经验。虽学了不少东西，但跟鹦鹉学舌差不多，也就是小孩子能说两句成人的话而已，落到实处派不上一点用场，因而尽管他在始皇面前口若悬河，然而坐在朝堂之后却常常感到手足无措。可碍于面子，他又不好意思说出来，因此见赵高这样说，正在为难的胡亥就很高兴，觉得赵高简直好得不得了。这人不过是一个宦者，却能安不肆志，危不易心，对自己始终忠心耿耿，已属难能；更可贵的是这人还精明廉洁，果敢干练，不仅下能了解民情，而且上能遂顺自己的心意。这种人才真是太难得了。于是便听从赵高建议，此后不再坐在朝堂上接见大臣，而是深居在宫禁之中。赵高遂以郎中令的身份经常陪伴在二世身边侍奉办事，一切事务都由赵高决定，赵高因而大权独揽。这就等于剥夺了丞相李斯的权力，李斯对此深为不满，两人的矛盾随之产生。

赵高这人行事素以强悍著称，但凡发现有不利于自己的事情，他立马便开始采取行动，从不优柔寡断而使自己处于被动局面，说白了

是一个翻脸不认人的狠角儿。因此当他听说李斯对他不满后，当即便动了杀机。但李斯在秦廷经营数十年，权倾朝野，势力庞大，要想直接把他拉下马显然是不现实的，为此赵高便精心设计了一个圈套，要使李斯在不知不觉地落入自己的掌握之中。

赵高先是佯装不知李斯对自己不满，找到李斯态度诚恳地说："关东地区盗贼很多，而如今皇帝却加紧征发劳役修建阿房宫，搜集狗马等无用之物。我想劝谏，无奈地位卑贱。这真是您分内的事呀，您为何不劝谏呢？"同时又表示如果李斯进谏，自己可以帮他寻找机会。

当时张楚的部队一度曾攻打到咸阳附近的戏，而关东地区更是乱成了一锅粥，为镇压起义，李斯整天忙得焦头烂额，而二世却照样征发徭役，大事兴作。因此李斯早就想劝二世收敛一下，但由于二世深居简出，闲常难以见到，更重要的是如果因此惹恼了二世，说不定自己的禄位就难以保全，所以李斯一直对此犹豫不决。如今见赵高这样说，显见他也是赞成劝谏二世的，李斯当即便答应了。

赵高见李斯入了套，接下来专门等到二世玩得正痛快时派人告诉李斯来奏事。李斯不知是计，就真的到宫门前求见二世。这样的事情接连发生了多次，终于把二世给惹恼了，他对赵高发牢骚说："我平时有那么多空闲的日子，丞相都不来奏事。可是一遇到我休息，丞相就来请示奏事。丞相难道说是瞧不起我？或者是认为我鄙陋？"

赵高于是乘机说："您这样想可就太危险了！沙丘之谋，丞相是参与者之一。现在陛下您已即位为皇帝，而丞相的地位却不见有提高，显然他的意思也是想着能割地称王呀！如果陛下不问我，我是不敢说的。丞相的长子李由任三川郡守，楚地强盗陈胜等人都是丞相家乡邻县的人，因此他们才敢公然横行于天下，他们经过三川时，李由只是守城而不肯出击。我听说他们之间有书信往来，可是还没有调查清楚，所以没敢向您报告。而且丞相在外，权力比陛下还要大。"

二世以为赵高说得有道理，想惩治李斯，又担心情况不实，于是就派人去调查三川郡守与盗贼勾结的事实。

李斯直到这个时候，才发觉中了赵高的圈套，忙去求见二世为自己辩解。

当时二世正在甘泉宫欣赏摔跤和滑稽戏表演,哪有时间见他!无奈之下只好上书攻击赵高,指责赵高专擅赏罚之权,有倾危社稷之嫌。并举例说春秋时司城子罕主政宋国,专擅刑罚之权,用威权推行其政,一年之后就劫持了他的君主。田常作为齐简公的臣子,爵位之高国内无人与之匹敌,自家拥有的财富和公家的一样多,他布施恩惠和仁德,下得百姓的拥戴,上得群臣的支持,暗中窃取齐国的权力,杀孔子弟子宰予于厅堂,弑齐简公于朝堂,遂完全拥有了齐国。这是天下都知道的。现在赵高有奸邪过分的想法和险诈叛逆的行为,就如同子罕主政宋国一样;私人拥有的财富,如同田常在齐国那样多。他一并使用田常、子罕的叛逆之道而又劫取了二世的威信,显然是有着叛逆之心的。因此李斯最后劝二世要早做打算,以防患于未然。

虽然李斯讲得头头是道,但由于此前赵高已经做足了工夫,二世觉得李斯这分明是在诽谤赵高,二世便把李斯叫来质问他道:"为什么说这种话?赵高本是个宦官,然而他却能既不因处境安逸而为所欲为,也不因处境危恶就改变忠心,他品行廉洁,为人善良,从他最初入宫办事到现在,他是由于忠诚才得以不断提升,由于讲求信义方才保住他的禄位,我确实觉得他是个贤才,然而您却怀疑他,这是为什么呢?"

不仅如此,二世还明确地告诉李斯,他不仅不会无来由地惩罚赵高,而且还会将国事托付给赵高。他对李斯说:"我年纪轻轻就失去了父亲,没什么知识,不知道怎样治理百姓,而您的年纪又大了,我担心很快就会与天下人隔绝了。因此我若不将国事托付给赵先生,那该托付给谁哪?况且赵先生为人精明清廉,强悍有力,下了解民情,上能遂顺我的心意,因此请您不要怀疑他。"

眼见大势已去,李斯犹自絮絮叨叨地辩解不已,说什么赵高出身卑贱,不懂道理,贪得无厌,对利益的追逐无有止境,其地位权势仅次于二世,但追求地位和权势的欲望却是没有穷尽等等。

二世对赵高深信不疑,见李斯对赵高恨之入骨,他不仅不怀疑赵高,反而担心李斯杀掉赵高,忙暗中把李斯的话告诉了赵高。赵高趁机说:"丞相所忧虑的只是我,等我死之后,丞相就要干田常所干的事了。"二世听了便说:"那就把李斯交给你这郎中令来审查吧!"

李斯被捕后,在狱中大发感慨:"唉!悲哀呀!无道的昏君,怎么可以为他谋划呢!以前夏桀杀关龙逢,商纣杀王子比干,吴王夫差杀伍子胥,这三位大臣,难道不忠吗!然而免不了被处死,他们之所以无罪而死,是由于忠非其人啊。现在我的智慧不及这三个人,而二世的无道有过于桀、纣、夫差,因此我因尽忠而死,也是应该的呀。"接着又指出秦的暴政与己无关,都是二世搞出来的:"况且二世治国岂不是胡搞么!前些时候他杀死了自己的兄弟自立为皇帝,又杀害忠臣重用低贱之人,修建阿房宫,对天下横征暴敛。对此并不是我不劝谏,实在是他根本不听我的话呀。"俨然一副无辜的样子。

那么我们倒要问问李斯:既然你忠于二世,那么见到二世有过失你为什么不劝谏?你说二世不听你的话,所以你不劝谏,那好,我们理解你的缄默,可你为什么却对他极尽阿谀奉承之能事,对他的行为推波助澜呢?所以要我们说,你虽然贵为当朝丞相,但骨子里却是一个毫无操守可言的小人而已,你一生所关心的都只是你自己的荣华富贵。只是你出众的才华将你这一致命的缺陷深深地隐藏起来了而已。

所以我们说李斯是成也投机,败也投机。

而细究起来,李斯的错其实不在他是否忠于秦帝国,而在他抱着战国心态生活在一个新的朝代。

战国时由于诸国分立,士人游走于诸侯间,其身份往往于所仕之国无所属,士只需向国君提供智力,而无需效忠,因而使得这一时期的游士出仕就如同今人给老板打工一般,君主与臣下之间完全是一种赤裸裸的以金钱换智谋的交易,当时士人以利禄为追逐目标也就不奇怪了,孟子不就说"士之仕也,犹农夫之耕也"吗?①

而苏秦、蔡泽之流的言行早就对此做了经典性的注脚。苏秦在初次游说天下铩羽而归后,即愤称:"一个士人既已从师受教埋头读书,然而却不能借此以求得荣华富贵,即使书读得再多也是一无用处。"后得燕文侯资助,游说诸国成功而佩六国之相印后,又感慨地说:"假使当

---

① 焦循著:《孟子正义》卷六《滕文公下》,《诸子集成》(第1册),第250页。

初我在洛阳近郊有两顷良田，衣食无忧，怕是不会在天下仆仆奔波，游说诸侯，从而佩带得上六国的相印了。"蔡泽在未发迹前有人卜算他能活四十三岁，他听后对他的车夫颇不为意地说："我若能吃上好的米饭和肥肉，赶着骏马尽情地奔驰，手中捧着黄金大印，腰里系着紫色绶带，在君主面前备受敬重，享受荣华富贵，那么四十三年也就足够了。"如果买卖不成，当时诸国并立，士即可转而去投奔其他君主谋求发展。如卫人商鞅初在魏受挫，转而去秦。卫人吴起曾为鲁之大将，后去魏发展，受谗后又入楚。洛阳人苏秦先游说秦后游说燕。燕人蔡泽游说过许多大大小小的诸侯，都没成功，最后入秦而为相。

然而自始皇二十六年（前221年）秦并吞六国、海内为一之后，汲汲于功名的游士们再也没有了选择的余地，此时士若身居高位已享有荣华富贵并欲长保富贵，唯一的选择就是为这个新兴帝国竭忠尽力，此时的他不仅要为君主负责，还要为整个帝国费心，因为仅为君主负责而不计国家利益民生疾苦，一旦国家土崩瓦解，他必将无可躲避而与之同归于尽。所以如果说此前身居高位的士对国家三心二意还情有可原的话，到了此时那是说什么也得全力以赴了。因为这个时候为民请命，为国抗争，不仅是为了国家，也是为了士自己。可惜的是李斯始终抱着战国的心态，坐看秦朝国事日渐糜烂于不顾，直到眼看着诸侯并起，山东尽为敌国，大秦帝国即将崩溃，仍然畏首畏尾，不肯出头，后来要不是中了赵高的圈套，可能他根本就不会去进谏。

却说由于有胡亥的支持，李斯虽然在狱中又是上书又是翻供地拼命挣扎，但还是死在了赵高手中。二世二年（前208年）七月，李斯被具五刑，腰斩于咸阳。在被押赴刑场的路上，李斯回想起所经历的种种前情往事，不由悲从中来，于是看着他的次子说："我想和你再牵着黄狗一起出上蔡东门去追逐狡兔，可是这种机会是再也不会有了呀！"言罢父子两个不由抱头痛哭。李斯最终被诛灭三族。

应该说贪慕富贵乃人之常情，然像李斯这种才识一流的智者居然也沉溺其中而不能自拔，由不得让人叹息。唐人胡曾因赋《上蔡》诗感叹云："上蔡东门狡兔肥，李斯何事忘南归；功成不解谋身退，直待咸阳血染衣！"

处死李斯后,本就对赵高言听计从的胡亥,更是干脆把国家都交给赵高打理,自己则在宫中全心全意地纵情享乐。却不知他正在宫中斗鸡走狗欣赏角抵之戏之时,山东早已闹翻了天,从关中派往山东镇压暴乱的一批批将士死在了前线,城池失守的消息正一个接一个地传达到咸阳。

赵高未杀李斯前,有了过错,还好往李斯身上推。及处死李斯后,自己做了中丞相,固然是大权独揽,但责任也无法推卸了。眼见国事日益糜烂,很担心胡亥怪罪自己,于是一方面尽量减少与胡亥见面的机会,另一方面又严禁群臣在胡亥面前谈论国事。为了在群臣中立威,赵高特地在朝堂上搞了一个指鹿为马的游戏。他把一只鹿献给二世说:"这是一匹马。"二世听了就笑道:"丞相错了,说鹿是马。"然而当他问身边的人时,身边的人或沉默不言,或说是马以阿顺赵高之意。有说是鹿的,过后赵高便将那些说鹿的人予以惩治,群臣振恐,此后都不敢在二世面前说赵高的过失。

二世见许多人都说是马,非常吃惊,自以为是受到了什么东西的迷惑,就把太卜招来,蓍占吉凶。太卜认为这是他在春秋时节祭祀宗庙鬼神时,在斋戒方面做得不好,鬼神因而向他示警。结果把他吓得忙躲入上林苑中斋戒。唐人周昙有《胡亥》诗叹息此事云:"鹿马何难辨是非,宁劳卜筮问安危。权臣为乱多如此,亡国时君不自知!"而明人陈伯康《咏史二首》之一中则对赵高大加挞伐,他愤慨历数赵高之过:"赵高利少主,矫制诛扶苏;一念误国人,三说感李斯;望夷眩鹿马,赤族诚天诛!"

却说接下来,二世又梦见一只白虎啮咬他的左骖马,并把它杀死,醒后就觉得很不吉利,问占梦者,占梦者说是泾水为祟的缘故。于是二世又忙到望夷宫斋戒。实际上无论是太卜劝二世去上林苑,还是占梦者建议二世去望夷宫,幕后指使者都是赵高。因为这些地方都属偏僻之地,容易封锁消息。这时秦皇朝主力已被消耗殆尽,山东尽非秦所有,由刘邦率领的先头部队在攻破武关并大肆屠戮之后,正向咸阳全速进发,所到之处,无不望风披靡。

盗贼正在逼近的消息最终还是传入了胡亥的耳中。胡亥急切之下,就派人去责问赵高,来人走后,赵高马上便把自己的家人叫来商议说:"皇上自己听不进别人的意见,搞得天下分崩离析。现在事情急了,就想嫁祸到我们家的头上。"于是令其女婿阎乐带兵以捕贼为名去望夷宫杀胡亥。

其实写到这里,本人也觉难以下笔,取人性命可是大事,总该有个铺垫吧,然而胡亥一说难听话,赵高马上便动手,全不顾念往日的情义。不过这也清楚地告诉我们,胡亥不过是赵高攫取权力的一个工具而已,一旦失去了用处,他马上毫不犹豫地扔掉。

却说阎乐率领千余吏卒来到望夷宫,略作格斗,守宫者即哄然散去。阎乐等遂来到了二世的面前。见阎乐要杀自己,胡亥好像才醒悟过来,问身边一个宦者说:"你怎么不早把事情告诉我呢?看看搞成啥样了。"

宦者回答很经典,宦者说:"我不敢说实话,才得以活到今天。假使我以前说了,那早就被杀了,哪能活到今天!"

胡亥是自杀的。

死前他想见见他的赵老师,但是阎乐不答应;胡亥就又要求退位为郡王,阎乐还不答应;胡亥就说做个万户侯也行,阎乐却仍不答应;胡亥无奈之下只好说:"希望能让我和妻子儿女们像诸公子那样做个庶民百姓。"

阎乐见胡亥磨磨蹭蹭地不想死,着急地说:"我是从丞相那里接到命令,为天下诛杀你,所以你说的话虽多,我却一句也不敢汇报!"说着便指挥士兵朝胡亥冲去,胡亥于是选择了自杀,这样的死法看起来比较有尊严。唐人胡曾《咸阳》诗曾咏此事云:"一朝阎乐统群凶,二世朝廷扫地空;唯有渭川流不尽,至今犹绕望夷宫。"

现在回过头去看胡亥短暂的一生,我们不得不承认,这孩子自从被他父亲交给赵高调教那天起,就成了赵高手中的一个棋子,自始至终被赵高玩弄于股掌之上。是赵高让他得到始皇的欢心,是赵高扶持他做了皇帝,最后又是赵高把他送上了泉台! 其实李斯又何尝不视胡亥为奇货,只是没有抓着而已。要是抓着了他也会像赵高那样最大限度地从胡亥身上榨取利益,而不顾这孩子的死活!

不可否认，这孩子确确实实干了很多无道的事情，想想他刚当上皇帝时，赵高提出以杀戮的手段来解决他们与政敌之间的矛盾，他听后竟然只说了一个字："善！"后来他的一个兄弟公子高因为受惊吓，主动表示要为始皇殉葬，他居然还笑！再到后来还在上林苑中射杀行人！我们不能不说这孩子简直就是一个小魔头！

然而同样是这个孩子，他也说过"废除兄长而立弟弟是不义；不服从父亲的诏书而害怕死亡是不孝"的话，这是赵高要他答应篡改诏书，他还置身于权力之外时说的，应该承认这孩子本质并不坏！可是一旦置身于权力斗争的旋涡，他立马就变了，很显然是权力让他迷失了本性！人常说性格决定命运，其实决定命运的是处境！不要再骂胡亥了，他其实是个好孩子，只因为生错了人家，结果小小年纪被调教成了魔鬼！要骂就骂他的监护人，骂始皇、赵高、李斯之流吧，因为应该为秦亡负责的是他们。

唉，这孩子当年若不是缠着父亲要随行出巡，哪会卷入这波天大的是非之中，并最终酿出一场旷古的浩劫！再想想这孩子生于皇朝之建立，死于皇朝之覆灭，则二世胡亥分明就是大秦帝国自己孕育出来的一个怪胎！

这里不妨再说说赵高，由于秦朝在后人眼中已成为中古恶之典范，于是祸乱秦朝的赵高在一些人眼中不免成了正义的化身。钱钟书先生曾对此有过细致探讨：

《(史记会注)考证》："吴裕垂曰：'司马贞云：高本赵诸公子，痛其国为秦所灭，誓欲报仇，乃自宫以进。……以勾践事吴之心，为张良报仇之举。'"按俞樾《湖楼笔谈》卷三所《蒙恬列传》"赵高昆弟数人，皆生隐宫，其母被刑僇，世世卑贱，"谓高非"赵公子"也。司马贞语，赵翼《陔除丛考》卷四一亦称述之；平步青《霞外捃屑》卷八上谓今本《索隐》所无，不知赵何所据，是也。此说似在赵乡里人中流传，如吕星垣《白云草堂诗钞》卷下《下邳谒留侯庙》二首有序略谓"孙渊如示《史记索隐戈言》，知留侯博浪之逃，赵高匿之也"；诗第一首有云："赵高赵国诸王孙，求为秦贼肢体残。……赵高名在《列仙传》，何得仙家滥其选？《索隐戈言》颇辨冤，鹿马计胜长平战。"第二首有云："日中白虹

第十四章 亡国三巨头：胡亥、赵高和李斯

匿无迹，王孙本是邯郸客。颇死牧废无英雄，山河西吞惜无策。颠覆咸阳志已酬，组系子婴维尔力。"孙、吕与赵同邑交游也。谭献《复堂日记》卷四摘清泉欧阳轩《月到山房诗》有《咏赵高》："当年举世欲诛秦，那计为名与杀身；先去扶苏后胡亥，赵高功冠汉诸臣。"又有《阅〈古逸史〉，赵高为赵公子，抱忠义之性，自宫为赵报仇，张良大索时，即避高家》："大贾灭嬴凭女子，奇谋与汉讵萧曹？留侯椎铁荆卿匕，不及秦宫一赵高！"《史记索隐戈言》及《古逸史》皆不经见，自惭陋不之知，又疢嬾未之觅。缪荃孙《云自在龛随笔》卷一引《周礼折衷》云"赵高是病废，非刑余；张良击始皇不中，大索十日不得，盖匿高所也"，岂亦及见司马贞《索隐》逸文耶？张良匿赵高所，故大索不得，未必是事实。然始皇精骛八极、目游万仞，而不知伏寇在侧，正如睫在眼前长不见也。西方童话言仙女与人赌捉迷藏，斯人鱼潜三泉之下，鸢飞九天之上，豹隐万山之中，女安坐一室，转宝镜即照见所在；渠乃穴地穿道，直达女座底而伏处焉，以彼身盖掩己身，女遂遍照不得踪迹。俗说赵高报仇为阉竖、匿刺客等事，实亦此旨。①

　　郭沫若先生也在其《人物研究》中认为"赵高实一深心人，其对秦皇父子出以深谋远虑之内部破坏，实为其父母及赵氏复仇也"。因此在《高渐离》一剧中把赵高塑造成了一个忍辱负重、矢志复仇的侠士形象，如赵高的台词有："我不是别人，我是赵高，秦始皇帝是我的不共戴天之仇。""我本来是赵国的公族余子。我的父母在长平之役被俘虏了。父亲受了宫刑，不久便死在隐宫里。那时我还在母亲的怀里，是我们的母亲在隐宫里一胎生下了我们弟兄三人。""我把我自己牺牲了，我把我自己腐烂了，就像把一团锈了的铁加在好铁里面一样，我要从这内部来把秦国腐烂。""我专门做着昧良心的事，我要把这个孩子腐化。为了要报仇，我实在也顾不着什么良心了。""蜜蜂刺了人，把自己的刺放进人身上去了，他自己是会死的。我就和这一样，我是把我的生命，把我的一切，都集中在这报仇上面的。报仇就是我的生命。""我说不定还是会失败，乐得个千秋万世的骂名。但我可不管，我也管

---

① 钱钟书：《"秦始皇本纪"条》，《管锥编》（第1册），中华书局1979年版，第269~270页。

不了那许多。"

  以上诸人立说的一个重要依据是他们都认为赵高乃赵之诸公子，为报国仇而自宫入秦。实则《史记·蒙恬列传》早已指出，赵高不过是赵国贵族的疏远族人而已。赵高的父亲犯宫刑，其母亲受到株连而被官府没为奴婢，后与人野合生赵高与他的兄弟数人，俱姓赵，并被施以宫刑，而为宦者。考赵高之行，也绝不似有为国复仇之机心者。因为如果身负国恨家仇，他在秦宫就应该韬光养晦，积蓄力量，以求一逞，然而他在秦宫中的行为却相当张扬，不然也不至于犯下重罪，而险被处以死刑。后来他置扶苏于死地、腰斩李斯于咸阳、逼二世自杀于望夷宫、欲与刘邦约分关中而王，都是由于不如此他就要遭殃，可谓走一步说一步，得过且过，毫无宏远的政治谋略。

  看来，赵高不过是一个为人强悍、贪于权势却又鼠目寸光的政治小丑而已。

第十四章
亡国三巨魁：胡亥、赵高和李斯

英雄的盛宴：楚汉战争
第十五章

汉元年(前206年)十月,子婴向刘邦投降,按照此前楚怀王与诸将约定的"先入定关中者王之"的游戏规则①,则刘邦理当为王。但这对项羽显然是不公平的,因为秦的主力是他消灭的。因此项羽便派人去向怀王报告灭秦的情况,也是希望怀王能收回成命而改封自己为王。项羽剽悍奸狡,怀王对他非常忌惮,哪肯养虎为患,竟回答说:"根据约定办事!"此时关东地区六国皆已复国,如果如约立刘邦在关中为王,就等于是又恢复了战国时期七雄并峙的格局。这样一来,项羽可真是连立锥之地都没有了。想想拼杀了三年,到头来竟是为他人作嫁衣,这让大权在握的项羽如何不怒。他立马便与怀王撕破了脸,项羽说:"怀王是我们项家所立,并非有什么功劳,有什么资格主持盟约!回想天下在向秦发难之初,为了有利于征伐暴秦,英雄们便顺应当时的复国思潮,纷纷拥立六国诸侯的后代来作为自己的领袖,然而亲自披坚执锐,在野地里征战三年之久,最终灭掉秦朝平定天下的,都是靠着诸位将相和我的力量,怀王本来没有功劳。所以论功行赏,大家自然应当分其地而称王。"

项羽的话颇值得玩味。他由于想称王,诋毁怀王乃题中应有之义,但仅否定怀王一人显然是不够的。因为在另外五诸侯的权威依然存在的情况下,他是很难赢得各为其主效命的五国将相支持的。对项羽而言,要想实现称王的愿望,最好的办法莫过于鼓动其他五国将相造其君主的反,诱饵则是如项羽分楚王之地为王一般,五国的将相们也分其君主之地为王。

这是一个让人无法抵挡的诱惑。

列土分封乃当时豪杰普遍的梦想与追求。其时历史刚刚从长期实行分封制的上古走出来,因此做有土之王对时人仍极具吸引力。如被陈胜派到赵国故地发展势力的武臣等人,在鼓动赵地豪杰响应陈胜时便声称现在天下已大乱,秦的统治在张楚政权的攻击下正土崩瓦解,武臣等说:"在这个时候不奋起拼搏成就封侯之伟业的,不是人中的豪杰。"又说:"借天下人的力量攻打无道的君主,报父兄的仇怨而成

---

① 司马迁:《史记》卷八《高祖本纪》,第356页。

就割地有土之大业,这正是英雄豪杰所遇到的一个成就伟业的大好时机。"豪杰们听后,都认为他们说得很有道理。可以说当时投身反秦事业的人大多都怀有这种想法。因而当项羽表示要推倒在山东六国业已确立起来的政治体系,重新建立一个有利于征战疆场的豪杰们的游戏规则时,立马便得到了将领们的普遍支持,将军们听了都说好。既然大家都可以因功为王,功劳最大的项羽自然比谁都有资格称王了。于是在项羽和范增等的主导下,开始大封诸王。

不过,尽管项羽和范增等否定了六国君主地位的合法性,并且表示要论功行赏,但落到实处,项羽是不会真的将各地所立的六国君主排除在分封计划之外的。因为当时不仅在社会上弥漫着故国之思,而且诸侯复国已成事实,在此情况下强行予以撤销,是不现实的。因此对于这些诸侯国还是要予以承认的。

当时对于怀王与诸将所做的先入定关中者为王的约定,项羽和范增等也没彻底否定,还是有条件地将刘邦分封在了秦地。一来此约定是得到了包括项羽在内的楚军将领的普遍承认的,违背诺言不免要受到道义的谴责;二来刘邦也确实在灭秦的过程中立了大功,故而在情在理都有不可不封之势。

应该说项羽和范增等进行的分封,乍一看去还是照顾到了各方面的利益,因为在这个分封名单中,既有东征西伐的将相,又有将相们所立的诸国君主、还有当世的名士以及秦的降将和来自少数族的番君。可是细一琢磨,就可发现为了使分封有利于自己,项羽和范增等可谓是煞费苦心。

如刘邦此时已发展为士卒 10 万,实力仅次于项羽的军事力量,并吞天下的野心渐已显露。范增发现刘邦这人在山东时,既贪财又好色,然而到了关中,入了府库充盈、美女如云的咸阳,既不怎么索取财物,也不怎么宠幸妇女,显见此人又有高远的追求,不免对刘邦深为疑忌。故而尽管本来应按约定封刘邦在关中为王,但是项羽和范增却说什么巴蜀也是关中的地方,竟把刘邦封在了秦的迁民所居住的道路艰险的巴蜀地区为汉王,就这还不放心刘邦,又三分关中,以秦三降将章邯、司马欣、董翳分别为雍王、塞王和翟王,以防范刘邦由巴蜀突入关

第十五章 英雄的盛宴:楚汉战争

中。在关中布列三降将,也应是出于范增的老谋深算。却说若以一人王关中,不免有养虎为患之虞;而之所以以此三降将而不以他人王关中来防范刘邦,是因为此三降将乃秦卒被坑杀的罪魁祸首,在秦民心中早已失去了影响,他们之所以能王关中,靠的是项羽的权威,而非秦民的拥戴,更何况塞王司马欣又以项氏亲信的身份据于雍王与翟王之间以制衡之,所以项羽不必担心他们在关中地区弄出什么花样来。

在关东地区,韩、赵、魏、燕、齐等国君主虽大多无甚领导才能,但因皆为民望之所寄,因而也必须加以防范。于是在名号不变的情况下,采取徙封、分地、瓦解其统治集团等办法——削弱之。如徙魏王豹为西魏王。三分赵地,徙赵王歇为代王,以赵将司马卬为殷王,以赵相张耳为常山王。三分齐地,徙齐王田市为胶东王,立田都为齐王,立田安为济北王。二分燕地,徙燕王为辽东王,立其将臧荼为燕王。其他所分立诸王,皆为亲附自己的将领,又兼其国土皆寡小,难与自己抗衡。此外又立楚将英布为九江王,共敖为临江王。还立番君吴芮为衡山王。项羽自己则自立为西楚霸王,王梁、楚地九郡,都彭城。通过这样一番折腾,一个以项羽为主导的政治体系因而确立了起来,历史从此正式进入项羽时代。

或许在项羽、范增辈看来,以项羽的武勇之威慑及各种势力间的相互制衡,从此天下将任由他们来宰割,然而事与愿违,还没等他们大展宏图,他们费尽心机确立起来的这个统治秩序便受到多个地区强人的挑战。

此次分封,那些亲附项羽的势力都成了新政治体系中的大赢家,而那些招致项羽疑忌和不满的反秦力量诸如刘邦、田荣、陈余,以及五国君主等都受到了极大打击。因此分封刚一结束,刘邦就愤而要攻打项羽。齐地的田荣则将愤怒付诸行动,击走田都、追斩田市、击杀田安,而并王三齐之地,又派彭越攻打楚国,并大败楚军。燕王广不肯如约赴辽东为王,臧荼遂击杀之而并王其地。陈余则率领从田荣那里借来的兵卒,攻灭了张耳的常山国,迎赵王于代,复为赵王,而赵王亦封陈余为代王。在此期间,刘邦趁机引兵从故道入关,很快便居有了关中,进而出关与项羽争夺天下,而项羽为了维护自己的权威,遂四出征伐,天下于是再次大乱。由于此次对权力的角逐主要在刘邦和项羽两大军事集团之间展开,因此史称楚汉战争。

从某种意义上看,楚汉战争实际上乃是继战国之后的又一次东西方对抗。秦自孝公起,即专力东向,一百多年间的征伐屠戮,给山东六国造成了极大损失。

山东六国的人员死伤惨重。举其大者如孝公八年(前354年)元里之战,斩魏首0.7万。惠文王七年(前331年)雕阴之战,斩魏首8万。惠文王后八年(前317年)修鱼之战,斩韩、赵、魏、燕、齐及匈奴联军首8.2万。惠文王后十一年(前314年)岸门之战,斩韩首1万。惠文王后十三年(前312年)丹阳之战,斩楚首8万。武王四年(前307年)宜阳之战,轩韩首6万。昭王七年(前300年)伐楚,斩首3万。昭王九年(前298年)攻楚,斩首5万。昭王十四年(前293年)伊阙之战,斩韩魏联军24万。昭王二十七年(前280年)击赵,斩首2万。昭王三十二年(前275年)大梁之战,斩首4万。昭王三十四年(前273年)华阳之战,斩三晋联军15万。昭王四十三年(前264年),陉城之战,斩韩首5万。昭王四十七年(前260年)长平之战,前后斩赵首虏45万。昭王五十一年(前256年)攻韩,斩首4万;攻赵,斩首9万。始皇十三年(前234年),平阳之战,斩赵首10万。据不完全统计,秦在一百多年间所斩关东六国之首级达150万颗。

山东六国土地大量流失。当时随着秦的不断胜利,东方诸国的土地也开始大片大片被兼并到秦的版图之中,直至最后全部被秦并吞。在此过程中,秦一度采取取其地而出其人的办法对待新征服的土地。如惠文王八年(前330年)取魏之曲沃、十三年(前325年)取魏之陕,昭王二十一年(前286年)取魏安邑等,都是将当地居民赶走,然后把秦国的百姓迁到这里居住。诸国土地大量丧失,使其为维护统治不得不加重对百姓的剥削,而秦将所征服地的居民驱除出境又使大量百姓陷入破产的境地。

秦的军事行动也使东方诸国的物质财富大受损伤。当时的战争往往在山东六国的土地上展开,敌我双方的较量不可避免地给当地社会带来极大的危害,更何况秦军一至敌境,即极尽掠夺之能事。比如军队对军需物资的掠夺,如前已述及白起攻楚时引兵深入楚境之后,大军常常行走于楚的城池之间,为了鼓舞士兵的斗志,白起下令拆断桥梁烧掉船只以坚定士兵必死的决心,通过在郊野掠夺来解决军队衣食的问题。同时还体现在将士们对敌国民众财富的抢劫上,晁错就曾说当时的秦人乐于攻打城邑的原因是攻打屠杀城邑,可以得到他们的财物来使自己的家庭富足。

总此诸点,山东六国民众可谓备受秦国之荼毒,自然也对其非常痛恨。由于三晋与秦毗邻,秦国最先向这几个国家发动进攻,还是在秦昭王时,楚国春申君黄歇就对秦昭王说:"您的国家对韩、魏没有什么大的恩德,却有数代的怨恨。许多年来韩、魏两国的男子们接踵死于秦国的攻击,他们的国家受到摧残,他们的社稷宗庙受到毁坏,他们被刳腹拆颐、身首分离、暴骨于草泽之间,头颅尸体僵仆于地的现象,在国内随处可见。又有成为俘虏的老弱之人被人用绳索系在一起牵着赶离了家园,以至于再也无法祭祀祖先神灵,使得神灵们无法享受祭食。人民无法生活下去,不得不纷纷离开故土,流亡在列国间做别人的奴婢。"所以韩、魏等国的百姓非常痛恨秦国。六国民众在战国时备受秦人的欺侮,本就心存怨恨,没想到后来兼并六国后,大家都成了一国的臣民,秦的百姓还经常以胜利者的姿态欺侮山东人民,如当时山东地区的百姓到西方服役,路过关中地区,当地的百姓对山东的百姓就很不尊重。新仇旧恨加在一起,不免使山东百姓对关中秦故地的百姓非常仇视,于是到了二世三年(前207年)山东士卒得到机会后,立马便将蓄积已久的愤怒暴发了出来。

巨鹿之战后,秦军主将章邯内受赵高之疑忌,外遭项羽之打击,无奈之下,只好率20余万秦军投降了项羽,见昔日趾高气扬、不可一世的秦卒如今居然成了自己的阶下囚,山东士卒自是喜不自胜,于是不免对之极尽侮辱之能事,当真是可着劲儿折磨。狂欢的序幕也由此拉开,此后的情节发展真可谓一幕比一幕惊心、一幕比一幕动魄。

却说秦卒本就不愿投降项羽,现在又受到这样的折辱,不免就后悔起来,带兵的将军们知道了,就报告给项羽,项羽等一合计,竟下令在夜间将秦的20余万降卒悉数击杀、坑杀于新安城南。

进入关中后,山东士卒在项羽的领导下开始了更为血腥的报复,他们对咸阳进行屠城,杀掉秦的降王子婴及秦诸公子宗族,烧毁秦的宫室,据说大火一直烧了三月还没有熄灭,然后将宫室中的财货、珍宝,以及妇女搜罗到一起,带了朝家赶。据说在他们焚烧的宫室中有阿房宫,在他们抢得的财物中有骊山陵墓中的东西。

阿房宫可称得上是秦代的标志性建筑,属于集该皇朝建筑之大成的恢弘之作,因而自秦以后,便成为历代文人骚客吟咏的对象。其中尤为卓绝千古的是唐人杜牧的《阿房宫赋》,在这篇赋中,他把阿房宫描摹得既宏壮巨丽,又精妙绝伦:"六王毕,四海一。蜀山兀,阿房出。覆压三百余里,隔离天日。骊山北构而西折,直走咸阳。二川溶溶,流入宫墙。五步一楼,十步一阁。廊腰缦回,檐牙高啄。各抱地势,钩心斗角。盘盘焉,囷囷焉,蜂房水涡,矗不知其几千万落。长桥卧波,未云何龙?复道行空,不霁何虹?高低冥迷,不知西东。歌台暖响,春光融融;舞殿冷袖,风雨凄凄。一日之内,一宫之间,而气候不齐。"然而当他铺陈完阿房宫壮美奢华的景致后,却笔锋一转:"戍卒叫,函谷举,楚人一炬,可怜焦土!"想想如此美妙的人间美景居然被项羽之流毁于一旦,怎不让人叹息于独夫之骄奢与莽夫之骄暴!

然而不久前考古工作者在阿房宫遗址上却并没探测到火焚的痕迹,几乎可以断言阿房宫并非毁于秦火,自然也就为项羽洗刷了被人诬陷了数千年的不白之冤。

关于骊山陵墓,汉四年(前203年),刘邦与项羽对阵于广武时,刘邦曾指责项羽有十大罪状,其中的第四条即是烧秦的宫室,发掘始皇的陵墓,收其私财。因而白居易有诗《草茫茫》曰:"草茫茫,土苍苍。苍苍茫茫在何处?骊山脚下秦皇墓。墓中下锢三重泉,当时自以为深固。下流水银象江海,上缀珠光作乌兔。别为天地于其间,拟将富贵随身去。一朝盗掘坟陵破,龙椁神堂三月火。可怜宝玉归人间,暂借泉中买身祸。奢者狼藉俭者安,一凶一吉在眼前。凭君回首向南望,汉文葬在灞陵原。"

然而汉人刘向认为项羽发掘的只是陵墓的外部建筑,地下结构是毁于牧火。刘向说项羽的军队烧掉的是陵墓上的宫室宫宇,到墓所的人在那里都大肆发掘财物。后来放牧小孩的羊迷失于陵区的一个洞中,牧童持着火把去洞中找羊,没想到竟失火烧了陵墓中的棺椁。杜牧因有诗《过骊山作》云:"始皇东游出周鼎,刘项纵观皆引颈。削平天下实辛勤,却为道旁穷百姓。黔首不愚尔益愚,千里函关囚独夫。牧童火入九泉底,烧作灰时犹未枯。"关于骊山陵墓还有十六国时后赵统治者石勒父子发掘等说,然据现在考古学者的研究显示,尽管骊山陵墓迭遭破坏,但其核心部分即地宫却保存完好。这也是闲话。

却说项羽集团在关中的时候,不仅在咸阳大开杀戒,而且但凡他们所经过的地方,无不予以摧残破坏。以往人们论及山东士卒在关中的疯狂行为,多认为这是项羽头脑简单所致,然平情而论,项羽固然不能辞其咎,然山东民众对秦人根深蒂固的仇视情绪实乃惨剧发生之根源。

应该说秦民也是秦暴政的受害者,自然也就对来自关中的群雄寄予了厚望,可是项羽集团的行为,不仅使秦民大失所望,而且极为震恐,他们迫切渴望能出现一位杰出的领袖维护自身的利益。可是秦的统治秩序在该地刚刚被山东士卒瓦解,急切之下实推举不出新的代言人。于是秦人不免把希望寄托在了以宽厚长者的面目出现在关中的刘邦身上。

与项羽不同,刘邦在西向过程中一直比较重视收揽民心,不仅进入关中后,禁止军队对所过之处进行掳掠,接受子婴的投降之后,又将咸阳的重宝财物府库封存起来,然后还军霸上,将各县的父老豪杰召至军中,向他们宣布了三件事,其一,声称自己今后将如约在关中称王。其二,废除秦朝的严刑苛法,同时与百姓"约法三章",所谓:"与父老约,法三章耳:杀人者死,伤人及盗抵罪。"①其三,故秦的官吏们仍照常从事原来的工作。之后刘邦又派人和故秦的官吏一起去各县、乡、邑将自己的话宣谕给秦人。秦人听了之后无不大喜,生怕刘邦不在关中称王,争相带着牛羊酒食来慰问刘邦的军士。刘邦又极力推辞说:"请父老们把东西带回去吧,秦的仓库里的粮食还相当多,足够我

---

① 司马迁:《史记》卷八《高祖本纪》,第362页。

的军队食用,因此我不想耗费你们的粮食。"这让吃尽了秦苦头的关中百姓听了更加喜欢。宋人冯必大对此曾赋诗激赏曰:"亭长何曾识帝王,入关便解约三章。只消一勺清冷水,冷却秦锅百沸汤。"①

项羽及其谋士范增辈亦知刘邦非等闲之辈,故而虽有约在先,却故意将刘邦封在了闭塞、偏远、险阻且经济不发达的巴、蜀、汉中而为汉王。接着三分关中,分别以秦降将章邯为雍王、司马欣为塞王、董翳为翟王,以抗拒汉王刘邦。然此三人因白白葬送了秦人数十万子弟的性命,早已失去了秦地的民心,因而汉元年(前206年)八月,刘邦一发兵关中,就很快平定了三秦。随之又颁布了一系列争取民心的措施,如秦故苑囿池都让百姓用来种植庄稼,除蜀汉百姓租税两年,关中百姓从军的免除其一年徭役。又下令推举年满五十岁以上、有德行、能够带领大家为善的百姓做三老,每乡设一人,然后从乡三老中选择一个人做县三老,让他与县令、县丞、县尉等一起治理地方,被选中的这些人官府免除他们的徭役。由于措施得当,关中地区很快便稳定了下来,从此刘邦也就有了与项羽争夺天下的本钱。

之所以这样说,首先在于关中的地理位置极其优越。

关中东有黄河天险,西为陇山之阻,南为高大的秦岭,北有层峦起伏的岐山、嵯峨山、黄龙山、梁山等。道路曲折险阻,对外交往主要靠几个关口,即东边的函谷关、南边的武关、西边的散关,以及北边的萧关。正所谓四塞之国,固若金汤。又因居于天下之上游,于山东有居高临下之势,进可攻,退可守,故未及交锋,已先居于有利的形势。秦自穆公以来至始皇,前后二十余君,之所以常为诸侯之雄就与其拥有关中关系甚大。刘邦入关中之初即有人对他说应该据有关中的两个重要原因之一即是关中有地势之利,刘邦当时也是一时糊涂,居然真派兵守关欲拒项羽而称王关中,结果把项羽惹得大怒,竟破关而入,要和刘邦拼命,差点没把刘邦吓死。而项羽入关后,有韩生者劝项羽以关中为都,一个重要理由也是因为关中阻山带河,四塞之地。而娄敬后来劝刘邦都关中时也指出秦地是被山带河四塞以为固,并认为秦地

---

① 周密撰,张茂鹏点校:《齐东野语》卷一《诗用史论》,中华书局1983年版,第9页。

之重要如同人的咽喉与脊背。张良也说拥有关中的好处是可以守住三面,而仅以一面东制诸侯,一旦诸侯有变,即可顺流而下,进行弹压。凡此种种,正可谓英雄所见略同。

因此自从刘邦还定三秦,重新把守起关中的关隘后,他实际上就已立于不败之地,从此之后关东的士卒再没能踏入关中半步,此后他打赢了就可着劲朝前攻,吃了败仗就缩回关中进行休整,显得相当地从容。其他诸王大多由于所处地理位置较差,因而稍不留神,就会遭到敌人的洗劫。即便是强悍如项羽也不能幸免。如汉二年(前205年)四月,项羽率兵正在北方攻打齐王田广时,刘邦却带了几十万人进了他的国都彭城,把他辛辛苦苦积攒下的财货、美女统统据为己有,更有甚者天天在那里饮酒作乐,把彭城搞得乱糟糟的。而更多的侯王则是一击即溃,非死即逃,再难重起。如济北王田安即被彭越所击杀。而常山王张耳遭陈余攻击,虽侥幸逃得性命,但此后再也没能恢复其疆土。有的虽能东山再起,如田荣死后,其弟田横又立田荣之子田广为齐王以抗衡楚国,但因元气大伤,也不过是苟延残喘而已。

其次关中地区极其富庶。

关中地区自虞夏时期起即为膏腴之地,此后周人又在这里长期经营,而秦又继之,因而到战国时期,已是号称陆海,为九州中的膏腴之地了。再加上长期对东方进行掠夺,因而秦地极其富庶,以至于当时就有人对刘邦说秦地之富庶十倍于天下。而娄敬说秦地是:"非常富饶的膏腴之地,这也就是所谓的天府之国。"张良也说:"关中地区左边是郁山、函谷关,右边是陇西、蜀地,左右之间可谓是沃野千里;同时南边有巴蜀之饶,北边有胡苑之利。"正是由于关中物产极其富饶,因而能使萧何在楚汉战争,从关中源源不绝地向前线输送粮食。楚汉相持于荥阳的数年间,汉军一度困乏到没有现粮可食,靠着萧何通过黄河转漕粮食,方才坚持了下来。

再次秦地亦人口众多。

还是在大浩劫刚刚过去的汉五年(前202年),娄敬提到饱受摧残的关中地区时还说,如果仓促之间出现紧急的情况,在秦地一声号令,马上便可召集到百万之众。事实确实如此,在楚汉战争中,关中地区在人力上给予了刘邦以极大的支持。楚汉相争的五年间，刘邦常被项羽打得溃不成军，落荒而逃，并数度濒临绝境，所幸萧何常从关中发兵至前线补充刘邦的兵力，方才得以恢复元气，如汉二年（前205年）四月刘邦率诸侯军56万人伐楚，结果先是在彭城大败于楚军，死者10余万人，继而10万人又被楚军驱入睢水之中，睢水因而为之不流。刘邦仅得与数十骑脱身而去。是役过后，诸侯都背叛汉而与楚结好，形势对刘邦甚为不利。在此紧急关头，萧何征发关中已经免除服役的老人和还没有到著籍为公家服役年龄的年轻人，都去荥阳与刘邦会合，汉军因而声威再次大振。

秦人在战争中也相当活跃，如汉二年（前205年），刘邦想建立骑兵部队，就让大家举荐可以为骑将的人，结果大家都推举故秦骑士李必和骆甲，刘邦听了便想拜他们为骑将，可是他们两个却因为自己原是秦民，担心军队不信服自己，因而表示愿意作为副手辅佐刘邦身边的人做骑将。于是刘邦以灌婴为骑兵主将，而以李必、骆甲为左右校尉，组建了一支骑兵队伍。这支队伍在李必、骆甲的调教下，很快就成了刘邦的精锐之师，在此后历次战争中，这支队伍的表现都非常突出，自其成立直到击破黥布的叛乱，战功赫赫。而最为经典的是垓下之围，项羽率八百骑突围而去，紧要关头，这支部队受命以5 000骑追击，结果在乌江边与项羽展开了最后的搏杀，最终逼迫项羽自刎。

在楚汉战争中，刘邦数次失去山东的土地，都是靠着关中的存在，方才东山再起，最终奄有天下。因而从某种意义看，秦末的战乱，实际上再次延续了战国时期关中与关东的对抗，而刘邦最终又凭借秦人的支持建立了强大的汉皇朝。关中对刘邦的支持可谓大矣。想当初项羽在关中时，有韩生曾劝他立国关中，可是项羽见秦宫室都被烧得残破不堪，又想着回乡炫耀自己的功业，就不肯称王关中说："富贵了却不回到故乡炫耀一番，那就如穿着华丽的衣服在夜间行走一样，谁会知道呢？"韩生见项羽目光如此短浅，退下后说："人们说楚人不过是'沐猴而冠'罢了，果然如此。"所谓"沐猴而冠"，其意为就像猴子穿着人的衣冠一样，虽然打扮得像个人，其实并不是人。韩生的评价真是够损，因此项羽听说后，暴怒之下，竟把韩生抓着放到鼎镬中煮了。

在楚汉战争中,刘邦之所以能够后来居上,除了因为他据有关中作为根据地外,还与其军事集团具有比较先进的开放性关系甚大。

从社会地位看,刘邦集团可谓三教九流无所不包。如刘邦自己即起自布衣,他曾做过秦的相当于今天乡派出所所长的泗水亭长一职。在以刘邦为首的这个集团中有出身显贵的张良,此人的祖父和父亲,皆为韩之丞相,先后辅佐过五位韩王。出身在张良之下的是张苍和叔孙通。秦时,一为御史,一为待诏博士,御史在秦时为600石之官,博士则为比600石之官,属秦的中级官员。往下是周苛、萧何、曹参、任敖、申屠嘉等人。萧何、周苛做过泗水郡卒史,曹参曾做过沛县狱掾,任敖年轻时做过狱吏,申屠嘉则做过材官蹶张,所谓的卒史、狱掾、狱吏等乃是地方官员属下的佐吏,而材官蹶张则是一般兵卒。

再往下是陈平、王陵、陆贾、郦商、郦食其、夏侯婴等人。陈平年轻时家境贫寒,只有田地三十亩,住在城郭边的穷巷之中,以破席子遮门。王陵是沛县豪民,陆贾是一个儒生,郦食其家境贫寒,落魄江湖,无以自存,只好找了一个里监门吏的活儿来糊口,郦商为郦食其的弟弟,日子也好不到哪儿去,夏侯婴最初是沛县官府中的一个驾车的,后来又做过一段见习小吏,以上诸人,赵翼称之为"白徒",即无功名的贫民。

列在最后的是以屠狗为业的屠夫樊哙、卖养蚕用具薄曲为生并常为办丧事的人家做吹鼓手的周勃、以贩卖缯为生的灌婴以及牵车人娄敬等人。

项羽集团的成员既有旧贵族项氏子弟、又有故秦官员曹咎等,还有刑徒如英布等,粗看也颇有包容性,实则其核心成员主要由三部分人构成,一是楚国旧贵族项羽的亲族人及妻党,如项伯为左尹,项佗为魏相,项声、项庄、项冠、项悍皆为将军;一是秦时与项氏有交往的官员,如故秦蕲狱掾曹咎和栎阳狱掾司马欣在秦时曾救过项梁,有恩于项氏,因而深受项羽赏识,委以重任;一是在起事之初即追随其叔侄前后的楚人如范增、英布等。除此之外,其他人很难得到重用。

齐地田氏形成的几个军事集团的核心成员俱为田齐后裔,其田儋、田假、田角、田闲、田荣、田市、田横、田安、田广、田解、田光、田既、田吸等或为王或为相或为将，保守性都非常强。

从时间上看，刘邦集团对人才的吸纳贯穿其发展的始终。当刘邦初起事时，有萧何、曹参等与之同生共死，二世二年（前208年）得张良等，二世三年（前207年）得郦食其等，汉元年（前206年）得韩信等，汉二年（前205年）得陈平等。至汉五年（前202年）天下已初定又拔娄敬于庶民之中。相比较而言，项羽集团在巨鹿之战前已基本定型，此后鲜有能进入其权力核心者。

从地域上看，刘邦集团称得上是一个全国性的集团。其士卒既有关东人又有关中人，其统治集团虽以丰沛地区才俊为核心，然而其他地区的优秀人才也同样受到重用。如三杰萧何为沛人，韩信为淮阴人，张良则出于城父。其他郦食其高阳人，陈平阳武人，傅宽横阳人，娄敬齐人，叔孙通薛人，李必、骆甲则秦人。

项羽虽在巨鹿之战后被奉为诸侯上将军，然该集团的地域性却相当明显。其军队的核心为其起事之初的江东8 000子弟，其核心将领亦主要为楚人，其宗族、妻族自不必论，其所信用之人也大都是楚人，如钟离昧家在伊庐、龙且是楚人、范增是楚西人，英布是六人等。当时不唯项羽集团，其他集团亦皆为地域集团。受裂土分封思潮的影响，起义爆发后没多久，各地豪强或举六国遗族为首领，或拥立前来徇地之将称王，而自己以为辅将。如魏人周市徇魏地，立故魏诸公子咎为魏王，周市则自以为相，着力经营故魏地。齐地则由诸田或为王或为相或为将，着力经营故齐地。赵地则先由张耳、陈余与赵地豪强一起支持武臣称王，着力经营故赵地，武臣死后，张耳、陈余又以赵王歇为领袖。燕王韩广也是受燕地豪强拥戴而称王。

与项羽等封闭性集团相比，刘邦的开放性集团具有相当多的优点。

其一，由于这个集团几乎对所有阶层的精英人士开放，因而使它能最大限度地吸纳当世的英才为己所用。

其二，由于这个集团能够持续不断地招揽才俊，因而使得它始终能够保持着旺盛的生机与活力。

其三，由于这个集团属全国性集团，因而使该集团能够超越地域的局限,而胸怀天下。如范增曾指出刘邦的志向不小,项羽的说客武涉也对韩信称刘邦不把天下全部吞并不肯罢休。刘邦如此,其臣下普遍亦如此。如萧何一入咸阳就把秦丞相、御史所掌管的记录秦朝天下要塞、户口数字等关系国计民生的律令图书妥善保管起来。不唯萧何,樊哙为一狗屠,见刘邦占领咸阳后,意欲留居秦宫享用其宫室、帷帐、狗马、重宝、妇女。即能马上进谏道:"现在是想拥有天下呢?还是想做一个富家翁呢?"于此可见一统天下,已成为刘邦集团的抱负。

可以说,刘邦集团这种统一全国,建立新皇朝的高远目标,顺应了历史发展的潮流,正是刘邦集团取得楚汉战争胜利的前提。而其他集团受地域性的制约,难以有大的抱负,其终极追求大多不过是恢复故国或建立新的割据政权并维持分裂局面而已。如陈胜要求赵西击秦,然而赵地君臣首要的考虑却是赵国怎样在战乱中生存下来,赵王的将相对赵王说:"大王在赵地称王并非是楚之所愿。因此楚灭掉秦后,一定会发兵攻打赵国。为赵国考虑,希望大王不发兵西向攻打秦朝,而是派遣使者向北徇行燕地,以扩张赵国的领土,使赵国在南方据有黄河天险,北边拥有燕、代等地,这样楚就是对秦取得了胜利,也不敢对赵轻举妄动,而如果没有取得胜利,就一定会重视赵国,赵国利用秦楚相争之敝,就可以得志于天下了。"从其他各国在当时的表现看,赵国君臣的这一番话也正是其他各国君臣所想的。后来刘项灭秦后,项羽分封十八王,自立为西楚霸王,其意图仍不过是以新的地方利益集团来取代旧的地方利益集团而已。

应该说从自身发展考虑,每一个领袖都想拥有一个人才济济、充满生机与活力的军事集团,但最终如愿以偿的却只有刘邦,究其原因在于刘邦平民出身,家族所有不过是其大哥刘伯、二哥刘仲、小弟刘交,族支单弱,且其大哥又早卒,二哥乃是一老实巴交的农夫,所可依靠的仅其弟刘交等数人而已。所以要想成事只能依靠沛地的豪杰,而不是如项羽及齐地诸田等旧贵族一样,由于宗族强盛,因而可以赖以举事。

不过刘邦那里因此也就没有亲族妻党专权排斥外人的现象,但由于其集团成员以丰沛人为主,所以并不能排除丰沛人在集团中结朋聚党排斥其他成员的现象,所幸这种情况并不突出,见于史策的唯一一次是汉二年(前205年)陈平初到刘邦那里,就被刘邦任命为都尉,参乘,并监护诸将。由于擢升过速,遂引起将士们的普遍反感,周勃、灌婴等人因而在刘邦面前诋毁陈平。除此之外外来人士与丰沛人士鲜有激烈的冲突。

之所以如此,一者丰沛人不像其他集团那样立足于本土,他们因受到项羽集团的疑忌而被赶到了巴、蜀、汉中,此后虽得关中,但由于将领大多为关东地区尤其是楚地人,部队中始终弥漫着一种思念故土的思乡情怀,由于这时东方已被项羽等人瓜分,他们要想重新回到故乡,就必须以武力征服这些集团,这就需要吸纳天下才俊之士来助其实现理想。同时刘邦集团在与项羽的竞争中又长期处于下风,甚至数次被逼得几近走投无路,为着生存考虑,他们也必须尽最大可能招揽各种人才来壮大自己的队伍。因而刘邦集团逐渐成为一个开放性集团。

反观项羽集团,由于自巨鹿之战以来,在诸侯中一直处于领袖地位,前途也最为光明,所以那些有才能的人大都不远千里地投奔到项羽的旗下。但由于他们的危机感甚轻,对人才的需求不如刘邦集团那样迫切、强烈,所以智能之士到这里后大多受到冷落,结果原先汇集到该集团的人才渐渐都转投刘邦谋求发展,一度人才济济的项羽集团遂逐渐失去了活力。

刘邦在楚汉战争中能够最终胜出,还在于其高超的领导能力。在楚汉战争结束之后的汉五年(前202年)五月,已即皇帝位的刘邦置酒洛阳南宫与臣下庆贺胜利。席间,刘邦兴致勃勃地要臣下们讲一讲他自己"拥有天下的原因是什么?项氏失去天下的原因又是什么?"

于是大臣高起、王陵回答说:"陛下您待人轻慢又好侮辱人,项羽对人则是以仁爱著称。然而陛下您派人攻城略地,降下之后随之就把该地作为奖励赏赐给立功者,这是与天下人同利呀。项羽则嫉贤妒能,迫害有功者,疑忌贤能者,打仗胜利却不予以人应有的功劳,取得土地却不肯让人和他一同分享所获得的利益,这就是他之所以失去天下的原因。"

高起、王陵讲得颇有道理。刘邦的缺乏修养和项羽的彬彬有礼在秦汉之际都是颇有名声的。如萧何、陈平等都是当着刘邦的面说刘邦待人轻慢无礼。魏王魏豹在汉三年（前204年）背叛他的一个重要原因，就是不堪忍受他的折辱。魏豹说："人生一世，短暂得如同白驹过隙一般。现在汉王轻慢好侮辱人，痛骂诸侯群臣如同骂奴仆一样，丝毫不讲究上下之间的礼节，我不愿意再见他了。"

与刘邦的粗鲁相比，项羽颇有谦谦君子之风。韩信曾说他为人恭敬慈爱，言语和善。有人生病了，他会哭泣着把自己的食物给病人吃。两人在个人修养方面反差如此之大，乃在于其出身之不同。项羽为贵族世家，名将之后，秦时虽已破落，然而其家族在楚地隐然仍可号令一郡，所与交往者多为当地讲求礼法的贤士大夫，受其熏陶，项羽不免颇有贤者风度。而刘邦生于平民之家，生平所结交者亦多是粗俗无文的布衣之士，故其行事粗鲁也就很自然了。

刘邦虽然不如项羽有教养，但由于他仰慕侠士之举，处处效法侠士的行为，因而养成了一种出手大方、动辄便将自己的东西施舍给别人的性情。这种行为在承平时期，是一种极易败家的行为，他父亲当年为此没少骂他。然而在乱世，这种举动却极易收揽人心。事实上刘邦就是靠着大肆的赏赐踏平了一座座险关，收罗了一个又一个的豪杰之士。如二世三年（前207年），刘邦在率部西入关中的途中，为了招降秦的守将，采纳南阳郡守的舍人陈恢的建议，下令只要所经城池的秦守将肯投降，那么就册封其守将，并让他仍旧驻守当地。并率先封守宛的南阳郡守为殷侯，结果引兵西去，所至无不下者。汉二年（前205年）下令，诸将若以一郡之万人降者，封为万户侯。

对于一些特殊的人，刘邦根据具体情况又给以不同的赏赐，并且不赏则已，一赏必让其大喜过望。如韩信渴望得到充分的尊重，刘邦便为他择吉日，斋戒，设坛场，按照拜将的礼仪隆重地拜韩信为大将，可谓给足了他面子。后来韩信攻下齐国后欲为齐假王，刘邦虽不情愿，仍是派张良立他为真正的齐王。黥布曾被项羽封九江王，归顺刘邦后，对自己的处境甚为担忧，却没想到刘邦竟然让他拥有与自己一样的帐御、饮食及从官，后又封其为淮南王。汉五年（前202年）为了在垓下取得对楚的胜利,刘邦与韩信及彭越相约,如果对楚取得胜利,睢阳以北直到谷城,都分封给彭越称王,从陈以东直到大海边,都赏赐给齐王韩信。由于赏赐极厚,因此天下豪杰遂朝刘邦帐下聚拢,且莫不拼死力为其争胜。

相比而言,项羽这方面做得便远不如刘邦。据韩信的观察,将士为项羽立了战功,应当封爵时,他能把所刻的印拿在手中玩弄破了,仍不肯交给立功者。陈平也指出由于项羽恭敬爱人,所以那些重节操好礼法的士大多都投奔了他,但由于他在论功行赏时,非常看重对爵位的赏赐,士也因此不亲附他。因而可以说高起、王陵等的分析还是相当合理的。

值得重视的是,高起、王陵还提到了项羽在用人方面的缺陷,那就是嫉贤妒能,或者说无法与才能出众的人共事。这点也是有目共睹的。

陈平就说项羽不能信任人,他所任用爱幸的,不是项氏子弟,就是他妻子的兄弟们,虽然在他身边有奇行异能之士但是他却不能任用。应该说高起等在批评项羽用人的不足的同时,也反衬出了刘邦在用人方面的高明,只是没有明言而已。这让刘邦不免觉得意犹未尽,于是便接过话茬儿说:"你们只知其一,未知其二。运筹帷幄之中,决胜于千里之外,我不如子房;镇守国家,安抚百姓,供给粮饷,使粮道不绝,我不如萧何;率领百万之众,战必胜,攻必取,我不如韩信。这三个人都是人中英杰,我能够任用他们,这是我之所以能够取得天下的原因呀。项羽只有一个范增却不能信用,这是他所以被我击败的原因。"群臣听后无不欢悦诚服。确实刘邦虽然在领兵、定策、治国等方面才能都不是很突出,但他驾驭群雄的领导艺术却在秦汉之际独步一时。而正是这成就了他不世的功勋。

考察刘邦的用人艺术,主要表现在以下几个方面:

一、尽可能地为贤能之士提供展示其才能的空间。如韩信善于打仗,刘邦就放手让他统兵作战;张良、陈平多奇谋,就让他们在自己身边做参谋,并对他们言听计从;萧何善于治理国家,就让他长期镇守关中。郦食其善于游说,就让他常常出使诸侯。

二、委之以重任，饵之以重赏。如曹参初为七大夫，因功继而为五大夫、建成君、戚公、执珪、建成侯、将军、中尉、假左丞相、右丞相等。周勃初为五大夫，因功继而为虎贲令、威武侯、将军等。樊哙初为国大夫，因功继而为列大夫、上间爵、五大夫、卿、贤成君、临武侯、郎中骑将、将军等。初拜韩信为大将，因功继而为左丞相、相国、齐王等。

三、对其进行适度防范。如萧何在关中为相，刘邦对他有点不放心，就用委婉的方式迫使萧何将其宗族子弟数十人派往军队，此明说是从军，实际上乃是做了刘邦的人质，刘邦遂对后方高枕无忧。对于韩信，刘邦常派亲信曹参、灌婴等随其征战，对其进行牵制。对于所有将领，则设护军中尉对其进行监督，如陈平就被刘邦任命为护军中尉。总之由于刘邦能做到人尽其才，才尽其用；并且有功即赏，不吝财货与土地，同时又采取一系列措施对属下的行为进行适度规范，因而使得属下既对他感恩戴德，又对他心存畏惧，不免拼了死力为他卖命。

且不说那些一般将士，即便是实力膨胀到足可与刘邦、项羽鼎足而三的齐王韩信，虽有辨士武涉和蒯通反复向他陈说利害，但想想自己今天所拥有的一切都是拜刘邦之赐，且刘邦对自己又非常信任，因此无论如何也做不出背叛刘邦而自立的事情。如他对项羽的说客武涉说："我侍奉项王的时候，官不过郎中，位不过执戟，项王对我是言不听，计不用，因此我才背楚而归汉。到汉王那里后，汉王授予我上将军之印，将数万士卒交给我统领，把他自己的衣服解下来让我穿，将他自己吃的食物推给我吃，对我言听计从，因此我才发展到今天这个地步。别人对我非常信任，我却背叛人家，这是不祥之事，因此我就是死了也不会改变我的想法。"

能让无双国士心甘情愿地为己驱驰，刘邦的用人之术可谓高明矣！

不过这也是没有办法的事。因为靠他一己之力，根本就奈何不了项羽。想当年，项羽叱咤一呼，千人皆废。所到之处，攻无不克、战无不胜。汉二年(前205年)的彭城之役，刘邦以56万人之众，居然被项羽的3万人打得丢盔卸甲，抱头鼠窜。显然硬碰硬不仅奈何不了项羽，还会把刘邦碰得头破血流。项羽从直接对抗中得了甜头，就非常热衷于玩这种游戏。他甚至异想天开,于汉四年(前203年)在广武两军阵前与刘邦约谈,提出通过与刘邦的单独对决来结束此旷日持久的战争。

刘邦听到项羽的名字脚跟就发软,如何肯与项羽单挑。刘邦于是说:"我宁肯与你斗智,不能与你斗力。"意即他要通过动脑子来赢得对项羽的胜利,然而无论哪方面的智力他都非一流,他要想取胜,就只能依靠别人的智力。而他也确实把工夫下在了这方面,于是韩信帮他开拓出了大片的土地,陈平为他离间了范增,随何助他把黥布争取了过来,张良等又帮他把各方面的兵力集中到了垓下,最终逼迫项羽自刎于乌江。因此刘邦所谓的斗智实际上就是运用恰当的方法,将世间的各种才智聚拢在一起以与项羽角力。

刘邦的成功也给人以启示,即作为一个领袖,其实不一定必须要具有超人的才智,只要能做到知人善任,并能合理地协调各种错综复杂的利益关系,就足以让他驰骋天下了。况且有的时候,领袖在某方面才能过于突出反而不是什么好事。以项羽为例,他勇冠三军,所至皆克,以为天下可以靠自己只手打下,因而就不甚重视发挥属下的聪明才智,结果使智能之士纷纷离他而去,他的覆亡也就是自然而然的事情了。然而项羽对此却至死不悟,他始终认为是上天要亡他,还悲歌什么"力拔山兮气盖世,时不利兮骓不逝。骓不逝兮可奈何,虞兮虞兮奈若何!"①这真是可悲又可叹。

最后应该指出的是,刘邦之所以能取得天下,与他那豁达大度的性格关系也甚大。楚汉战争期间双方大小战役以百计,如娄敬称刘邦与项羽战荥阳,争成皋之口,大战七十,小战四十。蒯通称刘邦将数十万之众,距巩、洛,阻山河之险,与项羽的部队一日数战。

其间刘邦身体屡遭重创,据说楚汉在荥阳对峙期间,刘邦有十二次身受重伤,其中被矢石贯穿身体的有四次。并且多次被打得溃不成军、落荒而逃。如汉二年(前205年)彭城之役,刘邦的部队被项羽打得死的死、逃的逃,最后只剩下数十骑追随在刘邦的左右。汉三年(前

---

① 司马迁:《史记》卷七《项羽本纪》,第333页。

204年)项羽围刘邦于荥阳,刘邦靠着属下纪信假伴自己出东门诳楚,才侥幸与数十骑从西门出走成皋。汉四年(前203年),项羽围刘邦于成皋,刘邦仅与夏侯婴两人得以逃出。像这种情况,要是项羽遇上,莫说是数次,单单是一次,项羽可能就不活了,因为身为一军主帅,且又力可拔山,气能盖世,居然被打得落花流水,这也太没面子了吧!

此非妄加杜撰,垓下之役即是明证。

此前项羽征战鲜有败绩,不想此次被打得只剩下二十余骑,这让他感到颜面尽失,本来乌江边是有船可以渡他过去的,但是他却因输得一塌糊涂而觉无颜见江东父老,他对等待自己上船的乌江亭长说:"天要亡我,我为什么要渡过去呢?况且我与江东子弟八千人渡江向西,现在却没有一人生还,纵然江东父老怜爱我而以我为王,我又有何面目见他们呢?纵然是他们不说,我难道自己不会心中惭愧吗?"结果竟自刎而死。

然而性情达观的刘邦对此却全不在意。在他看来,只要能活着,就没有过不去的坎。因此尽管刘邦常吃败仗,但他从不为面子问题烦心,他所关心的都是如何能活下来,只要能活命他什么都不在乎。如为了活命,他亲赴鸿门卑辞重币向项羽谢罪,荥阳之围让纪信代自己去死,尤其让人不齿的是为了活命他竟置骨肉亲情于不顾。汉二年(前205年)彭城败后逃亡的路上,由于担心被楚军追上,他竟三番几次地将自己儿子、女儿从车上推下来。汉四年(前203年)楚汉对阵于广武,项羽为了使刘邦投降,声称如果刘邦不肯投降,他就要把刘邦的父亲烹了。然而刘邦却毫不在意地说:"我与你都受命于怀王,说'约为兄弟',那么我的父亲就是你的父亲,你若是一定要烹你的父亲的话,我希望你能分给我一杯羹尝尝。"项羽竟拿他没办法。侥幸活下来后,他所想乃是如何想办法从失败的阴影中走出来,重整旗鼓,再与项羽争锋。于是彭城逃脱后,他跑到他妻兄周吕侯那里重整旗鼓。荥阳突围后,跑回关中休养生息了一番。而成皋逃脱后,则与夏侯婴渡河至修武,诈称使者,在清晨趁张耳、韩信还没起床的机会,驰入其大帐之中,夺走了他们的印信,将军队置于自己的掌握之中。

考项羽之爱惜名誉与刘邦之豁达通脱之原因,一者在于二人阅历之不同，项羽起事时年方二十四岁，本就年轻气盛，又兼此后征战过程中，几乎百战百克，不免心高气傲，蔑视一切。而刘邦起事时年已三十九岁，早已阅尽了人间沧桑，对世事看得相当透彻，便不肯与人争一日之短长。二者在于两人出身之不同。项羽名门之后，不免自持身份，常以社会之表率来要求自己，爱护自己的名声如同鸟类之爱护自己的羽毛一般。而刘邦因出身布衣，混迹于下层社会之中，实无任何身份可言，故而他一直活得很随性，对他而言，或者说对他这个阶层的民众而言，能活下来并且能活得有滋有味就算是本事，至于礼法、名节都不必太在意。于是项羽稍受一点挫折，就要死要活，而刘邦纵是颜面扫尽，仍然照常生活。

于是项羽自刎于乌江，而刘邦则即帝位于氾水之阳。

第十五章
秦昭的盛世：變革戰爭

盛世曙光

第十六章

第十六章 盛世曙光

经历了秦朝十余年的高压统治及长达八年的战乱,汉初社会人口大减。至于损失的具体数字,据本人综合学者们的各种见解,当有1 000多万,也就是秦人的一半左右。自秦并吞六国起,始皇不断地征发徭役,举凡征南越、伐匈奴、筑长城、开驰道、修阿房宫及骊山陵墓等,动辄即以数十万,由于路途遥远,任务繁重,因而死者甚众;在摊派租赋时又头会箕敛,敲骨吸髓,不免又使民众大量死亡;又兼严刑峻法,诛戮相继,因此在秦十余年的统治中,人口损失相当严重。及至陈胜、吴广在大泽乡揭竿而起后,社会更是陷入了前所未有的浩劫。当时战争中的死亡人数,动辄便以万计。如新安之坑20余万,彭城之战睢水为之不流,垓下之战楚军被斩首8万。时人娄敬曾说楚汉战争,刘邦与项羽战于荥阳,争夺成皋之口,大战七十,小战四十,使天下之民肝脑涂地,父子暴骨中野,不可胜数。因而到了汉初便人口大减。当战国之时,据赵奢说是千丈之城万家之邑相望。而到了汉初,以前的大城名都人口大量散亡,幸存的仅有十之二三。曲逆城不过才5 000户居民,刘邦见了赞不绝口:"好壮观的县城!我走遍天下,能够让人赞叹的只有洛阳和这座城市啊。"由此可见当时人口之少。

按理说,在大乱之后建立起来的这个新兴皇朝,面对残破的河山、萧条的经济,首先应该做的就是与民休息,恢复国力,事实上当时的统治者也是这么想的。不过统治者虽然主观上不想扰民,但在客观上却造成了赋役沉重的事实。如就基建而言,由于长期战乱,天下残破,从地方到朝廷,都面临着修建城池、宫室、官署重建统治秩序的任务,故刘邦在称帝的次年十月,即下令在全国范围内县级以上的城市皆修筑城垣及各级政权的官署与官邸。就汉的国都而言,秦故都咸阳,原来宫观台榭比比皆是,然而项羽入关后,引兵西屠咸阳,烧秦宫室,火三月不灭,故战乱之后,一切已荡然无存;且秦都咸阳位于咸阳原上,南临渭水,北依泾水,发展空间有限,这使刘邦不得不另起炉灶,舍咸阳而在一水之隔的渭水之南的长安乡另立新都长安,当刘邦立长安为都时,长安的建筑仅有秦时所兴建的兴乐宫,且损毁严重。为此刘邦不得不暂居栎阳,然后历时两年对兴乐宫进行修缮,并更名为长乐宫,方迁居其中。继而又历时两年修建了未央宫,同时又建筑武库、太仓等机构。

　　起初由于全国都在搞基建,无暇顾及长安,因此长安的城垣直到刘邦去世还没有修筑。待到天下基建工程基本完成后,惠帝元年(前194年)正月,开始在长安的西北方修筑城垣。惠帝三年(前192年)开始大规模修筑,当年春发长安六百里内男女146 000人修筑长安城垣,工期三十日。六月,征发诸侯、列侯的刑徒和奴隶2万人前来长安筑城;惠帝五年(前190年)正月,再次征发长安六百里内男女145 000人修筑长安城垣,工期三十日。

　　长期大规模的兴作,无疑会让百姓困苦不堪。而内忧外患不绝于时,更加重了人们的负担。内忧如异姓功臣之乱,数年之间可谓大乱频起,把刘邦折腾得终日坐立不安。以至于慨然浩叹:"大风起兮云飞扬,威加海内兮归故乡,安得猛士兮守四方!"①如汉五年(前202年)七月,燕王臧荼反,刘邦自将军出击,俘臧荼。同年项羽旧将利几反,刘邦又自击破之。汉六年(前201年)七月,韩王信与匈奴勾结反汉,刘邦自将击之,破其军。汉十年(前197年)九月,代相国陈豨反,刘邦仍是亲自出击,于十一年(前196年)冬败陈豨军。这些平定叛乱的战争每一次都要调集大量的军队。尤其是十一年(前196年)七月淮南王黥布反,刘邦再次亲征,行前征发上郡、北地、陇西车骑,巴蜀材官及中尉卒3万人为皇太子卫驻军霸上。又大赦天下死罪以下的犯人,都令从军,并征发诸侯兵随军参战,显见是动用了全国的力量。

　　就当时的边疆形势而言,与秦相比要严峻得多。

　　由于中原群雄逐鹿,无暇他顾,遂使故秦官员尉佗划桂林、南海、象郡三地而称王。南越地广人稀,且尉佗虽渐染蛮俗,然其统治南越的核心力量基本上是从中原迁入之人,因此南越政权带有相当浓厚的殖民性质。这就使其一方面希望摆脱北方皇朝的影响而自立,另一方面又希望能得到北方皇朝的支持以维护自己在土著中的统治。而汉朝刚刚在秦的废墟上建立起来,百废待兴,实无力南向以恢复故秦之区域,不免虚与委蛇。所以汉立国后,南越与汉相当长时期内都维持

---

①司马迁:《史记》卷八《高祖本纪》,第389页。

着一种若即若离的关系,对汉朝的威胁相对较小。

北方的匈奴就不一样了。秦末北方游牧民族乘南方皇朝对他们的压力减轻之机,再次进行力量整合,当时匈奴新任单于冒顿亲率精锐骑兵东攻东胡,西击月氏,南并楼烦,北服浑庾、屈射、丁令、鬲昆、薪犁,从而在东起辽河、西至葱岭、北抵贝加尔湖、南达长城的辽阔地域建立起庞大的匈奴帝国。冒顿以此为基础,驱骑南下,占领长城以北之地,进而大举入侵长城以南的现今河北、山西、陕西及河套地区。尔后不断侵扰西汉的代、雁门、云中诸郡,当时匈奴人离长安近者仅有七百里,轻骑一天一夜即可到达,对汉朝构成了巨大的威胁。

为了解决北方问题,刘邦遂于汉六年(前201年)率精兵30余万迎击匈奴,结果不仅问题没有解决,反而被围于平城七天七夜,差点成了匈奴的阶下囚。后来不得已与匈奴和亲,双方划长城而治,卑辞重币以事匈奴,然掠夺性的战争仍频繁发生。陇西、北地、上郡、云中、上谷、辽东等边郡几乎连年遭受掳掠。不仅如此,当时就是如细柳、棘门、霸上等长安附近的地方都已沦为汉匈战区。匈奴之嚣张跋扈可见一斑。以至于冒顿在刘邦死后,公然致书侮辱吕后说自己这个生长于大漠的孤独的君主,想和刚死了丈夫的吕后结成夫妻。冒顿说自己这个孤独的君主,生在湿润的泽地之中,长于牛马奔驰的平原旷野之域,多次来到边境地区向南遥望,希望能去中国游玩一番。而吕后刚死了丈夫,自己也是一个人独居。两个人由于都失去了配偶,所以都没有办法来排遣心中的不乐。因此愿以自己之所有,来交换自己所无的。意思也就是说要娶吕后为妻,到中原来当皇帝:"孤偾之君,生于沮泽之中,长于平野牛马之域,数至边境,愿游中国。陛下独立,孤偾独居。两主不乐,无以自虞,愿以所有,易其所无。"①

这对一个国家来说,无疑是奇耻大辱,吕后得书甚是震怒,马上召丞相陈平及大将樊哙、季布等来商议,打算杀掉冒顿派来的使者,然后发兵攻打匈奴。樊哙于是自告奋勇说:"我愿意率领10万大军,横行于匈奴之中。"中郎将季布却痛斥樊哙"可斩",季布说:"樊哙说这种

---

①班固:《汉书》卷九十四上《匈奴传上》,第3754~3755页。

话罪该斩首。想当年匈奴发兵南攻,高帝亲自率军迎击,结果被围于平城。当时汉军有32万之众,而樊哙为上将军,他却不能解围。由于此次战事死伤惨重,因而天下歌吟道:'平城之下亦诚苦,七日不食,不能彀弩'。现在人们的歌吟之声还没有停止,受到伤残者刚刚有所恢复,而樊哙就想摇动天下,妄称以10万之众横行匈奴,这是当面在欺诳太后您。况且匈奴属于夷狄,而夷狄就如同禽兽一样,因此听到它们说好听的话不值得喜悦,恶毒的话也不值得发怒。"

季布的观点一经提出便得到多数朝臣的支持,因为许多将军都说:"以高帝那样贤德勇武的君主,尚且被匈奴困于平城。"这话虽是半句,但反对出兵的意思却很明白,于是吕后只好打消了攻打匈奴的念头。忍气吞声地回书冒顿说:"感谢单于您记挂着我,赐给我书信,然而我读过信后,却感到非常恐惧。想我已年老气衰得头发和牙齿都脱落了,并且走路都走不好,哪还能够嫁人呀。因此单于您肯定是误听了别人的谎话,我实在是老得不值得玷污您了。我是无罪的,因此您应该赦免我呀。为了表达我对您的心意,我现在将我的二乘御车和骏马送给您,用来作为您的车驾吧。"国家领袖做到这种地步,也够窝囊了。但这也是没有办法的事。

修筑城池宫室、平定叛乱、抵御外敌入侵,再加上汉代的统治制度脱胎自秦,则自不免承袭了其律令制度中的不少弊端。如徭役沉重即是秦之弊政,然而由于在秦曾长期执行,沿而成俗,故汉立国之后一时难以尽改。凡此种种导致汉初百姓赋役沉重,痛苦不堪。然而百姓却鲜有过激之举。

究其原因在于两方面的积极因素。其一是秦末战乱的积极因素:虽然酷烈的战乱,给新兴皇朝造成了重重的困难。然而从另一个角度看,这又何尝不是一次彻彻底底的全民大扫除。在这次全民卫生活动中,不仅原先那个暴虐的政权被彻底扫入了历史的垃圾堆,而且原六国遗族那点残存的威望也被战争悉数驱除,自战国以来久蕴于民间的戾气也几被荡涤一空,那些草莽英雄们籍百姓之怨愤,乘势而起,先依傍名族而驰骋,后自树赤帜以逐鹿,最终失败者战死疆场,成功者南面称孤,正所谓各得其所,还能有什么戾气可言!

此次战争也在不经意间消解了秦时的一大难题。此次战乱先是东方并力西进，征服西方，后又是进据西方的东方英雄们依靠西方的基本力量征服东方，最终由东方人在西方称帝，因此新兴皇朝的建立实乃东西方文化剧烈碰撞交融的产物，所以就不必如秦朝一样过于担心哪一个区域存在离心因素。只是代价大了些，战乱不仅使人口大减，而且对社会经济也造成了极大破坏，据说当时天子也不能找到四匹同样颜色的马来驾车，将相或乘牛车而出，百姓则穷困得家无储藏之物。因此当时物价暴涨，以至于米至一石值万钱，马则一匹值百金。在这种情况下，人们极其渴望过上安定的生活。事实上还是在楚汉战争期间，双方士卒就普遍产生了厌战情绪。汉四年（前202年），楚汉双方以鸿沟为界中分天下后，军中即皆呼万岁，因此楚汉战争的结束，正符合了人们渴盼过上安定生活的愿望。故而虽然当时承接秦朝的弊病，壮年男子去打仗，老弱者转运粮饷，使得百姓因徭役频繁无暇耕织而财用匮乏，但百姓却鲜有过激之举。如楚汉战争后，刘邦与其异姓王集团的矛盾很快便表面化，结果引起多起叛乱，但由于百姓多不参与，结果旋起旋灭，竟不能成事。

其二，新兴政权以亡秦为鉴普施德政。事实上，还是在汉元年（前206年）十月的时候，刘邦就因"约法三章"而声名鹊起，后来到了汉五年（前202年）五月楚汉战争刚一结束，刘邦便让士卒复员，并下诏对复员的士卒、流民、卖身的奴婢、高爵者等进行安抚。如对于复员的关东士卒愿意留在关中的，免除其十二年的赋役，回到关东家乡的免除六年的赋役。对于因战乱而成为流民的人，则下令让他们各归其县，恢复他们故有的爵位和田宅。对于因饥饿而卖身为奴婢的人，都被免为庶人。又扶植新的军功地主，规定现役军吏卒无爵或爵在大夫（第五级爵）以下的，一律晋爵为大夫，大夫以上的加爵一级。爵位在七大夫（第七级爵）以上的皆令食邑，以下的免除本人及全家的徭役。归家的军吏卒，要按爵级的高低授予田宅，对于七大夫以上的高爵，地位相当于县令丞，要优先给予田宅。六月又大赦天下。很显然，新皇朝的统治者是爱护黎民百姓的。那么一时的痛苦又算得了什么呢？

这个新兴的皇朝确实没让百姓失望。因为此后数十年间，它一直提倡黄老之学,大力推行与民休息政策。立国伊始,从长治久安考虑,刘邦君臣就对秦之亡与汉之兴进行了深入的探讨,并得出了两点重要认识。其一,认识到了民众力量的伟大。不像秦的统治者那样把百姓看做无法改变自己命运任人摆布的弱者,只有他们才能解之于倒悬。亲眼目睹了民众揭竿而起的威力的汉初统治者,认为民众中蕴含着难以想象的力量,如果统治者处理不当,就会产生难以想象的后果,如陆贾就认为秦覆亡的原因在于一直任用刑法而不做变更,且将其发挥到了极致,因而彻底得罪了民众的缘故。

其二,承认胜利是众人共同努力的结果。秦并吞六国后,在论及何以天下一统时,始皇不仅自己说自己兴兵诛除暴乱,依靠祖宗的保佑,使六国君主都受到了应有的惩罚,天下获得了安定。其臣下也皆归美于始皇,如李斯等就说是始皇兴仁义之师,诛灭残暴的贼子,平定天下,海内为郡县,法令由一统,这是自上古以来所未尝有、五帝也比不上的事。

刘邦君臣在论及自己集团能够取得胜利时,皆认为是众人共同努力的结果。如高起、王陵认为是由于刘邦不吝奖赏,使人攻城略地,谁所降下的就赏赐给谁,与追随他的人们同利。因此人们皆乐意为他所用,从而君臣一体、齐心协力取得天下。刘邦自己又补充说他能取得天下就由于得到了萧何、张良、韩信这三个杰出人才辅佐的缘故。

不同观点产生不同的行为。秦因轻视民众,君主又专擅并吞天下之大功,以圣人自居,结果国家机器的运转皆以君主一己之私意为转移,以至于暴政迭兴。汉因重视民众,且君主承认其之所以能取得天下,乃众人共同努力的结果,因而君臣不仅都非常重视民生之疾苦,并且君主也相当乐意听取臣下的建议,于是国家便在众人的共同努力下逐渐走上了正轨。

如陆贾认为新兴的皇朝必须以亡秦为戒,行施仁义之政,效法古圣先王,用宽缓的手段治理天下,顺民之情,与民休息,尽可能减少国家对社会的干预。他的以"无为"为宗旨的阐述治国之道的政论每奏上一篇,刘邦都无不称善,左右侍从都高呼万岁,刘邦还欣然称陆贾的书为《新语》。时萧何为相,鉴于百姓痛恨秦的法令,因而顺从民意推行符合他们愿望的政策。后来惠帝时期,曹参继萧何为相,萧规曹随,继续推行无为政策。继曹参为相的陈平,治国时也以休养生息为主。惠帝、吕后亦对此非常支持。在无为思想的指导下,国家不断地推行亲民政策,如减轻赋税徭役,田租十五税一,并注意减少大工程的兴建和用兵,以免劳民伤财。开通关卡鼓励商品流通,放松对山泽的控制,任由人们开发。鼓励生殖,汉七年(前200年),下令百姓生孩子的免除其徭役二年。惠帝元年(前194年)规定女子年龄在十五岁以上至三十岁而不出嫁的要征收五算的人头税。

总之,在以上两个方面积极因素的引导下,中华帝国终于走出可怕的梦魇,踏上新的征程。抬眼望去,一个伟大的盛世之阳正在东方地平线上冉冉升起!

第十六章 盛世曙光

附录:秦朝建立前后百姓生活状况探析

本章试图通过对秦朝建立前后百姓的一些基本状况的探讨,使读者对当时的社会发展情况获得一个大致不错的印象。传统史著在论及社会发展时,往往从生产发展处入手,探讨一些诸如农业的发展水平如何,手工业、商业的发展水平如何之类的问题,以为不如此就不足以反映古代社会的发展状况。然而尽管史著对此条分缕析,旁征博引,但读者最不愿读的也往往就是这些章节。究其原因,乃在于内容枯燥,缺乏扣人心弦的故事情节和悬念,如要么是讲铁的冶炼、铸造和使用,要么是讲田地的耕种、灌溉、施肥以及亩产量的多寡,要么是讲货币的铸造、使用和流通,诸如此类的内容往往贯穿章节的首尾。并且这些章节与其他章节间也缺乏密切的联系,著者虽然对社会发展情况进行了深入的剖析,然而在叙述社会历史的演进时,却又丝毫不涉及社会经济方面的内容,似乎社会的政治、经济和文化等方面是互不相干各自独立发展的。因此在著者固然是讲得头头是道,然读者看不几页怕就要被折磨得昏昏欲睡了。此在作者而言,真是有点出力不讨好。

其实,向读者展示一个时代的发展水平,原不必那么费事,只需把时人的衣、食、住、行情况交代清楚就可以了,因为社会的发展原本就是通过人们的日常生活体现出来的。事实上,大部分人对社会发展的感觉主要就是从日常生活中得来的。远的不说,只说近段,三十年前人们普遍吃的是红薯、玉米,住的是瓦房,穿的是粗布,现在吃的都是小麦、大米,住的大都是砖混结构的小楼房,穿着也是各色各样异彩纷呈。因此不须看经济学家的论证就都知道今天的社会确实是发展了。故而若想使读者对古代社会的发展得出一个比较感性的认识,则只需把当时普通人的生活状况告诉他们就行了。并且从与今人的接触看,那些对社会生活状况有清楚的了解人,往往会如经济学家一样对国家的各项政策的得失作出比较合理的判断。所以了解时人的生存状况,也有利于我们把握秦统治政策的得失。有鉴于此,本章即从衣、食、住、行诸方面入手,来探讨一下秦朝建立前后的社会发展状况。

通过对这一些时期普通人生活状况的探讨,可发现他们的衣着,主要来自妇女的纺织,当时妇女所织的纺织品主要是丝织物和麻织物。丝织物的原料是蚕丝,由于桑树在黄河流域和长江中下游地区生长很普遍,因此当时许多地方都可以养蚕。麻织品的原料是麻、葛、纻等植物的纤维。麻、葛、纻这三种植物在当时的分布也相当广泛。蚕丝和麻、葛等纤维被抽出来后,用纺抟纺成纱或线,然后用斜织机织成帛或布。然后就可以做衣服了。因为衣服难得,所以时人在裁制衣服时都要选上个良辰吉日,显得相当郑重其事。一般来说,由于用丝织成的帛做工精细,质地优良,因此要比用麻等植物纤维织成的布贵重,因此只有贵族和富人才能享用得起,普通人只有到老了的时候才有可能穿上丝织品,一般而言,农民自己常穿的大都是粗布所做的重达十余斤的衣服。

　　饮食方面,一般实行两餐制,第一顿饭在上午八九点进餐,第二顿饭在下午四点左右进餐。当时做饭所用的炊具有鬲、釜、甑、甗等,而釜、甑较为普遍。主食包括"食"和"羹"。"食"也就是饭,饭的主要原料是用粟舂成的米,根据所用米名称之不同,煮成的米饭又有粝饭、粺饭、繫饭、御饭之别,此外还有豆饭等。羹,指用肉类或菜蔬等制成的带浓汁的食物,是佐饭之菜,不过肉羹只能是富贵之家享用,普通人还是吃菜羹的多。一般来说,当时普通人日常食品也就是糙米、菜羹和豆酱。想吃点肉喝点酒,奢侈一下,怕是要等到节日以及婚丧嫁娶等一些特殊的日子方才可以。平常日子不知节俭,是要被人看不起的。大体而言,这就是当时普通人的生活。不是很好,但也不是说过不去。

　　当时百姓的住宅大都建在里中,里的四周建有禁止翻越的围墙,里内设有管理机构,有里宰,或称里正,里长,主管里内的全面工作。有里尉,负责维持里中的治安又有里监门,负责看管里门。一里有住户十余到百余不等。每户的宅地面积关东地区应该在二亩半左右,而秦故地却为四亩半,又由于亩制比关东地区大,因而实际上要比关东地区大得多。里中住宅的基本建筑模式为"一宇二内"或"一堂二内",也就是有堂屋一间,卧室两间。除此之外,还要建造一些辅助建筑,如墙、羊圈、猪圈、厕所、水井、粮仓等。此外还有庐舍,这是建在田野里的简易住宅,每到春夏农忙季节,为了便于劳作,农民们多居住在田庐里,等到秋冬时节才回到家里居住。

论及出行,由于受到多重因素的制约,所以显得极其艰难。就道路而言,无论是乡间小路或是国家的驰道,都是由用土筑成,因而时常破损。且一有阴雨连绵,道路便难以通行。当时供旅客止宿的客舍甚少,因而出行的人往往投宿于民家,并且要自备干粮的。且需携带炊具以自炊。让旅客头疼的应该还有盗贼。当时盗贼常以兵器、毒药、水火等手段拦路抢劫他人的车马衣裘。秦并吞六国后,由于阶级矛盾尖锐,更是有许多人逃入山川河湖的险要之处为盗贼,此在山东六国故地尤甚。当时便利的交通工具当属牛车和马车,但由于牛马对一般人家而言是很难得的东西,因此就普通人而言,乘牛马车出行的现象不能说没有,但挑着袋子,风餐露宿,徒步旅行于荒野之间,一天要跑上百里路方才能找个歇脚的地方的人应该更多。此外,由于当时巫医盛行,医疗条件落后,因此行旅途中若发病,本就缺乏治疗手段,又难以静养,极易导致病人死亡。

从以上分析可以看出,尽管与前代相比,秦初百姓的生活状况已有较大的改观,但由于仍然受到多重因素的制约,稍有不慎,就可能倾家荡产而陷入赤贫的境地,故而是经不起大的折腾的。

一、衣良日,丁丑……

在秦代用来卜筮的《日书》中对裁制衣服多有宜忌规定,诸如"衣良日,丁丑、丁巳、丁未、丁亥、辛未……丁丑材衣,媚人","衣忌,癸亥、戊申……月不尽五日,不可材衣"等①,显得相当郑重其事。究其原因乃在于衣服非常难得,因为难得,所以珍重。

论及时人的衣着,从现有材料看,应该主要来自妇女的纺织,这在战国时期的著作诸如《墨子》、《孟子》、《韩非子》、《吕氏春秋》、《六韬》、《尉缭子》等文献典籍中屡有反映。如《吕氏春秋·爱类》就说如果士在该年不耕作,那么天下的人都会受到饥饿的威胁;如果女子在该年不纺织,那么天下的人就会受到寒冷的威胁:"士有当年而不耕者,则天下或受其饥也矣。女有当年而不织者,则天下或受其寒矣。"

---

① 吴小强:《秦简日书集释》,第162页。

《尉缭子·治本》称如果一个家庭中丈夫耕耘农田,妻子纺织布匹,不受其他事情的干扰,那么就会有储蓄:"夫在芸耨,妻在机杼,民无二事,则有储蓄。"春夏时节男的去田里劳作,秋冬季节女的在家中织布帛,则百姓就不会受困:"春夏夫出于南亩,秋冬女练于布帛,则民不困。"

显然在战国时期尤其是在战国晚期,妇女的纺织已和男子耕作在小农之家内相当密切地结合在了一起,男耕女织的小农经济已经形成,妇女的纺织已成为人们重要的衣服来源。因此始皇三十二年(前215年)在《碣石刻石》中才有男子喜欢耕作,女子修治女红,各种事情都有自己的秩序的话:"男乐其畴,女修其业,事各有序。惠被诸产,久并来田,莫不安所。"

当时妇女所织的纺织品主要是丝织物和麻织物。丝织物的原料是蚕丝,由于桑树在黄河流域和长江中下游地区生长很普遍,因此在春秋战国时期许多地方都可以养蚕。如《诗经》载秦、豳、唐、魏、卫、墉、郑、曹等国都有桑蚕业。成书于战国时期的地理学名篇《禹贡》分天下为九州,称九州中兖、青、徐、扬、荆、豫等州都产丝织品。而司马迁在《史记》中还指出在东北地区的燕国和赵的代地也有桑蚕业。每年在春天的时候开始栽桑养蚕,然后就可以收获一定量的蚕茧,蚕丝就在蚕茧里面,要想把丝取出来,需要把蚕茧放在沸水中煮,使蚕丝上的丝胶脱去而散出丝头,然后将丝抽出来,此即缫丝。

麻织品的原料是麻、葛、纻等植物的纤维。麻、葛、纻这三种植物在当时的分布也相当广泛。麻,在古又称"枲"或"苴",在今天指的是"大麻"或"火麻"、"黄麻",属桑科,一年生草本植物。茎梢及中部呈方形,复叶掌状。在《禹贡》所分的九州里豫州和青州都产麻。纻,属麻的一种,为多年生草本植物,一株纻往往能长出数十根枝条,该物生长在南方的荆扬地区,一年能收割三次。收割过后,不用再种植,到次年春天,留在地里的宿根就会自动长出枝条来。葛,也是一种多年生草本植物,生长于山间泽畔,长势旺盛的枝蔓能长达一二十米。麻、葛、纻这三种植物属韧皮纤维,不能直接析取,需先脱胶方可。一般采取在池中浸沤的办法,葛还可在家中水煮脱胶,通过浸沤或水煮,三物之丝就可以析出来了。

　　蚕丝和麻、葛等纤维被抽出来后，还不能直接用来织布帛，要先进行纺绩，即把丝、麻等纤维制成纱或线，"纺"指纺丝，"绩"指缉麻。有时也有以纺代指纺绩的。纺绩要用纺抟，也就是用瓦制作的纺锤，纺锤两端尖，中间粗，把丝、麻纤维的一端固定在上面，通过纺锤的旋转，就可以纺成纱或线了。

　　古人最早用来织布的工具是原始腰机，在此之前一直是用手编织。腰机早在新石器时代已经出现，浙江河姆渡遗址、良渚文化遗址、江西贵溪春秋战国墓群中都出土了一些腰机的零部件，因这种工具主要利用腰来操作，今人故名之为腰机。具体而言，就是把两根相当于现代织布机上的卷布轴和经轴的横木用腰带缚在织造者的腰上，然后席地而坐，在两脚及腰脊的控制下，运用打纬刀、杼子、分经棍，以及综杆等进行操作。通过腰机将经纬纱纵横交织，最初的纺织品便诞生了。

　　随着时代的发展，到了春秋战国时期，又出现了斜织机。这方面的史料，学者们翻遍史书只在《列子》中找出了一条。就是纪昌学射箭的典故。这个典故说的是当时有一个叫纪昌的人，他去找一个叫飞卫的人学射箭，飞卫让纪昌先去学会眼睛一眨也不眨之后再谈射箭的事。纪昌回家后，就躺在他妻子的织机下，眼睛盯着织机的踏板看。这样过了两年，即使是用锥尖来扎他的眼角，他的眼都不眨一下。不过对这个典故的可靠性，学界一直心存疑虑，一者此属孤证，二者关于《列子》一书的作者和成书年代一直存在着争议，有人认为是先秦时的，有人认为是魏晋人假托先秦人列御寇之名伪造的。好在考古工作者的发现帮我们解决了这个难题。2005年5月学者对江西省鹰潭市龙虎山春秋战国时期的古越悬棺洞穴考察时，在悬棺葬中出土的纺织构件和纺织品中，也发现了织机和印花织物，因此春秋战国时已产生织机遂成不争之事实。

　　这种织机又被称为斜织机，原因是织机的经面与水平机座呈50~60°倾角的缘故。与构造简单的腰机不同，斜织机是一种配备有杼、经轴、卷轴、综片、踏板和机架的完整织机。它采用杠杆原理，用脚踏板来控制综片的升降,使经纱分成上下两层,形成一个三角形开口,以织造平纹织物。由于它用脚踏提综开口,从而将织工的双手解脱出来,得以专门从事引纬和打纬的工作。因此大大地提高了生产效率,可称得上是纺织业的一个重大突破。当时妇女们在纺织时为了省油和相互比较学习,自殷周时期起便常相聚在一起纺织劳作,往往一干就是半夜,有人将这半夜视为半天,则一月就是十五天,因此有妇女们一月能工作四十五天之说。这种习俗到战国时在一些地方仍保持着。

对于当时织布的效率,秦代以前史无明文,不过魏晋时人刘徽所著的反映汉代情况的数学著作《九章算术》透露了些蛛丝马迹,《九章算术·衰分》说:"今有女子善织,日自倍,五日织五尺。问日织几何?"据刘徽讲,《九章算术》是西汉初年张苍和宣帝时人耿寿昌两人所编定。今人考定认为其应用问题部分主要反映的是汉代的情况。不过就此题而论,五日断五尺平均每日一尺应是一个纺织能手的工作效率,而所谓的每日工作量在原来基础上增加一倍则应是作者的算术设计。由于此时去秦未远,故也可大致认为这也就是秦时一个纺织能手的工作效率。而汉代一匹布帛的标准规格是宽二尺二寸,长四丈。从出土文物可以看出这个规定自西周到汉唐基本没甚大的变动。

那么按照《九章算术》所讲,在秦汉时代一个巧妇织一匹纺织品要用的时间应该在四十天左右。这个数字应该符合织丝的实情,因为丝线不同于麻线,丝线比较细,织起来自然费工夫的多,西汉中晚期巨鹿人陈宝光的妻子就是个巧妇,也是六十日织成一匹,比《九章算术》中的巧妇要慢些,主要是她织的技术含量比较高的彩锦,故耗时稍多。至于汉代一首去妇诗《上山采蘼芜》,说该去妇的前夫新娶的妻子一天能织一匹缣,而她则一天能织五丈素:"新人工织缣,故人工织素。织缣日一匹,织素五丈余。将缣来比素,新人不如故。"古乐府诗《孔雀东南飞》中,刘兰芝也自称:"鸡鸣入机织,夜夜不得息。三日断五匹,大人故嫌迟。"应该说这都是文学的夸张,不可当真,因为这种速度怕是织麻布也达不到的。

丝织品的种类繁多。帛与缯互文,《说文》云"帛,缯也"。又称"缯,帛也"。都是丝织品之总称。大致来说,当时的丝织品主要有锦、凌、素、缣、绢、纱、绮、绨等。具体而言,锦,用彩丝织出的丝织品,由于做这种丝织品用功甚多,故而如黄金一样十分贵重,因此起名为"锦",也就是"金"的意思。绫,一种薄而细,纹如水波一般的丝织品。素,白色平纹的生丝织物。缣,双丝织的浅黄色细丝织品。绮,为素底织花的丝织品。绨,厚实平滑而有光泽的丝织物。绢:平纹的生丝织品,似缣而疏,挺括滑爽。罗,稀疏且轻软的丝织品。纱,为细轻之丝织物。麻、葛纺成的线可用来做布,麻做成的布一般称枲布,或直接称为枲。葛可以织成葛布。当时用麻、纻、葛织成的布因所用线的粗细不同,因此织出的布也有精粗之不同,如葛一般又分两种,细又薄的叫"绤",粗而厚的叫"绤"。

织出了布帛,就可以做衣服了。当时人们用布帛所做的衣服有衣、裳之分。上身穿的叫衣,衣也就是"依",意为人依靠它来躲避寒暑。下身穿的叫裳,裳就是"障",意为用来遮蔽隐私。具体而言,时人的衣裳主要有袍、深衣、襦、衫、袴、裘等之别。袍,是男子穿的上衣和下裳连在一起的衣服,其下部一直达到人的脚背上。袍有表里,中铺的一般是破旧的称为"缊"的麻絮,袍的颜色应该是素的,属于一种内衣便服,穿时须在外面加一层罩衣。襦,是一种短衣,有单、复之分,单襦近乎衫,复襦近于袄,为当时平民的常服。深衣,是一种上衣与下裳分别裁剪,然后缝在一起而制作成的长可及脚踝的衣服,所以又称"长衣",这种衣服上至天子下到庶民都可使用。由于这种衣服缝制容易,穿着方便,既有利于活动,又能严密地裹住身体,因此颇受时人喜欢,在战国秦汉时期相当流行。衫,就是"芟"的意思,指除去袖头的开衩上衣,多为单衣,亦有夹衣。当时人们穿在腿上的纺织品叫做"袴",又称"胫衣",这种"袴"或"胫衣"没有裤裆,仅有两条裤腿套到膝部,然后用带子系腰间。当时除了用丝麻纺织品制作衣服外,还用动物的皮毛制作裘衣来取暖。此不具论。

以上所说的诸种衣服是有贵贱之别的,至于孰贵孰贱则要看所用的材料是什么。一般来说,由于用丝织成的帛做工精细,质地优良,因此从总体看要比用麻等植物纤维织成的布价格上贵得多。具体到帛本身,由用丝的数量、质量,以及帛的图案颜色之不同,各种帛的价值也不同。大致而言,锦、绫、绮等都是当时的珍贵之物,其中用锦尤其珍贵,往往不在市面上卖。素和缣的价值大体相当,如《九章算术·衰分》中两道数学题称一匹九尺五寸的缣,价值"六百三十三钱五分钱之三",而"有素一匹一丈,价直六百二十五"。范子《计然》称"白素出三辅,匹八百"。绢和纱在当时属常用的丝织品。

总的来说,由于丝织品做成的衣服相当珍贵,因此只有贵族和富人才能享用得起,普通人只有到老了的时候才有可能穿上丝织品。不过贵族也并非就不用麻布,实际上当时的精布多为贵族所用,如春秋时期郑国子产曾把纻布做的纻衣献给前来行聘礼的吴公子季札。而普通人虽然也生产丝织品和细麻布等质地较好的布帛,然为了赚钱,常拿到市场上去交换。因此尽管不能绝对地说普通人不能穿丝织品衣服,如《秦简》中一个案例称某里士伍乙被盗的绵衣就是一件丝织品,但一般而言,农民自己常穿的大都是粗布所做的衣服。

当时普通人穿的衣服一般称褐或褐衣。从文献看,这种衣服既可指短衣,又可指贫贱者所穿的粗布衣,指后者的尤其普遍。穿丝织品对普通人来说只能是一种奢望,不然《日书》也不会特别强调在某些日子制衣,会得到"终身衣丝"、"不卒岁必衣丝"的回报了。至于褐衣到底贱到什么程度,《秦简》给了我们一个数据,《秦简》说那些没有妻子的隶臣、府隶和城旦等处于社会最下层的人一年的衣服花费是,冬季每人要交一百一十钱,夏季五十五钱才能领到衣服;其中属于小的(未成年但需参加劳动的奴隶),冬季交七十七钱,夏季交四十四钱。被罚舂米的叫做"舂"的罪犯,冬季每人交五十五钱,夏季四十四钱;其中属于小的,冬季交四十四钱,夏季交三十三钱。官府冬天对无衣的囚犯发放的褐衣是大褐衣一件,用枲布十八斤,价值六十钱;中褐衣一件,用枲布十四斤,价值四十六钱;小褐衣一件,用枲布十一斤,价值三十六钱。而战国时孟尝君有一狐白裘价值千金,两下相比,相差极其悬殊。尤让人难以忍受的是贫民所穿衣服之沉重,按《秦简》所载,一个成年人所穿的且不说其他诸如内衣、袴、鞋子之类的东西,单是头巾和褐衣就有二十一斤之重,这数量折成今天的市斤也有十余斤之重,于此可见贫民所穿衣服所用麻布之粗,不亚于把草披在身上,这也就难怪董仲舒会说秦贫民常穿牛马穿的衣服了。

二、亩均 2 石

关于秦以前百姓的基本生活状况,有这样几个资料。如魏文侯时李悝说当时一个五口之家,种一百亩地,按每亩年产量为 1.5 石算,能收获 150 石粟。除去要交纳的 15 石,还剩 135 石,平均每人一月要吃 1.5 石,则五人一年要用去 90 石,这样还余有 45 石。每石价格按 30 钱算,可折为 1350 钱,除去节庆祭祀的费用 300 钱,还余有 1050 钱。平均每人每年要用 300 钱来置办衣服,则五人一岁要用 1500 钱,这样算来还有 450 钱的差额。如果不幸生了疾病死了人所用的费用,以及官府额外的赋敛,还没计算在内:"今一夫挟五口,治田百亩,岁收亩一石半,为粟百五十石,除十一之税十五石,余百三十五石。食,人月一石半,五人终岁为粟九十石,余有四十五石。石三十,为钱千三百五十,除社闾尝新春秋之祠,用钱三百,余千五十。衣,人率用钱三百,五人终岁用千五百,不足四百五十。不幸疾病死丧之费,及上赋敛,又未与此。"①

很显然,在战国初期百姓的生活是相当清苦的。然而到了战国中后期情况就有所不同了。如《孟子·万章下》称当时农夫可拥有的田地,是一个农夫一百亩。百亩田地,上等的可以养活 9 口人,上等中稍次一点的可以养活 8 口人,中等的可以养活 7 口人,中等稍次一点的可以养活 6 口人,下等的可以养活 5 口人:"耕者之所获,一夫百亩。百亩之粪,上农夫食九人,上次食八人,中食七人,中次食六人,下食五人。"《礼记·王制》称按规定每一个农夫可耕种一百亩地,这一百亩地,上等的可养活 9 口人,其次能养活 8 口人,其次能养活 7 口人,其次能养活 6 口人,其次能养活 5 口人:"制农田百亩,百亩之分,上农夫食九人,其次食八人,其次食七人,其次食六人,下农夫食五人。"反映战国时期情况的银雀山竹简《田法》称能够养活 7 口人的,是上等田地。能够养活 6 口人的,是中等田地。能够养活 5 口人的,是下等田

---

① 班固:《汉书》卷二十四上《食货志》,第 1125 页。

地:"食口七人,上家之数也;食口六人,中家之数也;食口五人,下家之数也。"

很显然,随着时代的发展,从战国中期以后,亩产量已有所提高,因而战国初年的亩收1.5石到了这时就成了下等田。由于人的基本生活标准可以长期保持相对稳定,因此这里我们不妨以李悝所言推演一下中、上两等田的亩产量。按李悝讲,一人平均每月需1.5石粮食,则一年需18石;一人平均每年用在衣服上的钱是300钱,而一石粟值30钱,则所需粟为10石,故一人一年的衣食费为28石。中田可养6人到7人,则所需粮食为168~196石,若再加上社间尝新春秋之祠的费用300钱即10石粟,则为178~206石粟。什一之税假设为20石,则为198~226石。依此而推则可养8~9人的上田所产粟总量基本为254~272石。这也显示出来,到了战国时期,尤其是进入中后期,耕地的亩产量已由西周时的亩产1石左右上升为亩产2石左右了。因此在单位面积不变的情况下,才能够养活更多的人。

这种情况也适用于秦国,史书讲郑国渠修成后,因为有水灌溉,史书称其亩产1钟,也就是6.4石,而《孟子》等书所记的最高亩产量也不过2.72石。单从数字看,好像秦的最高亩产量是其他诸国的一倍还要多,而实际上,秦自商鞅变法后,一直实行240平方步为一亩的大亩,山东诸国多行的是周亩,即百平方步一亩,因此如果将《孟子》等所说的最高亩产量折算成秦亩的亩产量,则恰与秦的亩产1钟相当。不过由于秦的亩制比较大,所以秦的顷亩当能养活更多的人,然而在秦相吕不韦的主导下写成的《吕氏春秋·上农》却仍称上等田,能养活9口人,下等田,能养活5口人,"上田夫食九人,下田夫食五人",与《孟子》等书基本相同,究其原因,其一秦国人的生活水平比较高,他们不仅要求吃得饱,还要求吃得好,所以生活成本自然提高;其二虽然秦实行大亩制,但在当时情况下不同质量的耕地所需的劳动力是一定的。以周亩为例,上等田顷亩需3人,中等田顷亩需2.5人,下等田顷亩为2人。因此秦的大亩制并不是普通的数口之家所能负担得了的。它只适合于那些有能力雇工或使用僮隶劳动的富庶之家。所以秦的农民虽然顷亩面积大增,然而落到实处却不一定能种得完。也正因如此,所以秦简《田律》才有每项田地应缴的饲草、禾秆，按照所受田地的数量缴纳，不论垦种与否，每项交纳饲草3石、禾秆2石的规定："入顷刍稿，以其受田之数，无垦不垦，顷入刍三石、稿二石。"再者即使种得了，相当多的人家也只能粗放经营，故所得可能比其他国的农民多，但也是有限的。

应该说，以上所说的亩产量，都是以粟为标准的一种合理的推理，究其原因乃在于粟不仅产量比较高，而且在豫、兖、雍、冀、幽、并等六州，也就是全国三分之二的地方都可以种植，是当时最重要的食物。不过粟并非仅指一物，粟实为黍、稷、粱、秫之总称，黍，一年生草本作物。喜温暖，不耐霜，抗旱力极强，叶子呈线形。子实为淡黄色者，去皮后北方通称黄米，性黏，可用来酿酒。稷就是今天人们所说的谷子，其形状大致与黍同，其子实去皮后不黏，可用来做饭，在饮食中地位极其重要，被称为"五谷之长"。粱，是一种优质的粟，子实较大，有青、黄、白三种，非常有益于脾胃的保养，但是产量相当低，并且又损耗地力，因此种的人较少，故相当珍贵。很显然，粱乃粟之上品，故而只有富贵人家才能吃上粱，人们常称富家子为膏粱子弟原因即在此。而一般人往往只能吃比较粗糙的食物了。

根据秦简《仓律》可知粟1石6又2/3斗，可舂为粝米1石；粝米1石可舂为粺米9斗；粺米9斗可舂为毇米8斗。显然一般的粟加工成的米，谷米最好，毇米其次，粝米又次，而据《九章算术》则由粗到精又有粝米、粺米、毇米、御米之别。李悝的人均月1.5石粟，舂成粝米约为9斗，则每天只能吃3升粝米，这标准其实还不如秦的国家奴隶的生活标准，如秦简《仓律》称其隶臣也就是成年男性国家奴隶的生活标准是农忙时每月2.5石，农闲时每月2石。若以农忙时每月2.5石算，可折粝米约15斗，则一年中每年有半年多时间每天可食粝米0.5斗。因此可以说，到了战国晚期，尤其是在秦国，人们的生活水平是普遍提高了的。因为隶臣往往处于社会的最底层，他们的生活水平尚且如此，那么普通人应该超过他们。

至于吃到什么程度才算舒服，秦简《传食律》也给了我们一个数据。当时出差的人爵位为不更（第四级）到谋人（第三级簪袅别称）

的，每餐粺米1斗，爵位为上造以下到官府中没爵位的佐、史，及卜、史、司御等，每餐粝米1斗，出差者的随从，每餐粝米0.5斗，驾车的仆人，每餐粝米1/3斗。很显然一餐能吃上1斗**粺**米或粝米，应是比较舒服的。不过1斗米应该有三四斤重，做熟了应更多，一个人一餐实际上是吃不完的，因此这里也不妨这样理解，享受1斗标准的差人要么可以把剩下的粮食带走，要么可以在传舍随意品尝食物。

至于吃到什么程度最难受，《仓律》也给了我们一个数据，《仓律》规定给受饥饿惩罚的囚犯口粮，每天1/3斗。1/3斗是一个能让受惩罚的人饥饿难忍但又不至于饿死的标准。因此这个1/3斗粮食肯定不是指的粝米而是指的原粮即粟，因为若是粝米，则此标准比李悝讲的战国初期普通人家的平均标准还要高些，这显然有点荒唐。

当时除了粟之外，人们还种有稻、菽、麦、麻等作物。如豫州、并州都适合种黍、稷、菽、麦、稻。有的在一些地方的地位甚至超过了粟，如荆州、扬州的稻，青州的稻、麦等。

麦主要在黄河中下游的粮食主产区种植，在重要程度上仅次于粟，这就难怪孔子对它极为重视，在他删定的经书《春秋》中，其他作物歉收，他都没有记录，只有粟和麦的收成出现问题他才予以记录。麦的重要性还表现在《诗经》中，有人统计在《诗经》中麦出现的次数仅次于黍稷，麦有大麦、小麦之分。据《仓律》，加工10斗麦可得3斗。所谓""是在麦麸中杂有面的一种食物。

稻从史书看在全国分布相当广，然产量有限，故稻在当时也比较珍贵，稻加工后根据质量之差异而有不同的名称，如20斗的稻舂出10斗米，则这种米称为"粲"，10斗的粲舂成6又2/3斗的米，则这种米可称为"毇"又称"粺"。

菽，指豆，有大菽、小菽之分。春秋战国时期从东北传入中原一种叫戎菽的大豆，由于适应性强，几乎在任何地方都可以生长，并且有一定的产量，同时其叶子被称做"藿"，常被百姓做菜食用，荒年的时候还可以捣碎了与野菜掺在一起食用，因而在中原地区迅速传播开来，成为人们的主要粮食之一，以至于与粟并称。如《墨子·尚贤中》说贤能的人治理地方，让人们早出晚归，贤者之治邑也，蚤出莫入，努力耕作，积蓄菽、粟,这样菽、粟多了,百姓的粮食就够吃了:"贤者之治邑也,蚤出莫入,耕稼树艺,聚菽粟,是以菽粟多而民足乎食。"《孟子·尽心上》说圣人治理天下,使有菽粟如同水火一般。菽粟如同水火,百姓怎么会有不仁德的呢:"圣人治天下,使有菽粟如水火。菽粟如水火,而民焉有不仁者乎?"据说齐人很爱吃菽,然而在秦人眼里菽却是一种贱食,如张仪论及韩国之贫穷,说韩地险恶山居,能够种植的五谷,不是麦就是豆,百姓所食的,大抵是豆做的饭藿做的羹:"韩地险恶,山居,五谷所生,非麦而豆;民之所食,大抵豆饭藿羹。"①在秦国,菽是被用做饲料的。如范雎在秦做相国后,招待前来出使秦国的他的仇人须贾时,他派人把切碎的草和豆拌在一起,放在须贾的面前,让两个黥徒坐在他的两旁,陪着他像马一样吃食这些东西。

此外还有麻,麻的子实也是一种食物,据《仓律》记载,菽和麻都是15斗可加工为1石食物。

把地种好,也不过是解决了温饱问题,要想吃得更好点,就要发展副业。因此李悝尽地力之教,要求百姓在种好粮食作物的同时,还要尽可能地多种植一些瓜果蔬菜,饲养一些鸡、猪之类的牲畜,如果做得好,就能让家里的老人吃上肉了。当时人们所吃的蔬菜主要有葵、莳、菲、韭、芋等,水果则有桃、李、梨、枣、栗、棠、杏、柿、梅、橘、柑等,动物则有马、牛、羊、猪、犬、鸡、鹅等,鱼类则有鲤、鲋、鳜、鲍、鲐、鳟等。由于受经济条件限制,普通人一般情况下吃的都是粗糙的素食,要想奢侈一下,吃点肉喝点酒什么的,往往要等到节庆及重要的祭祀活动时才行。

普通人一般实行两餐制,这种食制在商代即已形成。如甲骨文中就有"大食"、"小食"之文。据考证,由于两餐制已成为当时的惯例,因此当时计时,称7时到9时为"大食",15时到17时为"小食"。而之所以称大食、小食,是由于白天要干活,早餐吃得多,晚上不怎么干活,故晚餐吃得少的缘故。这种餐制此后被长期沿袭。周代,早餐被称做"饔",晚餐被称做"飧"。《孟子·滕文公上》所谓:"贤者与民并

---

① 刘向集录:《战国策》卷二十六《张仪为秦连横说韩王》,第934页。

耕而食,饔飧而治。"赵岐注称:"饔飧,熟食也。朝曰饔,夕曰飧。"

不过三餐制在战国时已在贵族阶层流行。如当时管燕的食客田需曾批评他说:"士三食不得餍,而君鹅鹜有余食。"① 但普通百姓至迟到汉初仍实行两餐制。如秦简《仓律》称城旦筑墙和做其他强度与筑墙相当的劳作的,早饭0.5斗,晚饭1/3斗;站岗和做其他事的,早晚饭各1/3斗:"城旦之垣及它事而劳与垣等者,旦半夕参;其守署及为它事者,参食之。"又称免隶臣妾、隶臣妾筑墙和做其他与筑墙相当的劳作的,给予男子早饭0.5斗、晚饭1/3斗,女子早晚饭各1/3斗:"免隶臣妾、隶臣妾垣及为它事与垣等者,食男子旦半夕参,女子参。"

韩信未发迹时,寄食于一亭长家,"亭长妻患之,乃晨炊蓐食。食时信往,不为具食"②。也就早上起来就把饭做好吃了,而韩信到吃饭时去亭长家,自然就吃不到饭了。显见时人早晨是不吃饭的。项羽入关后听说刘邦要霸占关中,大怒说:"旦日飨士卒,为击破沛公军!"③旦日是一大早,本非吃饭之时。故此句意为项羽为了尽快与刘邦开战,要求部队提前开饭,显见军队所实行的也是两餐制。而汉初晁错也说"人情,一日不再食则饥"亦可证两餐制仍是当时社会的主流餐制④。

当时做饭所用的炊具有鬲、釜、甑、甗等,而釜、甑较为普遍。如春秋晚期晋国的智伯率军围晋阳,决晋阳水灌城,城中的人们只好"悬釜而炊"⑤。战国中期孟子曾向人发问云:"许子以釜甑爨,以铁耕乎?"⑥秦时刘邦为布衣时,经常带朋友去他大嫂家蹭饭,他大嫂家用的也是釜,所谓"嫂厌叔与客来,阳为羹尽,䑛釜"⑦。秦时的士卒用的也是釜甑,如巨鹿之战时项羽在引军渡过漳水后,下令士卒"皆沈船,破釜甑"⑧。

---

① 刘向集录:《战国策》卷十一《管燕得罪齐王》,第421页。
② 司马迁:《史记》卷九十二《淮阴侯列传》,第2609页。
③ 司马迁:《史记》卷七《项羽本纪》,第311页。
④ 班固:《汉书》卷二十四上《食货志》,第1131页。
⑤ 刘向集录:《战国策》卷十八《知伯帅赵韩魏而伐范中行氏》,第590页。
⑥ 焦循著:《孟子正义》卷五《滕文公上》,《诸子集成》(第1册),第217页。
⑦ 班固:《汉书》卷三十六《楚元王传》,第1922页。
⑧ 司马迁:《史记》卷七《项羽本纪》,第307页。

具体而言，釜属煮器，多为陶制，也有铁釜和铜釜，圆口、圆底、无足，可放置于灶眼上使用。甑属蒸器，属于釜的配套炊具，亦多为陶制，敞口，器底有小气孔，或无底而另置箅以透气，使用时可将甑置于釜上，然后将需要蒸食的食物直接放在器底或箅上即可。食器有箪、壶、豆、瓢、簋、簠等。箪，以竹或苇编成，圆形或方形，有盖。壶，深腹，敛口，多为圆形。有陶制的，也有铜制的，壶往往有盖。豆，形似高足盘，大多有盖。多为陶质。瓢，以老熟的葫芦对半剖开制成的容器。盂，圆口或方口食皿。簋，是一种内方外圆的食器，形似大碗。簠，是一种外方内圆的食器。

主食包括"食"和"羹"。"食"也就是饭，饭的主要原料是米，根据所用米名称之不同，煮成的米饭又有粝饭、粺饭、鑿饭、御饭之别，此外还有豆饭等。羹，指用肉类或菜蔬等制成的带浓汁的食物，据《三礼》所载时人所用的羹达数十种之多。如有太羹、铏羹、雉羹、鸡羹、兔羹等肉类之羹，也有用菜做成的菜羹等，是当时人们最重要的佐饭之菜，不过肉羹只能是富贵之家享用，普通人还是吃菜羹的多。秦简《传食律》上对那些出差的下级小吏所提供的羹都是菜羹。而贫穷的人家则只能吃藿羹、藜羹等野菜羹。如前所述，当时普通人一般吃的都是粝饭，也就是粗糙的米饭，粺饭等精米饭只有有地位的人才能经常食用。当时除把食物煮饭吃外，还常炒成被称做"糗"的干粮，在行军和远行时调和了水浆来食用。这时候人们也已开始把米麦磨成粉做成饼来食用。当时人们吃饭除必须有"食"和"羹"外，还有一样调味品"酱"也是必有可少的。《周礼》中已有"百酱"之说，酱起初是用肉加工制成的一种调味品，后来又用大豆来做。酱不仅可用来调味，在时人看来，还有解毒的功能，因此酱在当时很受人们喜爱。

一般来说，秦时的普通人日常食品也就是糙米、菜羹和豆酱。平常日子不知节俭，是要被人看不起的，如刘邦未发迹前爱喝酒吃肉，不务正业，不仅备受其父的谴责，还被时人视为无赖。大体而言，这就是当时普通人的生活。不是很好，但也说得过去。

三、一宇二内

秦人的居住情况，出土的睡虎地秦简有所披露。秦简《封诊式》中有一则案例,说的是乡里的官员奉命去查封某里士伍甲的家产,发现该户有"一宇二内,各有户,内室皆瓦盖,木大具"。

"宇",指屋,《楚辞·招魂》"高堂邃宇",王逸注:"宇,屋也。"屋一意为宽敞的居室,如《淮南子·齐俗训》所谓"广厦阔屋",不过在这里应该指一家的正室,主屋。此屋亦可称"堂",如《封诊式》记载一盗窃的案例称主人某里士伍乙"独与妻丙卧堂上"。

"内"指室,《诗经·唐风·山有枢》:"子有廷内,弗洒弗扫。"故正室又可称"内"。《汉书·晁错传》:"先为筑室,家有一堂二内。"颜师古注引张晏语曰:"二内,二房也。"房,指正室两旁的房间。《尚书·顾命》:"胤之舞衣,大贝、鼖鼓,在西房。兑之戈、和之弓、垂之竹矢,在东房。"

"户"应指单扇的门,《诗经·唐风·绸缪》:"绸缪束楚,三星在户。"朱熹《诗经集传》释:"户,室户也。"沈自南《艺林汇考·栋宇篇》认为"门、户字象形,两扇曰门,一扇曰户。又云在外曰门,在内曰户"。所谓"各有户"就是两间偏房各有一扇门。

"瓦",一为古代陶制器物的总称。《荀子·性恶》:"夫陶人埏埴而生瓦。"《说文》:"土器已烧之总名,象形也,凡瓦之属,皆从瓦。"此处指用泥土烧成的铺屋面用的建筑材料。当时的瓦有瓦面较宽、弯曲度较小的板瓦、半圆筒形的筒瓦及保护屋椽用的半圆形和圆形的瓦当等。《史记·龟策列传》曾称"桀为瓦室",然而至今考古者还未发现殷代有用瓦的遗迹,更不用说夏代了。当时人们应普遍用茅草覆盖房屋。《尚书·梓材》:"若作室家,既勤垣墉,惟其涂塈茨。"孔颖达疏:"茨,谓盖覆也。"《庄子·让王》:"原宪居鲁,环堵之室,茨以生草,蓬户不完。"《说文》:"茨,以茅苇盖屋。"西周时贵族的建筑上开始用瓦。由于瓦结实耐用,因此一经使用,其优势便显露了出来。《周礼·考工记》称:"葺屋参分,瓦屋四分。""葺屋"之意有两重,一意为用茅草来覆盖屋顶,一是由于茅草易于腐烂,以之覆屋需经常进行修葺,因名葺屋。"瓦屋"即是以瓦为屋顶的意思。所谓"三分"、"四分"其意为一座面南背北而盖的房子,若其屋顶的南北平面宽度为一丈二,那么如果是草房,其顶部就应该高出平面四尺,如果是瓦房,其顶部应高出平面三尺。也就是说草房的顶要比瓦房的尖些,之所以要这样盖,是由于茅草质地粗疏,导水能力差,若屋顶的坡度平缓,下雨时会使雨水较长时间滞留在屋顶,从而导致雨水下渗,如果遇上阴雨天,就会产生渗漏现象,久之更会造成屋顶腐烂。而瓦屋由于瓦的质地坚密,导水性强,因而屋脊的坡度可以相对平缓些。饶是如此,草房的导水能力还是不如瓦房好,并且屋脊过于陡峭,又不免会受到大风的侵袭,可见瓦房比草房先进多了。因此用瓦盖房到战国时就已在富庶阶层中比较流行了。《庄子·达生》以瓦比喻说:"虽有忮心者,不怨飘瓦。"《史记·廉蔺列传》称秦赵阏与之战前,"秦军鼓噪勒兵,武安屋瓦尽振"。不过普通人直到汉代大多住的还是"白屋",也就是白茅覆屋的房子之意。由于百姓普遍住的是茅屋,故时人常以白屋代指平民。如《汉书·吾丘寿王传》称:"三公有司或由穷巷,起白屋,裂地而封。"《汉书·王莽传》载西汉末年时人阿谀王莽,也称其"开门延士,下及白屋"。

却说谈到当时的瓦,不能不使人想到当时的砖,因为人们常说"秦砖汉瓦",意为这就是秦汉时期的建筑模式,即以砖砌墙,以瓦覆顶。当时确实已有了砖,砖又叫"甓",《诗经·陈风·防有鹊巢》:"中唐有甓,邛有旨鹝。"毛亨传云"甓,瓴甋也",孔颖达疏称:"李巡曰:'瓴甋一名甓。'郭璞曰:'甓,砖也。今江东呼为瓴甓。'"砖在西周春秋时已经出现,在战国时开始推广,其种类有条砖、方砖、长方形空心砖及长条形空心砖等,多呈灰色或青灰色,主要用于铺地面、台基、台阶,而更多的砖被用于券墓,故在秦汉遗址中砖的出土数量远不如瓦多,而在墓葬中出土的砖却数量相当庞大。当时极少用砖加固墙壁,屋墙绝大多数仍是土墙。《墨子·耕柱》:"譬若筑墙然,能筑者筑,能实壤者实壤,能欣者欣,然后墙成也。""筑",意为以杵捣土使坚实。《诗经·大雅·绵》:"筑之登登,削屡冯冯。"《仪礼·既夕礼》:"甸人筑坅坎。隶人涅厕。"郑玄注:"筑,实土其中,坚之。""欣",王引之认为"当读为'睎',《说文》曰:'睎,望也。'"意为测量。筑墙还需要"版",即夹板。《诗经·大雅·绵》:"缩版以载,作庙翼翼。"朱熹《诗经集传》释:"言以索束版,投土筑讫,则升下而,上以相承载也。"若不小心,是会出事故的。春秋时期陈国的人在筑城时,曾发生过夹板坠落而砸死人的事故。《墨子》这里说的就是用土筑墙的过程,即有人负责捣实夹板里的土,有人负责有不断地实土,有人负责测量指挥,统过大家的分工协作,最终把墙筑成。一般来说墙筑到五个夹板的高度也就是"一堵"时,基本就筑成了。《礼记·儒行》称儒者有"一亩之宫,环堵之室"。孔颖达疏释为"东西南北唯一堵"。关于"一堵"的高度,郑玄注称"五版为堵"。而五板的高度,或者说一堵的高度是一丈晋人郭象注《庄子·庚桑楚》"环堵之室",称"一丈曰堵"。《韩非子·外储说左上》中所说的:"筑十版之墙,凿八尺之牖。"显系贵族的做派。

"具",应为完备;齐全。"木大具"即为室内的木结构相当完备。

那么"一宇二内,各有户,内室皆瓦盖,木大具"的意思就是"这户人家有堂屋一间,卧室两间,都有门,房屋都是用瓦盖的,木料齐备。"

一般来说,"一宇二内"或"一堂二内"基本上可以供5口之家使用,所以这种结构应该是当时普通人家的基本建筑模式。汉文帝时晁错论及迁民,说如果先给他们建上一堂二内的住宅,百姓来了后有地方居住,有事情可做,那么百姓就不会过于留恋故乡,而在新的地方安定下来。汉文帝时经济已经恢复,社会发展程度应该已超过战国时期,然而一堂二室仍然相当有吸引力,则显见一堂二室这种建筑在战国晚期至秦初应该是普通人中的中上之家的居住情况。

当时除了主房之外,还要建造一些辅助建筑,如墙、羊圈、猪圈、厕所、水井、粮仓等。当时的猪圈与厕所是连在一起的,或者说猪就养在厕所里,人利用那里方便,猪则以人的粪便为食,因此猪在当时叫"彘"或"豕",故汉初当汉高祖刘邦死后,吕后将戚夫人的手足断掉、眼珠剜掉、耳朵熏聋、喉咙弄哑,然后放在厕所中,起名为"人彘"。此外还有庐舍,《诗经·小雅·信南山》所谓:"中田有庐,疆场有瓜。"庐舍是建在田野里的简易住宅,每到春夏农忙季节,为了便于劳作,农民们多居住在田庐里,等到秋冬时节才回到家里居住。秦时刘邦的老婆吕雉农忙时就应是带着两个孩子住在庐舍里,不然一个相面的老人从她田边过时,不会向她讨要东西吃。

由于房屋在人的生活中作用非常大,因此在建造的时候也非常慎重,这从《日书》中对建房宜忌的规定就可以看出来,在《日书》里,百姓不能在上帝建房的日子建房,不能在土地神出来巡察的日子建房,还有许多没有说出原因的不能建房,甚者在五月、六月、十一月、十二月这四个月都不能建房。只有在限的日子里才可以。此可见时人对房屋建筑之重视。当时百姓的住宅大都建在里中。里是从周人那里发展而来的。在殷商对于聚居点皆称为邑。邑,在甲骨文、金文皆作"㕚","口"像垣墙之状,"人"居墙下作邑。卜辞称王都为"天邑"、"大邑",称某地为某邑如"柳邑"、"河邑",又有"取卅邑"之载。周代继续以邑来指称聚居地,并且无论大小皆可称邑,诸如"十室之邑"、"百室之邑"、"千室之邑",以及"万家之邑"等。但具体到内部构成,周代的邑与商代的邑大不相同。商代的邑由大大小小的家族构成,或者一邑本身就是一个家族。而周代的邑则主要是以行政建制"里"为基本单位来划分的,里上基本依次是乡、邑、国等行政组织。

"里"在西周时开始在一些铭文和文献中出现,如周初的《召卣》铭文有周王赏"毕土方五十里"文字。《尚书·酒诰》:"越在内服,百僚、庶尹、惟亚、惟服、宗工、越百姓里居。"《逸周书·商誓》有"及百官里居献民"。《逸周书·允文》:"无迁厥里。"《说文》释"里"为"从田,从土"。段玉裁注称:"有田有土而可居矣。"王筠《说文句读》称:"方里而井,民居皆在公田之中,故其立字如此。"《尔雅·释言》对里的解释是:"里,邑也。"显然都是指的小的聚落。里中所容民户之多少,历来聚讼不一。有认为是二十五家的,《周礼·地官·遂人》:"五家为邻,五邻为里。"《诗经·郑风·将仲子》:"将仲子兮,无逾我里。"毛亨传"二十五家为里"。有认为是五十家的,《管子·小匡》:"五家以为轨,轨为之长;十轨为里,里有司。"《国语·齐语》与之同。有认为是七十二家的,《尚书·大传》:"古者处师,八家而为邻,三邻而为朋,三朋而为里,五里而为邑。"有认为是八十家的,鲁宣公十五年(前594年),鲁国初税亩,何体注《公羊传》对此发表议论,论及井田下的里制称:"一里八十户,八家共一巷。"有认为是一百家的,《管子·度地》:"百家为里。"

之所以出现如此多的说法,可能既与时有今古有关,也与地有南北有关。由于时代的变迁和各地风俗习惯之不同,在具体设置里的规模时会有所不同,学者各执一端,不免是非蜂起。我们不必过于拘泥于这些数字,实际上即便是各地有定制,执行者也会根据具体情况加以变通的。1973 长沙马王堆汉墓出土一幅制作于吕后末年的《驻军图》,上面绘有数十个里的位置,其中注记有户数的里有 21 个,然而几乎没有一个里的户数与以上诸说符合,如最多者龙里 108 户,其次是垣里 81 户,智里 68 户,最少的资里是 12 户,平均下来每里为 41 户。这里应该指出的是"里"在一些地方又称为"闾","闾"本指的是里门,《说文》:"闾,里门也。"后借以指基层组织。在行政建制中的位置与里也基本相同,如《尉缭子·伍制令》称魏国的情况是"五人为伍,伍相保也;十人为什,什相保也;五十人为属,属相保也;百人为闾,闾相保也"。《周礼·地官·大司徒》称"令五家为比,使之相保;五比为闾,使之相受"。《尚书·大传》:"八家为邻,三邻为闾。"因此里又可称为"闾里",《周礼·天官·小宰》所谓:"听闾里以版图。"

里中住户的宅地面积关东地区应该在 2.5 亩左右,当时每家的田宅基本上是 5 亩,而田宅又平分为两部分,一部分在田地中以建庐舍,一部分在里中以建房屋。《孟子·梁惠王上》"五亩之宅",赵岐注:"庐井邑居各二亩半以为宅,冬入保城二亩半,故为五亩也。"然而秦故地却为 4.5 亩,《商君书·境内》称秦在商鞅时即规定宅地的面积为 9 亩:"能得甲首一者,赏爵一级,益田一顷,益宅九亩。"因而实际上要比关东地区大得多。

里分都邑之里和乡村之里。《墨子·号令》中谈到分里为四部分,每部各设一长,负责盘查那些形迹可疑的人的话:"分里以为四部,部一长,以苛往来不以时行,行而有他异者,以得其奸。"这里说的就是城邑之里。长沙马王堆汉墓出土的《驻军图》中所绘各里皆依山川形势分散而居,显是在自然村落的基础上发展而来乡村之里。里中所居之民最初血缘关系应该比较浓,但由于春秋战国时期战争连绵不断,导致许多人家流亡海内,一些国家的统治者又时常招揽各地百姓,如齐国的孟尝君曾招致天下 6 万余家人入薛,而秦国即大肆招揽三晋人赴秦耕种土地,又经常进行迁民活动,统一六国后规模尤其宏大,凡此种种原因,都极大程度地改变了当地里中居民的构成,从而使里内民户的血缘关系日渐淡薄,地缘关系日渐突出,因而在春秋时孔子就曾说:"里仁为美。择不处仁,焉得知?"①而到了战国时的《庄子·则阳》则更称"丘里者,合十姓百名而以为风俗也"。

里的四周建有围墙,这种围墙是禁止翻越的,《六韬·农器》:"里有周垣,不得相过。"秦简《法律答问》还有一条专门是对怎样算翻越围墙所发的问:"越里中之与它里界者,垣为'完(院)'不为?"里有设有管理机构,有里宰,或称里正,里长,主管里内的全面工作。《周礼·地官·里宰》称里宰"掌比其邑之众寡,与其六畜兵器,治其政令"。有里尉,负责维持里中的治安,《管子·立政》所谓:"筦藏于里尉,置闾有司以时开闭,闾有司观出入者,以复于里尉。"又有里监门,负责看管里门,秦时名士张耳、陈余受到国家通缉,两人只好逃亡到陈地谋取了个里监门的工作,躲藏了起来。当时通缉两人的诏书传达到陈地后,两人还拿着诏书号令里中要注意身边是不是有可疑的人。

四、151:425

151:425,这是两个有趣的数字,它们表示在1975年发现于湖北睡虎地的、秦人用来预定吉凶指导人们日常生活的术数书秦简《日书》总计425支简中,简文直接涉及出行归返的竟有151条之多。而检索这100多支简的简文,又可发现其禁忌异常繁复。简文显示,出行不仅要选日期,如所谓"正月丑,二月戌,三月未,四月辰,五月丑,六月戌,七月未,八月辰,十月戌,十一月未,十二月辰。凡此日不可行,不吉"。还要选方向,方向如果不对也是出不了门的,如"丑,旦北吉,东必得"。"辰,北吉,南得,东西凶,毋行"。"午,北吉,东得,南凶,西不反(返)"等。不仅出行要选日子,久行归家也要选日子,如"己酉从远行入,有三喜"等。又有出行、归家皆须禁忌之日,如"入正月七日,入二月四日,入三月廿一日,入四月八日,入五月十九日,入六月廿四日……凡此日以归,死;行,亡"②。从以上分析可看出关于行归的禁忌极其复杂,而且涉及禁忌的日子也非常多,仅就关于出行这方面的

---

① 杨树达:《论语疏证》卷四《里仁》,第87页。
② 吴小强:《秦简日书集释》,第95-97页。

禁忌,保守的统计也有 150 余日。就《日书》对出行的郑重其事看,显然时人的出行活动因受着多重因素的制约,而显得极其艰难。

然而这似乎与我们所掌握的史料不符。史书告诉我们,在战国时期,由于经济、政治、军事等原因,各国都已建立起了以本国国都为中心的道路系统,如魏国的交通就相当发达,从郑到大梁,不过百里,从陈至大梁二百余里,人们骑着马朝那里赶,还没有感到疲惫就已经到了大梁。当时在各国之间有许多道路纵横其间,如楚国有一条穿越伏牛山而通向中原地区的"夏路"。齐、赵、魏等国之间也有许多交错的名为"午道"的交通大道。始皇并吞六国后,以咸阳为起点,大修驰道,西至陇西、北地,东穷燕齐,南极吴楚,北达九原,所联结者或为军事重镇,或为繁华都会,或为一方名胜。所以粗看上去,当时的交通应该是相当发达的。

不过细加抽绎,就会发现,此于统治者当可称得上相当便利,于普通百姓而言则恰恰相反。此一者在于他们大多生活在乡间,与驰道相去甚远,二者即使是居住在官道边,国家也不允许他们使用。他们出行所依靠的主要还是一般道路。如 1989 年出土于云梦龙岗的秦简就称敢行道中者要被处以迁刑,没收违禁物:"敢行驰道中者,皆罨之。其骑及以乘车轺车口。"如果官吏失职处以赀甲盾的刑罚:"有行驰道中而弗得,赀官啬。"①实际上早在西周春秋时就亦如此。如《诗经·小雅·大东》中就称"周道如砥,其直如矢。君子所履,小人所视"。其意为周朝的官道像砥石那样平整,像箭那样端直。然而这样的道路只供统治者使用,一般人只能在旁边看看罢了。

这固然有维护统治者特权的成分,但恐怕与路面质量差经不起踩踏关系更大。如关于驰道的修建情况,是道宽五十步,用铁锥将路面筑得非常坚实,每隔三丈栽一棵松树。而直道则是蒙恬率人挖山填谷而建,很显然修的都是土路,只不过夯得更实在一点而已。国家最高等级的国道已是如此,则地方上一般道路的路况更好不到哪里,因而时常破损也就是很正常的了。也正因如此,每年的秋冬季节,修路架

---

① 刘信芳,梁柱编著:《云梦龙岗秦简》,科学出版社 1997 年版,第 34 页。

桥就成了古人的一项日常工作。如《国语·周语中》称先王教导说雨停了之后就要去修路,水干了后就要去修桥,因此《夏令》也说九月修路,十月修桥:"先王之教曰:'雨毕而除道,水涸而成梁,草木节解而备藏,陨霜而冬裘具,清风至而修城郭。'故《夏令》曰:'九月除道,十月成梁。'"《孟子·离娄下》称每年的十一月,修成独木桥,十二月,修成桥。这就不影响百姓过河:"岁十一月,徒杠成,十二月,舆梁成,民未病涉也。"《吕氏春秋·季春纪》称每年三月官府要修筑堤防,疏导沟渠,开通道路,使它们没有阻碍:"修利堤防,导达沟渎,开通道路,无有障塞。"秦为此还专门制定了法律,1980 年在四川省青川县战国古墓中发现的一片木牍上面记有可能是秦武王二年(前 309 年)发布的命令,在这个命令中要求人民在九月的时候要修路,十月的时候要修桥,不是修路的时候却出现路面坏损现象,要立即加以修缮:"九月,大除道及除澮(浍)。十月为桥,修陂隄,利津□。鲜草,離(虽)非除道之时而有陷败不可行,相为之□□。"①于此可见当时路况之差。结果一有阴雨连绵,道路便难以通行。因此行旅之人道路遇雨,是最头疼的事。陈胜等人在大泽乡起义的直接导火索,就是因为大雨使道路受阻,无法通行,以至愤而揭竿而起。

当时在交通要道上,每隔一定距离,官府就要设置传舍之类的机构,用以传递信息、招待过往人员。此自西周以来就已相当流行了,如《周礼·地官·遗人》称所有王畿内的大道,每隔十里,路边就有一个可以歇脚的庐舍,庐舍里备有饮食;每隔三十里,路边就建有一个客舍,里面备有米粟薪刍等物,可以用来过夜;每隔五十里,路边就会有一个集市,那里建有比较完善的宾馆,里面备有充足的米粟薪刍。"凡国野之道,十里有庐,庐有饮食,三十里有宿,宿有路室,路室有委,五十里有市,市有候馆,候馆有积"。秦朝建立前后的传舍,大抵如《周礼》所言。然问题是此类设置基本上只为官方服务,一般人是很难利用的。从秦简《传食律》看,其招待对象虽然众多,其召待对象众多,如有"御史卒人使者"及其"从者","不更以下到谋人","宦奄","上造

---

① 四川省博物馆、青川县文化馆:《青川县出土秦更修田律木牍——四川青川县战国墓发掘简报》,《文物》1982 年第 1 期。

以下到官佐、史毋爵者,及卜、史、司御、寺、府"等,①官府人员可谓应有尽有,可是却唯独没有普通人。

当时供普通人多住宿于私人所开的旅店中。战国时秦国还专门为从事此业的人立法,如《史记·商君列传》称秦孝公去世后,商鞅为避仇敌追捕而逃至关下,想在私家客舍内留宿,客舍主人不知道他是商鞅,就回答说商君的法令,留宿没有身份凭证的客人要判罪:"商君之法,舍人无验者坐之。"不过由于旅客稀少,私家客舍不仅相当有限,而且除为旅客提供住宿外,应当还兼营其他一些职业,如《庄子·则阳》称孔子到楚国后,"舍于蚁丘之浆"。这里的"浆"即是卖饮料的店铺的意思。从史书看,战国至秦汉,普通人出行往往投宿于民家,这在当时是一种比较常见的社会现象,因此《韩非子·五蠹》才会说百姓在荒年的春天,就是自己的幼弟也不招待;在丰年的秋年,就是疏远的客人也一定给予饮食,这并非是疏远骨肉同胞而喜爱旅客:"故饥岁之春,幼弟不饷;穰岁之秋,疏客必食。非疏骨肉爱过客也,多少之实异也。"这也说明普通人出行是要自备干粮的。这应该是当时的正常现象。如据《说苑·复恩》载春秋时晋国的赵盾出行,见到一个路人饿倒于桑树之下,赵盾问其缘故,其回答说:"臣居于绛,归而粮绝,羞行乞而憎自致,以故至若此。"《庄子·逍遥游》说出行的里程达到百里的人,走前的晚上须舂出要带的粮食,出行里程达到千里的人,要用三个月的时间为自己准备粮食:"适百里者,宿舂粮;适千里者,三月聚粮。"而据《史记·李斯列传》载,赵高在谈到出行时,也说是"赢粮跃马"。其时,不仅出行不仅要带粮食,而且还要带上做饭用的炊具,如战国时著名游士蔡泽未显达时,在韩魏旅行,路上遇到强盗,被抢走的东西中就有他做饭用的釜和鬲,搞得很狼狈。而《孟子·万章下》称孔子离开齐国是"接淅而行",意谓想马上离开,于是来不及做饭,把已浸于水中的米涝出来带上就走。此显见亦是旅行必携带炊具以自炊之明证。

让旅客头疼的应该还有盗贼。盗贼情况在当时相当严重,此可谓是时代的痼疾,如《墨子·明鬼下》就说当时百姓为盗贼,以兵刃、毒

---

① 睡虎地秦墓竹简整理小组:《语书》,《睡虎地秦墓竹简》,第60页。

药、水火等手段拦路抢劫,"夺人车马衣裘以自利"。《墨子·贵义》称当时商人出行有"关梁之难,盗贼之危"。《吕氏春秋·安死》也说当时有强盗聚集于深山、广泽、林薮之中,对过往人员"扑击遏夺"。秦并吞六国后,由于阶级矛盾尖锐,因而许多人逃入山川河湖的险要之处为盗贼,此在山东六国故地尤甚,张家山汉简《奏谳书》所载秦代案例十八称"所取荆新地多群盗"。如当时英布逃至江中为群盗,在巨野泽也就是今天山东的巨野县有一伙少年跟从彭越为群盗,刘邦则率十余人隐于芒、砀山泽岩石之间。甚至在关中地区盗贼活动也相当猖狂,始皇三十一年(前216年),始皇在四名武士陪同下夜间出行,居然在兰池遇到了盗贼,据说盗贼的进攻一度把始皇搞得很狼狈,幸亏贴身卫士武功高强,击溃了强盗,方才没酿成惊天大案。这种情况发展到秦末,就群盗满山了。

  当时便利的交通工具当属牛车和马车,如《易·系辞》称使用牛马,牵引重物以向远方:"服牛乘马,引重致远。"《商君书·弱民》称不用法令治民,这是任重道远却没有牛马:"背法而治,此任重道远而无牛马。"在《商君书·垦令》中说命令朝官府送粮时不准雇佣人,不得往返,使牛和车辆,所装载的粮食必与名与实符,这样就会往来迅速,不会影响农业生产:"令送粮无取僦,无得反庸,车牛舆重设必当名,然则往速徕疾,则业不败农。"不过当时牛马属贵重财产,如秦律及继承秦律的汉初律令都对伤害官府牛马的行为予以重罚,其中如果牛马被杀死,则要比照杀人罪对当事人予以惩罚。东汉人王充在其《宣汉》一文中称时人或者畜养牛马,或者发展田地宅院,但两者比较,则是喜欢牛马而不喜欢田宅,以为"牛马胜田宅"。于此可见秦汉时人对牛马的珍视,故牛马对一般人家而言是很难得的东西,因此就普通人而言,乘牛马车出行的现象不能说没有,但像苏秦没发达时那样,背着书,挑着袋子,风餐露宿,徒步旅行于荒野之间,直走得脚生老茧,一天要跑上百里路方才能找个歇脚的地方的人应该更多。

  此外,由于当时巫医盛行,医疗条件落后,因此旅行途中若发病,本就缺乏治疗手段,又难以静养,极易导致病人死亡。然而秦的统治者却不断地征发徭役,丁壮男子赴赴奔波于庞大的帝国之内,其足迹所至达于四境,《淮南子·氾论训》所谓:"西至临洮、狄道,东至会稽、浮石,南至豫章、桂林,北至飞狐、阳原,道路死人以沟量。"结果路上死人到处都是。这些人虽不能说都是死于疾病,然而疾病应该是重要的原因。

总之,由于当时出行既不方便、又不安全,这也就难怪秦人对出行极其重视了。然而自秦并吞六国后,道路上却一直熙熙攘攘的行人不断。要想了解原因,我们不妨先看看走在路上的都是些什么人。

其一,迁徙者。这是秦统治者从山东六国故地在朝关中地区或边疆地区移民。从被移民者的身份看,有六国降王及贵族。六国降王如赵王迁被俘房后,被迁于房陵。齐王建降后,被迁于共。贵族如楚之班氏,秦灭楚后被迁于晋代之间,而上官氏则被迁到了陇西的上邽,又徙严王之族于严道。赵亡后马服君赵奢的孙子兴被徙于咸阳。魏亡后,魏惠王的孙子假,被转徙于丰。魏之支别冯氏被迁于湖阳。韩之平氏在韩灭后徙居下邑。有地方的豪富。如秦灭赵后,赵之卓氏被迁往蜀中。秦灭魏后,魏之孔氏被迁往南阳。始皇二十六年(前221年),又徙天下豪富12万户于咸阳。大概还是这12万家,在三十五年(前212年)时又有3万家被徙于丽邑,5万家被徙于云阳。有一般平民。如二十八年(前219年),徙黔首3万户于琅邪台下。三十六年(前211年),徙北河、榆中、耐徙三处3万家百姓。有罪人。秦在北方将匈奴驱逐走后,设县数十,而徙谪实之。因而《汉书·地理志下》称"定襄、云中、五原,本戎狄地,颇有赵、齐、卫、楚之徙"。在南方置桂林、南海、象郡三郡后,将内地的罪人迁往那里与百越杂居。当时又应尉佗之请,选了1.5万妇女赴百越为士卒之妻。三十七年(前210年)又徙天下有罪谪吏民,置于海南故大越处,以备东海外越。当时被迁徙的人们在路上的情况已不可考,现在只知道赵的卓氏是夫妻两人一直推着车子到了蜀地的临邛。

其二,正在奔赴前线作战的士卒。秦并吞六国之后,即派尉屠睢发卒50万征南越,三十三年(前214年)又征发那些曾经逃亡的人、赘婿和贾人为卒南征百越。在北方,秦立国之初便派名将蒙恬率军10万北上抵御匈奴,三十二年(前215年)又发兵30万北击匈奴。二世元年(前209年)七月,又有900名闾左谪卒屯住于大泽乡,准备开赴渔阳。

其三,赴徭役地点从事建筑工程的服役者。1.修驰道。秦以咸阳为中心大修驰道,东尽燕、齐,南极吴、楚,江湖之上,濒海之观毕至。2.修长城。长城西起临洮,东到辽东,蜿蜒万里,参与修建的有戍守北方的军队、边地的百姓,以及部分国家罪犯。如三十四年(前213年),即发配部分有罪的官吏北筑长城。3.修建宫室。始皇时新建扩建的宫观,关中共三百处,关外有四百余。其中尤其以阿房宫耗费人力最多,据说常年在工地上工作的人有数十万之众。4.修骊山陵墓。当时在骊山修陵墓的常年有数十万之多。

其四,转运粮草的服役者。当时为了维护帝国庞大的经济开支,有无数的人在路上为国家转运粮食、草料,男子不够用,又征发女子转输。

其五,官方人员。诸如负责移民工作的,输送服役人员的,负责转运粮草的等等。其中最为著名的是巡视四方的始皇君臣,当时始皇曾先后五次出巡,足迹所至西至陇西,东达海上,南及会稽,北上碣石。

应该说,在帝国之初,路上拖家带口的移民应该比较多。但随着时代的发展,开赴边地的士卒、前去参加土木建筑工程的丁男,以及转运粮草的男女就日渐增多,到了三十二年(前215年)之后,由于国家在南北两方用兵,以及骊山陵墓和阿房宫的大肆兴作,以上三类人就更多了。

显然,除了官方人员,或者严格地说,除了始皇外,所有的人都是被动出行的,他们虽然有着自己的想法,但是在专制皇权、帝国利益面前,他们只能舍弃自己的打算,无条件地执行国家的政令。结果这么多人在帝国内转着转着,有的人就转穷了,有的人竟转死了,有的人则转逃了,有的人却转恼了。

转穷的是那些移民对象。此穷一指穷达之"穷"。原来在地方上很得势的人,经此一迁,从此竟销声匿迹,于秦末为乱者大抵为未被移徙之地方豪杰即可看出;一指贫穷之"穷"。很多在原地颇为富余的人,由于路途上的折腾和难以适应迁入地的风俗习惯,因此在迁到新的地方后,很快就衰落了下去。如赵国被灭后,许多富人被迁往蜀中,然而能够依然知名的不过卓氏一家而已。

转死的如那些在路上转运粮草的男女,由于感到苦不堪言,很多人干脆吊死在路边的树上。而死于沟中的行人亦触目惊心。不过这些死人都是无名氏,我们现在所知道的唯一一个死于路上的人的名字叫嬴政,然而这个不可一世的皇帝,虽也死于旅途之中,但他却既不是吊死的,也不是饿死的,他是病死的。

转逃的或是逃入山林,如刘邦送人去骊山服役,还没走多远,许多人便偷空开溜了,刘邦想想到不了骊山,人可能就会逃得净尽,无奈之下只好将所送之人全部释放,而他自己则率领十余人逃入芒、砀的山泽岩石之间躲了起来。或是逃往化外,当时有很多人为逃避苦役到了朝鲜半岛,其中一部分人在朝鲜半岛的南部定居下来,称"辰韩",三国时又有称之为"秦韩"的。或是在筑长城时,逃到了鲜卑山,并在那里繁衍生息。最为著名的是方士徐福率领数千童男童女来到海外一个叫澶洲的岛上居住下来,后来发展到数万家之多。这个"澶洲"有人说是琉球,有人说是日本列岛,未知孰是。

转恼的如黥布,竟率领一些在骊山修陵墓的人逃到了长江中做起了盗贼。而在大泽乡遇雨的陈胜则高呼着"王侯将相,难道是天生的贵种吗!"揭竿而起,走上了公然与朝廷对抗的道路!

参考文献

司马光:《资治通鉴》,中华书局 1956 年版。

司马迁:《史记》,中华书局 1959 年版。

班固:《汉书》,中华书局 1962 年版。

陈奇猷校注:《韩非子集释》,上海人民出版社 1974 年版。

刘向集录:《战国策》,上海古籍出版社 1985 年版。

睡虎地秦墓竹简整理小组:《睡虎地秦墓竹简》,文物出版社 1990 年版。

刘信芳、梁柱编著:《云梦龙岗秦简》,科学出版社 1997 年版。

吴小强:《秦简日书集释》,岳麓书社 2000 年版。

饶宗颐、曾宪通:《云梦秦简日书研究》,香港:中文大学出版社 1982 年版。

林剑鸣:《秦史稿》,上海人民出版社 1981 年版。

高敏:《云梦秦简初探(增订本)》,河南人民出版社 1981 年版。

马非百:《秦集史》,中华书局 1982 年版。

高敏:《秦汉史论集》,中州书画社 1982 年版。

王先谦:《汉书补注》,中华书局 1983 年版。

吕思勉:《秦汉史》(上下),上海古籍出版社 1983 年版。

安作璋,熊铁基:《秦汉官制史稿》(上下),齐鲁书社 1984 年版。

马非百:《秦始皇帝传》,江苏古籍出版社 1985 年版。

钱剑夫:《秦汉货币史稿》,湖北人民出版社 1986 年版。

钱剑夫:《秦汉赋役制度考略》,湖北人民出版社 1984 年版。

黄今言:《秦汉赋役制度研究》,江西教育出版社 1988 年版。

朱绍侯:《军功爵制度研究》,上海人民出版社 1990 年版。

张传玺:《秦汉问题研究》(增订本),北京大学出版社 1995 年版。

钱穆:《国史大纲》(修订本),北京:商务印书馆 1996 年版。

高敏:《秦汉史探讨》,中州古籍出版社 1998 年版。

于迎春:《秦汉士史》,北京大学出版社 2000 年版。

周桂钿:《秦汉思想史》,河北人民出版社 2000 年版。

曹旅宁:《秦律新探》,中国社会科学出版社 2002 年版。

杨宽:《战国史(增订本)》,上海人民出版社 2003 年版。

林剑鸣:《秦汉史》,上海人民出版社 2003 年版。

张分田:《秦始皇传》,人民出版社 2003 年版。

张金光:《秦制研究》,上海古籍出版社 2004 年版。

王绍东:《秦朝兴亡的文化探讨》,内蒙古大学出版社 2004 年版。

顾颉刚:《秦汉的方士与儒生》,上海古籍出版社 2005 年版。

徐为民:《秦汉历史地理研究》,三秦出版社 2005 年版。

辛德勇:《历史的空间与空间的历史》,北京师范大学出版社 2005 年版。

孟祥才:《秦汉人物散论》,上海古籍出版社 2005 年版。

李学勤:《东周与秦代文明》,上海人民出版社 2007 年版。

李开元:《复活的历史:秦帝国的崩溃》,中华书局 2007 年版。

后记

本书是拙著《夭折的帝国——秦朝兴亡十六谈》的修订本。

初稿撰成于 2008 年,在写作过程中,得到了我的博士生导师向燕南师、硕士导师王记录师的鼎力支持,两位老师还在百忙中抽出时间为拙著撰写了序言,中国社会科学院历史研究所著名的秦汉史专家施丁先生也对书稿提出颇多有建设性的修改意见。在此一并向三位先生表示诚挚的谢意。

书稿在九州出版社出版后,我一直没有停止对秦史的思考和对拙著的修订,在经过七年的打磨之后,决定将拙著再版,并将书名改为《帝国之殇——秦朝兴亡纵横谈》。

由于本人学识有限,再版中肯定仍存在着许多不足之外,希望能得到专家和读者的批评指正,以便在将来的研究工作中能够进一步改进和完善拙著。

李峰

2014 年 7 月 5 日于河南师范大学